XU Changfu

Marksismo, Ĉinlando kaj tutmondigo

XU Changfu

Marksismo, Ĉinlando kaj tutmondigo

Monda Asembleo Socia (MAS)

XU Changfu

Marksismo, Ĉinlando kaj tutmondigo

El la angla versio tradukis Vilhelmo Lutermano

Embres-et-Castelmaure

Monda Asembleo Socia (MAS)

2022

ISBN 978-2-36960-294-1

(= MAS-libro n-ro 275)

Enhavotabelo

XU Changfu: Marksismo, Ĉinlando kaj tutmondigo

Dediĉita al mia filino

Weihang

David McLellan: Antaŭparolo al la unua eldono

Tiu ĉi esearo donas bonegan enkondukon al gravaj aspektoj de la nuntempa ĉina socia kaj politika pensado. XU Changfu rastas larĝe – de interpretoj de Markso fare de ĉinaj studantoj ĝis temoj de tutmonda ekologio. Per tio montriĝas, ke li estas unu el la plej elstaraj membroj de tiu grupo de ĉinaj pensistoj, kiu, kvankam kritika en multaj aspektoj al la aktuala reĝimo, deziras resti fidela al la ĉefa signifo de la marksa pensado mem.

XU Changfu komencas, taŭge, pri Markso. Li klare skizas la oficialan version de la Partio pri Markso, aliajn interpretojn aprobatajn de la Partio kaj, plej interese, aktualan marksologian verkon pri Markso, kiu, kvankam tolerata de la Partio, estas implicite kritika pri multaj aspektoj de ĉina regado.

La dua eseo estas modifita versio de teksto por prelego, lastatempe en Ĉinlando[1], kiun XU Changfu tamen ne rajtis fari. Kaj oni povas bone vidi kial, en tio, li traktas la "de-teoriigon" kaj la “de-liberaligon” de la marksismo fare de la ĉina registaro. La “de-teorriigo” implicas ke oni antaŭrangas la praktikon antaŭ teorion kaj tiel ebligas al la “marksismo” signifi kion ajn kion la registaro deziras, dum la “de-liberaligo” implicas kastradon de tio, kion Markso mem celis per libereco.

La paraleloj inter Markso kaj la subtaksata ĉina klerulo Kang Youwei, kiu estis proksimuma samtempulo de Lenino, estas la temo de la tria eseo. Kang analizis la potencialon de revolucio en Ĉinujo el ĝenerala perspektivo. Kvankam konservativa – aŭ almenaŭ kontraŭrevolucia – Kang estis rimarkinde antaŭsenta pri la estonteco

1 La nomformoj Ĉinlando, Ĉinujo – foje ankaŭ: Lando de la Mezo – aperas ĉie sinonime. La formo *Ĉinio*, kvankam aktuale plej vaste uzata, ne aperas ĉi tie, ĉar ĝi estas kontraŭa al la Fundamento de Esperanto, same kiel ĉiuj ceteraj formoj kun *-io* por landnomoj. Vidu ekz-e: Renato Corsetti (sub la dir. de): Faciliga vortaro por Fundamenta Esperanto (MAS-libro n-ro 124), p. 60. -vl

de Ĉinujo. Kaj Xu Changfu bone montras, kiel ambaŭ, Kang kaj Markso, estus vidintaj la katastrofojn de la Granda Salto Antaŭen kaj la Kulturrevolucion. Li fine emfazas, kiel ambaŭ vidintus la potencialon por libereco kaj demokratio malfermita per la reformoj de Deng Xiaoping kaj la mezuron, en kiu tiuj ĉi ĝis nun ankoraŭ ne estas realigitaj.

La eseo pri praktika saĝo tuŝas iomete alian kordon. Ĝi donas interesan raporton pri la akcepto de Aristotelo en Ĉinlando (paralela, ĉi tie, al tiu de Markso en la unua ĉapitro), kun koncentriĝo al lia koncepto de *phronesis*. Xu Changfu prenas tiun "praktikan saĝon" kiel indikon al meza vojo inter dogmeca marksismo kaj dogmeca novliberalismo. Li konkludas skizante, kiom tiu ĉi nova pensado de "praktika saĝo" povus esti bonfara por la ĉina regado.

En la kvina eseo Xu Changfu levas la demandon: se la kapitalismo estas tutmondigita, kial la laboro ne povas taŭge sekvi? Tiu temo estas tre aktuala, pro la nunaj debatoj pri enmigrado. Xu Changfu elvokas Kantion pri la temo kaj montras, ke la laboro nuntempe estas malpli tutmondigita ol en la deknaŭa jarcento. Li tiam montras, ke Markso havis multon por kontribui al tiu ĉi temo kaj finas per alvoko, kun speciala referenco al Ĉinujo, por pli forta tutmondigo de la laboro nuntempe.

La fina eseo estas eĉ pli aktuala, pro la kreskantaj problemoj de la klimata ŝanĝiĝo kaj tutmonda varmiĝo, kiujn nia planedo alfrontas. Tiu ĉi eseo estas tempe kaj taŭge larĝe disvolvita. Ĝi montras la gravajn alternativojn, al kiuj politikaj respondeculoj estas alfrontitaj kaj rigardas la politikajn opciojn de tiuj, kiuj provas batali kontraŭ la ekologia katastrofo. Liaj konkludoj estas malmildaj.

Kiel videblas el la supra prezentado, tiu ĉi kolektaĵo de eseoj estas larĝtema. Mi alte rekomendas ĝin. Ĉiam pensiga, ĝi donas brilan enkondukon en la naturo de progresema socia kaj politika pensado en la nuntempa Ĉinlando fare de unu el ĝiaj gvidaj elstaruloj.

David McLellan

Emerita profesoro pri politika teorio ĉe la universitato de Kent,
membro de la Goldsmiths College, Universitato de Londono

La 20-an de Decembro 2015

Antaŭparolo al la unua eldono

Tiu ĉi mia unua libro publikigata en la Okcidento estas kolektaĵo de ses artikoloj, kiujn mi antaŭe aperigis en okcidentaj gazetoj. Estas sendube signo de tutmondiĝo, ke ĉina klerulo aperigas en Germanujo libron en la angla koncernanta marksismon. Tamen, ne pro tio tiu ĉi libro estas titolita “Marksismo, Ĉinlando kaj tutmondigo”. Fakte al artikoloj estis elektitaj ĉar ili diversgrade temas pri marksismo; ili enfokusigas problemojn en Ĉinlando kaj prenas la tutmondigon kiel sian kuntekston aŭ eĉ sian temon.

Kvankam la artikoloj estas formale disaj, ili kune havas teorian temon, nome serĉi solvon por historia puzlo: kial marksismo kaj Ĉinujo estas kunligitaj? Tiu puzlo havas tri dimensiojn. En la historia dimensio la marksismo estiĝis en kaj por la Okcidento, sed ĝis nun nenia okcidenta lando faris ĝin sia ŝtata ideologio. Tamen Ĉinujo fariĝis marksisma ŝtato antaŭ pli ol 60 jaroj, kaj ĝi daŭre difinas sin aliĝanto al marksismo, kvankam Markso mem neniam atendis tian evoluon. En teoria dimensio la marksismo estas laste ideologia teorio anstataŭ studfako por libera studado en Ĉinujo. Tiel, eĉ kvankam marksisma praktiko okazas en Ĉinujo, la diskutado pri marksisma teorio dum longa tempo estis dominata de la Okcidento. Kun la escepto de Mao Zedong (Mao Tse-tung), ŝajnas ke neniu alia ĉina marksista pensulo estas konata de okcidentuloj. Kontraste al tio, multaj okcidentaj marksistaj pensistoj populariĝis en Ĉinujo, kvankam plej multaj el ili havas nenian sperton pri marksisma praktiko. La tria dimensio estas ke, en la realo, unuflanke la ĉina registaro fortigas la marksisman ideologion; aliflanke ĝia ekonomia politiko estas kondamnata kiel kapitalisma fare de ĉinaj kaj internaciaj maldekstruloj, dum liberaluloj daŭre difinas ĝiajn politikojn kiel totalismajn aŭ aŭtoritatajn. Tiu ĉi konfuza situacio bezonas apartan atenton. Por solvi la puzlon, tiu ĉi libro ekzamenas tiujn tri dimensiojn.

Tra la jardekoj, post kiam Ĉinujo aplikis la politikon de Reformo kaj Malfermiĝo kaj dum la tutmondigo okazas, eblis provi sendepende kompreni tion, kion miaj ĉinaj samtempuloj kaj mi spertis, kaj interŝanĝi miajn vidpunktojn kun eksterlandaj kleruloj, kiuj eble interesiĝas pri tio, kion ĉinaj universitatanoj kaj intelektuloj pensas pri tiuj filozofiaj kaj politikaj aferoj. Kvankam ne ĉiu opinio en tiu ĉi libro estas ideologie akceptebla en mia hejmlando, aŭ, eble, intelekte valora en referenco al la okcidenta klerula tradicio, estas klare signifohava fari la unuan paŝon en la internaciigo de sendependaj ĉinaj marksistaj studaĵoj. Pro tio mi devas danki al multaj homoj kaj organizaĵoj.

Unue mi ŝatus danki al D-ro Ulf Heuner, kies *Parodospress* en Berlino faris la bonan servon publikigante tiun ĉi libron en alta kvalito. Miaj dankoj iras ankaŭ al D-ro Jiang Lu, mia kolego ĉe la Universitato Sun Yat-sen, kiu afable rekomendis la laboraĵon al *Parodospress*.

Due mi estas dankema al ĉiuj gazetoj kaj eldonistoj, kiuj unue publikigis la originalajn artikolojn kaj permesis al mi represi ilin.

> "Pri la akcepto de Markso en Ĉinujo hodiaŭ" ("On the Reception of Marx in China Today") aperis en la Marx-Engels Jahrbuch 2014, Germanujo, eldonita de D-ro Gerald Hubmann kaj D-ro Timm Graßmann.

> "La nekompleta transformado de la ĉinigita marksismo" ("The Incomplete Transformation of Sinicized Marxism") aperis en *Socialism and Democracy*, vol. 26, n-ro 1, Marto 2012 (DOI: 10.1080/08854300.2011.620412), Routledge, Usono, rekomendita de D-ro Marcello Musto kaj eldonita de D-ro Wallis Victor.

> "The Revelations in Marx's and Kang Youwei's Predictions on the Social Progress in China" was published in Studies in Marxism, vol. 12, 2011, UK, eldonita de Prof. Mark Cowling.

"Kial ni bezonas praktikan saĝon? Ĉina instruo en la procezo de tutmondigo" estis publikigita en Global Discourse, 2014, la 13-an de Oktobro 2014, rete (DOI: 10.1080/23269995.2014.96836 1), Routledge, Britujo, editorita de D-ro Matthew Johnson kaj D-ro William Padgett.

"On the Globalization of Labor: An Argument from a Marxist and a Chinese Perspective" aperis en *Studies in Marxism*, vol. 11, 2007, Britujo, rekomendita de Prof. Sean Sayers kaj editorita de Prof. Mark Cowling.

"Ecological Tension: Between Minimum and Maximum Changes" aperis en *Comparative Philosophy*, vol. 5, n-ro 2, 2014, rete, Usono, rekomendita de D-ro Mario Wenning kaj editorita de Prof. Bo Mo.

Dankeme memorigitaj estas ĉiuj tradukintoj kaj kontrollegintoj de tiuj pecoj, kies nomoj estas menciataj fine de ĉiu peco. La originalaj paperoj estis reviziitaj kaj poste editoritaj por tiu ĉi kolektaĵo.

Trie mi speciale dankas al Prof. David McLellan pro lia antaŭparolo al tiu ĉi libro. Ĉar li estas bone konata internacia figuro en marksismaj studoj, mi konsideras liajn komentojn, pritaksojn kaj rekomendojn ne nur kiel aprezatan moralan subtenon, sed ankaŭ kiel komencan disĉiplan rekonon.

Krome, ekde la jaro 2002, mi laboris en la fako filozofio kaj en la Instituto de Marksisma Filozofio kaj Ĉina Modernigo ĉe la Sun Yat-sen-universitato, kie ĉiuj ĉi eseoj estis verkitaj. Pro tio mi ŝatus danki tiujn kolegojn, kiuj inspiris kaj helpis min, same kiel al ĉiuj studentoj, kiuj atentis miajn kursojn pri tiurilataj temoj. Mia aparta danko iras al Prof. Li Ping, la direktoro de la instituto, kies subtenoj estis vere gravaj por mia esplorado.

Fine, la amo de mia familio estas trans ĉiaj dankvortoj. Mia edzino Jiao Jian observis ĉian suferadon de mia sendependa esplorado kaj partoprenis ĉiajn premojn kun mi. Mia filino Weihang, doktoriĝa studento ĉe la Boston College, helpis min ĉe la enpaĝigo de la tekstoj por la libroprojekto kaj editoris ĝin laŭ la eldoneja formato. Tial tiu ĉi libro estas dediĉita al ŝi.

La 24-an de Januaro 2016

Antaŭparolo al la dua eldono

Estas plezuro kaj privilegio verki antaŭparolon al tiu ĉi bonvena dua eldono de la eseoj de Xu Changfu.

Evidentos, ke tiuj ĉi eseoj perdis neniom da ilia trafeco post la apero de la unua eldono. Tio evidentas pri la fina eseo pri la klimatŝanĝiĝo, dum la ceteraj eseoj estas daŭre interesaj.

Tiu ĉi dua eldono enhavas du novajn eseojn bazitajn sur la dua eseo pri la "de-liberaligo" de la marksismo fare de la ĉina registaro. La unua el tiuj novaj eseoj temas pri la debato inter Lenino kaj Kaŭcko pri la malfondo de la Konstituciiga Asembleo en la jaro 1918. La priskribo de Xu Changfu de tiu pivota momento en la bolŝevista revolucio estas esenca legaĵo. Esenca estas ankaŭ la dua nova eseo, kiu priskribas la gravan kontribuon de Deng Xiaoping al la ĉina politika sistemo: ke la servodaŭro de ĉiuj kadruloj estu tempe limigita. Tiu reformo – ne malmulte aprezata almenaŭ en la Okcidento – estas same grava kiel lia politiko de "malfermo" de la ekonomio. Ĝi estas heredaĵo, kies neglekto povus prepari la vojon por danĝere aŭtoritatecaj evoluoj.

Ĉiuj, kiuj interesiĝas pri progresema marksista pensado en Ĉinlando profitos legadon de la pensinstiga libro de Xu Changfu.

David McLellan

Emerita profesoro pri politika teorio ĉe la universitato de Kent; membro de la Goldsmiths College de la Universitato de Londono

Novembro de 2018

Deklaro

Tiu ĉi dua eldono ne enhavas gravajn reviziojn de la antaŭa enhavo de la libro, escepte la aldonon de indekso ĉe la fino por subteni la leganton kaj ankaŭ du novajn ĉapitrojn: la kvaran ĉapitron, "Ĉu popola konsento estu la bazo por servado al la popolo? – Repensi la debaton inter Lenino kaj Kaŭcko pri socialismo kaj demokratio el ĉina perspektivo", kies ĉina versio aperis en *La revuo de praktika filozofio* (*The Review of Practical Philosophy*), vol. 2, 2015, *Sun Yat-sen University Press*, Ĉinlando; kaj la kvinan ĉapitron, "Kio estas la plej signifa politika heredaĵo de Deng Xiaoping? – Pensoj en la 20-a jaro post la morto de Deng Xiaoping", aperinta en *Global Journal of Human Social Sciences (H)*, vol. 17, n-ro 7, 2017, Usono. Pro tio mi ŝatus uzi tiun ĉi okazon por agnoski la permeson represi tiujn tekstojn en tiu ĉi eldono.

Kian honoron mi havas pro la kroma antaŭparolo de David McLellan al la sama libro! Lia antaŭparolo al la dua eldono estas aparte helpa por legi la novajn ĉapitrojn. Multaj el miaj kolegoj kaj amikoj en- kaj ekster-lande, donis al mi siajn aŭtentajn reagojn al tiu ĉi libro post la apero de ĝia unua eldono. Se la dua eldono fariĝas iom pli perfekta, mi ŝuldas tion al ili ĉiuj. Speciale ŝuldata danko iras al D-ro Nahum Brown pro liaj rimarkindaj plibonigoj de la angla versio. Ankaŭ D-ro Qu Xuan dankendas pro ŝia apogo al la nova eldono. Multajn dankojn ankaŭ al *Parodos Press* pro la eldona helpo dum kondukado de la reviziita manuskripto tra la stadioj de la publikigado.

Decembro de 2018

Deklaro

Mi kontrollegis la duan eldonon de *Marx, China and Globalization* de Profesoro Xu Changfu. Pro tio mi respondecas pri tiu ĉi angla versio de la libro. La kontrollegado inkludis detalan korektadon de gramatiko, stilo kaj vortelekto por helpi ke la traduko estu konforma al denaska kaj nuntempa uzado de la angla lingvo.

Mi finis mian D-ro phil pri *La scienco de logiko* de Hegelo ĉe la universitato de Guelph en Kanado en la jaro 2014. Mi estas editoro de *Transcendence, Immanence, and Intercultural Philosophy* (Palgrave, 2016) kaj de *Contemporary Debates in Negative Theology and Philosophy* (Palgrave, 2017).

Nahum Brown (retpoŝte: nahumbrown@gmail.com)

Gaststudento ĉe la Honkonga Universitato pri Scienco kaj Teĥnologio (Hong Kong University of Science and Technology)

La 25-an de Januaro, 2018

1 Pri la nuntempa akceptado de Markso en Ĉinlando

Tiu ĉi artikolo temas pri la akceptado de Markso en la 21-ajarcenta Ĉinujo. Ĉar la Komunista Partio de Ĉinlando estas la sola reganta partio kaj la marksismo ĝia oficiala ideologio, ties interpretoj de Markso taŭgas kiel referenco por indiki la akceptadon. Grandparte tiu akceptado divideblas en tri kategoriojn: 1. la interpretojn de la partio, 2. la interpretojn aprobitajn de la partio, kaj 3. la interpretojn toleratajn de la partio. Ekzistas grado de implicita streĉiteco en la originala doktrino de Markso kaj liaj idealaj celoj, ekzemple la libera evoluo de ĉiu persono, kaj liaj konkretaj rimedoj, ekzemple publika posedo kaj planekonomio. Dum la tempo de Mao la Partio adoptis la konkretajn rimedojn de Markso, sed ignoris liajn idealajn celojn, dum tempe de Deng, speciale en tiu ĉi jarcento, la Partio iom post iom forlasis la marksajn konkretajn rimedojn, sed proksimiĝis al liaj celoj. Sub la regado de la Partio la plej multaj studoj pri Markso kaj marksismo estas organizataj kaj kontrolataj de la Partio, tiel ĉia ajn opinio pri Markso esprimata de individuoj estas aprobita aŭ almenaŭ tolerata de la Partio nur se ĝi estas publikigota en la ĉefparto de Ĉinlando. Kvankam certa nombro da studentoj akiris iom da intelekta kompreno pri Markso, tiuj atingoj malofte transiras la limojn de la tolerado de la Partio. Apud tiaj kategorioj ekzistas malmultaj marĝenigitaj studentoj, kiuj provas interpreti Markson sendepende, sed ĉar iliaj interpretoj estas neakcepteblaj por la Partio, ili povas ekzisti nur ekster la sistemo de la Partio, aŭ eĉ nur eksterlande. Koncerne la amasojn da laboristoj, ilia sendependa akceptado de Markso estas ankoraŭ nula. Pro tio, plurisma akceptado de Markso en Ĉinlando daŭre estas realigota idealo.

1.1 Enkonduko

La temo de tiu ĉi artikolo estas skizi la akceptadon de Markso en Ĉinlando, t.e. la ĉefparto de Ĉinlando, en la dudekunua jarcento. En tiu ĉi artikolo, “Markso” distingiĝas de “marksismo”, kvankam kompreneble la unua rilatas kun la dua.

De la jaro 2000 ĝis 2013, en la ĉina universitata literaturo aperinta en la ĉeflando, estis almenaŭ 942 libroj, 3.846 doktoriĝaj kaj master-aj laboraĵoj, kaj 24.814 gazet-artikoloj kun “Markso” nur en siaj titoloj.[2] Krome, en la sama periodo, estis multe pli granda kvanto da politika propaganda literaturo, kiu uzis la vorton marksismo. Tiuj numeroj ĵetas lumon sur la akceptado de Markso en la nuna Ĉinujo, sed mallonga artikolo ne povas kovri ĉiun tian literaturon.

Hodiaŭ daŭre ekzistas malmultaj tiel nomataj socialismaj landoj, inter kiuj Ĉinlando estas la plej granda. Ekde 1949 Ĉinlando estis regata de komunista partio, kiu konsideras la marksismon kiel oficialan ŝtatan ideologion. La Partio planas kaj reguladas retorikojn pri marksismo pere de siaj oficialaj institucioj. Aktuale Ĉinlando havas loĝantaro de 1,3 miliardoj, kaj la Komunista Partio de Ĉinlando (KPĈ) havas pli ol 80 milionojn da membroj. La marksismo kutime montrata de la Partio estas universale la sola politike akceptebla marksismo; ĝi estas propagandata, pravigata kaj aplikata de la oficialaj komunikiloj, same kiel de la edukaj, sciencaj

---

2 [1]*La bibliografiaj datumoj estas prenitaj el la kataloga serĉ-sistemo de Chao Xing, vidu http://ss.zhizhen.com/s?adv=%28T%3D%22 %E9%A9%AC%E5%85%8B%E6%80%9D%22-T%3D%22%E9%A9%AC%ES%85%8B%E6%80%9D%E4%B8%BB%E4%B9%89%22%29*%282000%3C%3C2013%29&aorp=a&syear=2000&year=2013&size=15&isort=0&x=0_17#searchbody.

*) La ciferoj inter rektaj krampoj montras la piednot-numeron de la anglalingva versio, sur kiu tiu ĉi Esperanto-versio baziĝas. -vl

kaj kulturaj sistemoj kaj tiel fariĝas bone konata al la amasoj. La Partio povas toleri diversajn interpretojn de marksismo nur se ili ne konfliktas kun la interpreto de la Partio. Pro tio, se oni ŝatus scii, kion la nuna ĉina popolo pensas pri Markso, oni ne povas ignori la interpretojn de la Partio; male, oni prenu la interpretojn de la Partio kiel referenco-kadron por loki kaj observi aliajn opiniojn.

Pro tio tiu ĉi artikolo dividas la akceptadon de Markso en la dudekunua-jarcenta Ĉinlando en tri ĉefajn kategoriojn laŭ socia influo aŭ graveco de ilia efiko al la socio: unue, la interpretojn de la Partio; due, la interpretojn aprobatajn de la Partio; kaj trie, la personajn interpretojn de kleruloj tolerataj de la Partio. Tamen la distingo inter tiuj tri kategorioj ne estas tute netaj, ne nur ĉar ili havas komunan ideologian bazon, sed ankaŭ ĉar kleruloj en Ĉinlando kutime devas pretendi konformecon kun la ideologia retoriko de la Partio, kiam ili esprimas siajn personajn interpretojn. Apud tiujn kategoriojn, tiu ĉi artikolo diskutas ankaŭ la interpretojn de Markso fare de kelkaj sendependaj kleruloj kaj la sintenon de la laboristoj al Markso.

1.2 La interpreto de Markso afiŝata de la Partio

Por la interpretoj de la Partio, kiel de la unua kategorio, la ĝenerala sekretario de la KPĈ havas la aŭtoritaton por eldiri la opiniojn de la Partio. En la 18-a Nacia Kongreso de la KPĈ, la 8-an de Novembro 2012, Hu Jintao diris en sia politika raporto:

> "La plej grava atingo en niaj taskoj dum la lastaj dek jaroj estas, ke ni formis la Sciencan Perspektivon pri Disvolvado kaj transformis ĝin en praktikon sekvante la gvidadon de la marksismo-leninismo, la pensadon de Mao Zedong (Mao Tse-Tung), la teorion de Deng Xiaoping kaj la gravan pensadon de la Tri Reprezen-

> tantoj kaj per kuraĝaj teoriaj novkreadoj surbaze de praktikoj, kaj per disvolvado de dense interligitaj novaj ideoj kaj vidpunktoj pri subtenado kaj konstruado de la socialismo kun ĉinaj trajtoj. La Scienca Perspektivo pri Disvolvado estis kreita per integrado de la marksismo kun la realo de la nuntempa Ĉinujo kaj kun la subaj trajtoj de niaj tempoj, kaj ĝi plene enkorpigas la marksistan mondpercepton kaj metodaron por disvolvado. Ĉi tiu teorio donas novajn sciencajn respondojn al la ĉefaj demandoj pri kian disvolviĝon Ĉinujo devas atingi en nova medio kaj kiel la lando devas ĝin atingi. Ĝi reprezentas novan nivelon de nia kompreno pri la leĝoj de socialismo kun ĉinaj trajtoj kaj atingas novan sferon en la disvolvado de la marksismo en la nuntempa Ĉinujo"(Hu 2012: 7-8).

La ĉefaj elementoj de la Scienca Perspektivo pri Disvolvado inkludas:

1-e konsideri la ekonomian disvolvadon kiel la centran taskon; 2-e fortigi Ĉinujon per disvolvado de scienco kaj edukado, trejnado de kompetenta personaro kaj serĉi daŭrigeblan disvolvadon;

3-e insiste konsideri la homojn unue kaj antaŭenigi la ĉiuflankan disvolviĝon de la homo;

4-e antaŭenigi ekonomian, politikan, kulturan, socian kaj ekologian progreson, certigante kunordigitan progreson en ĉiuj kampoj kaj ekvilibrigi la produktadrilatojn kun la produktadfortoj same kiel la superstrukturo kun la ekonomia bazo;

5-e uzi holistikan metodon por nia laboro rilate al la reformo, disvolvado kaj stabileco; kaj

6-e subteni la gvidadon de la Partio kaj la socialismon kun ĉinaj trajtoj por plenumi la konstruadon de ĉiurilate modere prospera socio (Hu 2012: 17, 18, 40, 42).

Estas aparte notinda, ke kvankam la politika raporto mencias la financan krizon de 2008, ĝi ne difinas ĝin kiel krizon de la kapitalisma sistemo, nek uzas la okazon por argumenti por la nuntempa graveco de la marksa kritiko de la kapitalismo.

Se ni ignoras iujn etikedojn kiel "Markso" aŭ "socialismo" en la raporto kaj nur faras tekstan komparon inter la opinioj de la Partio kaj la opinioj de Markso, ne facilas trovi ian distingan ligon inter ili. Cetere iuj celoj, kiel la "plibonigo de merkata ekonomio", "disvolvado de la nepublika ekonomio" kaj "antaŭenigo de libera komerco kaj investo" klare kontraŭas tion, kion Markso pledas. Tamen nek estas facile absolute nei ian rilaton inter ili, ĉar la Scienca Perspektivo pri Disvolvado ne nur anoncas sian propran marksisman genealogian sistemon, sed ĝi ankaŭ uzas iujn parolturnojn kiel "preni homojn unue", "antaŭenigante la ĉiuflankan disvolviĝon de la homo" kaj "disvolvante la publikan ekonomion", kiuj tre similas al la terminoj kaj intencoj de Markso.

La problemo estas ke, antaŭ la Reformo kaj Malfermiĝo en 1978, la KPĈ kredis je alia speco de marksismo; tiu konsistis el elementoj inkluzive unuforman publikan posedon, klasbatalon, kulturan revolucion kaj tiel plu. En tiuj tagoj, precipe en la fruaj 1960-aj jaroj, estis kondamnita kiel kapitalisma politiko fiksi farmajn produktokvotojn por ĉiu domanaro, des malpli por aprobi merkatan ekonomion. Ĝis la 1990-aj jaroj, asertoj kiel la "preno homoj unue" (el kiu laŭvorta traduko "prenas la homon kiel fundamenton") ne povis eviti esti interpretata kiel formo de kapitalisma libereco-realigo. Estas do klare, ke la Scienca Perspektivo pri Evoluo, kiel Teorio de Deng Xiaoping kaj pensado de Jiang Zemin pri la Tri

Reprezentantoj sendas, distanciĝis de la marksismo de Mao Zedong, kvankam ĝi ritas multajn kredojn de Mao.

Kiel oni komprenas kaj taksas tian historian ŝanĝon en la marksismo-koncepto de la KPĈ?

Iu rimarkigas: "Malmultaj ekster Ĉinujo pensus pri Ĉinujo kiel socialisma aŭ marksisma socio. Interne de Ĉinujo la vidpunktoj multe varias, sed malmultaj dirus, sen kvalifikoj, same kiel la konstitucio, ke Ĉinujo estas socialisma. Neniu – ie ajn – nun vidas Ĉinujon kiel modelon por socialismo" (Ware 2013: 136−160). Ĉi tiu rimarko eble konformas al la imago de multaj homoj pri socialismo, sed tio dependas de tio, kion "socialismo" signifas. Se ĝi signifas la idealan staton en la verkoj de Markso, tiam Ĉinujo ne nur ne estas nun socialisma, sed ankaŭ neniam estis tia. Se "socialismo" estas uzata por nomi la realan staton de Ĉinujo tempe de Mao, tiu nomo miskomprenas kaj samtempe simpligas la marksan idealan socialismon kaj la ĉinan realon. Ĉiukaze la uzado de la termino ne indikas la "République Chinoise"[3] Pli gravas, tamen, ke, pri socialismo, la marksa teorio same kiel la ĉina praktiko estas ambaŭ tro komplikaj por simpla taksado.

Esence, mia kompreno estas, ke en tio kuŝas iom da implica streĉiteco en la originala doktrino de Markso inter liaj idealaj celoj kaj la konkretaj rimedoj por atingi ĉi tiujn celojn. Ekzemple, en ilia *Manifesto de la Komunista Partio*, Markso kaj Engelso unuflanke starigis idealajn celojn tiajn kiajn "la libera evoluo de ĉiu estas la kondiĉo por la libera evoluo de ĉiuj".[4] Aliflanke ili desegnas

3 [2]Ware legas "Liberté, Égalité, Fraternité" kiel socialistan sloganon (vidu Ware 2013: 136-160). Sed mi pensas, ke tiu slogano estas klare pruntita el la slogano de la Franca Revolucio, do ĝi ne legeblas kiel Ware faras. Pri detaloj de mia argumento, vidu Xu 2011: 107-121.

4 Karlo Markso kaj Frederiko Engelso: Manifesto de la Komunista Partio (MAS-libro n-ro 100), p. 88.

radikalan politikon kun 10 rimedoj "por centralizi ĉiujn produktadrimedojn en la manojn de la ŝtato"[5]. Ili ne konstatas ian kontraŭdiron inter la celoj kaj la rimedoj, sed anstataŭe asertas, ke estas necesa ligo inter ili.[6] Bedaŭrinde tamen por preskaŭ cent jaroj, la socialisma praktiko de la KPĈ montris, ke la centralizo de produktadrimedoj en la manoj de la ŝtato kaj la libera evoluo de ĉiu persono estas ne harmoniigebla. Mao faris sian plejeblon por centralizi la produktadrimedojn, sed oferis la liberan evoluon de la homoj. Alivorte, Mao ampleksis la rimedojn de Markso, sed deviis de la marksaj celoj.[7] Ĉi tiun situacion oni povas nomi "de-liberaligo de la marksismo en Ĉinujo", kiu signifas, ke la propra ideo de Markso pri libereco estis neata en la ĉina marksismo. Kontraŭe, Deng Xiaoping, Jiang Zemin kaj Hu Jintao pli kaj pli atentis la liberan evoluon de la homoj, kaj tiel ne plu daŭrigis la centralizadon. Alivorte, ili iom post iom retrovis la celojn de Markso, sed devis iom post iom forlasi liajn rimedojn. Oni povas nomi ĉi tiun situacion la "re-liberaligo de la marksismo en Ĉinujo", kio signifas, ke la marksa propra ideo de libereco iomete retroviĝis en la ĉina marksismo (vidu Xu 2012: 1–17). Ĉar la centralizo de la produktadrimedoj estas dogmo propra al la marksismo, dum la libera disvolviĝo de ĉiu homo estas propono

5 Saml., p. 87s.

6 Tamen necesas diri, ke ili ja indikas la ligon inter ili, montrante du diversajn etapojn, nome tiujn, kiujn Markso poste pli detale distingis en sia *Kritiko de la Gotaa Programo* (MAS-libro n-ro 13a). Ĉi tie, en la *Manifesto*, ili indikas: "Kiam en la evoluo la klasaj diferencoj estos malaperintaj kaj kiam ĉia produktado troviĝos en la manoj de la asociiĝintaj individuoj, tiam la politika potenco perdos la politikan karakteron." En tiu epoko la ŝtato do estos formortinta. Kaj tiu epoko estos tiu, en kiu "la libera evoluo de ĉiu estos la kondiĉo por la libera evoluo de ĉiuj". Temas pri du malsamaj epokoj, de kiuj la dua rezultas el la unua. -vl

7 Konsidero, ke ĉe Markso kaj Engelso temas pri du malsamaj etapoj (vd la supran piednoton), povas klarigi tiun ŝajnan kontraŭdiron en la marksismo. -vl

proksima al liberalismo, la akcepto de la rimedoj de Markso ŝajnas pli simila al la marksismo ol al akcepto de celoj de Markso. Eble pro tio, la Reformo kaj Malfermiĝo de la KPĈ estis pridubita de ultra-maldekstaj marksistoj en Ĉinujo kaj eksterlande.

Ĉiukaze, ekde la reformo de la rigidaj strukturoj de centralizo, Ĉinujo atingis rimarkinde rapidan disvolviĝon kaj fariĝis la dua ekonomio en la mondo. Superforta plimulto de ĉinaj homoj eliris el malsato kaj malriĉeco kaj atingis la kondiĉojn por serĉi pli bonajn vivojn. En la senco, ke la Partio finfine reakiris la idealajn celojn de Markso kaj forlasis parton de liaj konkretaj rimedoj, ĝi sukcesis reprezenti la "fundamentajn interesojn de la grandega plimulto de homoj", same kiel ĝi ja asertas (vidu Jiang 2003). Klare, ĉar la Reformo kaj Malfermiĝo de la KPĈ signife altigis la nivelon de la tuta nacia ekonomio, oni povas aserti, almenaŭ, ke la grandega plimulto de la homoj objektive pli proksimas al la ideala celo de Markso ol antaŭe. Kvankam la nova direkto estigis novajn problemojn, precipe pliigitan socian malegalecon, ĉi tiuj problemoj ne estu konsiderataj kiel argumento por defendi la malnovan direkton, des malpli kiel kialon por defendi la Ĉinujon de Mao kiel modelon por socialismo. Alivorte, la sukceso de Reformado kaj Malfermiĝo de la KPĈ proksimigis la homojn al la idealaj celoj de Markso, sed nur, verŝajne, per kelkaj nemarksaj rimedoj.

Fakte estas multaj seriozaj problemoj en la hodiaŭa Ĉinio, inter kiuj la plej fatalaj estas ne en ekonomio, sed en politiko. En la *Manifesto de la Komunista Partio* Markso kaj Engelso atentigas pri tio, ke la unua paŝo en la revolucio de la laborista klaso estas "gajni la batalon de demokratio" (vidu Marx kaj Engels 1959: 27-8).[8] En *La interna milito en Francujo*, Markso klarigas, ke "universala voĉdonado" estas la fundamenta formo de proletara demokratio

8 Karlo Markso kaj Frederiko Engelso: Manifesto de la Komunista Partio, 2-a eld. (MAS-libro n-ro 100), p. 85. -vl

(vidu Marx 1959: 365-6)[9]. Tamen, en la hodiaŭa Ĉinujo, la voĉdonrajto, kiun ĉiu civitano efektive posedas, estas limigita al la urba kaj distrikta niveloj. Eĉ tie la civitanoj ne povas voĉdoni rekte por tiaj pozicioj kiaj urbestroj, sed nur por konfirmi la kandidatojn, kiujn la partio elektis kiel deputitojn al la kongresoj, kie la plenumaj membroj, jam elektitaj de la Partio, estos konfirmataj de deputitoj. Tiel, dum estas fasado de voĉdonrajto, la reale publika potenco kaj la rimedoj monopoligitaj de la Partio generis larĝajn politikajn privilegiojn por burokrata klaso, instrumentojn por protekti kaj kreskigi proprajn interesojn, kiuj generas senbridan politikan korupton. Jen la ĉefa kaŭzo de la vasta interspaco inter riĉuloj kaj malriĉuloj kaj la ĉefa radiko de klasa konflikto kaj de socia turbulado. Antaŭ ĉio, la politika kontinueco inter la Mao-tempa KPĈ kaj hodiaŭ estas klare pli forta ol ĝia ekonomia kontinueco: por la KPĈ la politika de-liberaligo estis pli granda ol la ekonomia de-liberaligo, dum politika re-liberaligo estis malpli granda ol la ekonomia liberaligo.

1.3 La Marks-interpretoj aprobitaj de la Partio

En tia politika sistemo en Ĉinujo, la Partio organizas kaj regas la plej multajn studadojn pri Markso kaj marksismo. Ekde la komenco de tiu ĉi jarcento, oni atribuis kreskantan gravecon al tia organizado kaj regado. Tio signifas, ke en Ĉinujo la studado de Markso kaj de la

9 Markso tie skribas: “Do, anstataŭ akiri de la provincoj la materian forton, kiun ĝi tiel bezonis, la nacia asembleo perdis eĉ la lastan moralan pretendon je potenco: tiun esti la esprimo de la universala voĉdonado de la lando.”Karlo Markso: La interna milito en Francujo (MAS-libro n-ro 112), p., 85. Li ne skribis tie ion pri “fundamenta formo de proletara demokratio” aŭ ion similan, kio estas interpreto de XU. -vl

marksismo estas planata same kiel famili-planado, eĉ kvankam la ekonomio jam ne estas plu planata.

En 2004 la Centra Komitato de la KPĈ lanĉis nacian projekton por studi kaj disvolvi la marksisman teorion. Ĝia ĉefa celo estis reskribi bazajn manlibrojn pri marksismo kaj pri plej gravaj temoj en la kulturaj kaj sociaj sciencoj, ekzemple enigi la ĝisdatigitajn ideojn de la Partio en la kursarojn kaj tiel remodli la koncepton de la studentoj pri marksismo kaj politika identeco. Por tio la Partio elektis klerulojn politike fidindajn kaj profesie elstarajn por starigi diversajn esplorgrupojn, kaj ege investis en ilia esplorado kaj diskutado. La rezulto estis manlibroj, kiuj kontentigis la Partion, kelkaj el ili bezonis eĉ aprobon de ĉiuj membroj de la Konstanta Komitato de la Politika Buroo de la KPĈ. Aktuale la plej elstaraj manlibroj estas *Fundamentaj principoj de la marksismo* (*Fundamental Principles of Marxism*, vidu The Writing Group 2010) kaj *Marksisma filozofio* (*Marxist Philosophy* (vidu *The Writing Group 2009*). La unua prezentas ĝenerale marksismajn teoriajn sistemojn, la lasta specife marksismajn teoriajn fundamentojn. Tiuj manlibroj estas miksaĵoj de tradiciaj dogmoj, ĝisdatigitaj formuloj de la ideologio de la Partio kaj sporadaj personaj opinioj de la esplorgrupanoj. Du tiaj manlibroj plenumas la politikajn bezonojn de la Partio, ili havas nenian intelektan valoron.

Ĉiujare ekde 2004 la Nacia Fondaĵo de Sociaj Sciencoj okazigis malfermitan konkurson de la Nacia Fonduso por Sociaj Sciencoj, kiu celas peze financi esplorajn projektojn fokusitajn precipe al la ideologio kaj politiko de la Partio. Ekzemple en 2013 la unua raŭndo de la konkurso aprobis projektojn pri 60 preskribitaj temoj. Ĉi tiuj temoj estas esence ellaboraĵo de la politika raporto de Hu al la 18-a Kongreso. Ĉiu temo povas akcepti ĝis du projektojn, kaj ĉiu projekto povas ricevi 600-800 mil juanojn. Krom ĉi tio, tie estas miloj da projektoj similaj sur nacia kaj loka niveloj, kaj sur regionaj kaj akademiaj instituciaj niveloj. Ĉiuj ĉi projektoj sorbas multnombrajn esplorgrupojn; sukceso aŭ malsukceso akiri tiajn subvenciojn fariĝis tre grava indekso por taksi akademiajn atingojn. El la lastatempa ĉina literaturo pri marksismo, la plej signifa parto konsistas el la rezulto de tiaj projektoj. Klare tiaj projektoj celas konstrui grandskalan ideologian tendaron, kaj, sekve, iliaj rezultoj tre similas unu la alian.

Samtempe notindas, ke plej multaj fondusoj ankaŭ subtenas ne-ideologiajn specojn de esplorado. Esence por klerulo en ĉina universitata institucio, sen projekto financata de la registaro ne ekzistas okazo por reklamado. Eĉ ĉi tiu artikolo konsidereblas kiel rezulto de tiaj projektoj.

1.4 Personaj Marks-interpretoj tolerataj de la Partio

Malgraŭ la supre menciita situacio, ekde la efektivigo de la Reformo kaj Malfermiĝo, speciale ekde 2000, la Partio iom post iom montris sian kapablon toleri tiajn interpretojn de Markso kaj de marksismo, kiuj ne gravas por la interesoj de la Partio. Tiu konduto akre kontrastas kun tiu antaŭ la Reformo kaj Malfermiĝo, kiam ĉia vorto aŭ faro, kiu deviis de la volo de la Partio, estis senkompate punata. La traktado antaŭ la Reformo kaj Malfermiĝo nomeblas "de-teoriado de la marksismo en Ĉinujo", kio signifas, ke la propra spirito de Markso estis neata en la ĉina marksismo; dum la traktado ekde la Reformo kaj Malfermoĝo nomeblas "re-teoriado de la marksismo en Ĉinujo", kio signifas, ke la teoria spirito de Markso mem estis parte reakirita en la ĉina marksismo (vidu Xu 2012:1-17). Sub tiu ĉi kondiĉo de limigita tolerado, aldone al la stipendioj por la pli juna generacio kaj al la rekta influo de okcidentaj kolegoj, la studado de marksismo en Ĉinujo kreis kelkajn interpretojn, kiuj devias de la partia ideologio. Pro tiaj studoj Markso estis savita el la oficiala marksisma ideologio kaj pluraj personoj, kiuj deziras "aliri Markson" aŭ "reveni al Markso"[10] distingis sin el inter la masivaj marksistaj trupoj. Kvankam studentoj normale devas vivi inter la limoj de la institucia sistemo kaj plenumi siajn respektivajn devojn, inkluzive de partopreno en diversaj projektoj kaj produktado de oficiala propagando, kelkaj pioniroj tamen leviĝis super tiun sistemon.

Gao Qinghai (1930-2004, de la Jilin-universitato), koncerne teoriajn bravecon kaj atingojn, estas la plej elstara marksista filozofo en Ĉinujo. Li defendis sian propran sendependan komprenon de Markso kontraŭ dogmaj marksistoj ĝis en tiu ĉi jarcento, kaj estis konstante koncernata de la sorto de Ĉinujo kaj de la estonteco de la homaro. Pro tio, dum lia kariero kiel studento pri marksismo ekde la 1950-aj jaroj, li estis persekutata en politikaj movadoj de preskaŭ ĉiu jardeko. En sia maljuneco li publikigis sian 9-voluman Kolektitan filozofian verkaron[11], kiu kontribuis du elementojn al la studado de Markso en Ĉinujo. Unue, li kritikis la stalinisman sistemon de marksisma filozofio, kaj due, li ŝparis nenian klopodon por prilumi la marksan pensadon pri la praktiko. Li publikigis artikolon, "Retaksante la antagonismon inter materiismo kaj ideismo"[12], en 1988, en kiu li opiniis, ke la marksa praktika filozofio transiras la antagonismon inter materiismo kaj ideismo. Tiu eseo estis la unua defio de ĉina klerulo al la ortodoksa sistemo de marksisma filozofio, nome, la "dialektika kaj historia materiismo". Gao kontestis ties sanktigitan statuson, pro kio li estis politike persekutata. Aliflanke, bazita sur la marksa teorio de homa evoluo, li

10 [3]Ekzistas du tipaj sloganoj, ĉe kio malplimulto el la ĉinaj marksistoj distingas sin disde la plimulto. Ili estas prenitaj el la titoloj de du libroj. Vidu Chen kaj Ma 2002; Zhang 2009.

11 Vidu Gao 1997, 2004.

12 Vidu Gao 1988: 4-9.

disvolvis novan teorion: *Filozofio de specioj.*[13] En siaj *Grundrisse* Markso dividas la sociajn formojn en tri kategoriojn el la vidpunkto de homa evoluo: la unua estas "rilatoj de persona dependeco", la dua estas "persona sendependeco bazita sur objektiva dependeco", kaj la tria estas "libera individueco".[14] Laŭ tiu ĉi kadro, Gao dialektike kritikas ambaŭ komuneco-subjektiveco en antaŭkapitalisma socio kaj individua subjektiveco en postkapitalisma socio, dum li pledas por specia subjektiveco en postkapitalisma socio, kiun li komprenas kiel la esencon de la marksa "asocio de liberaj homoj"[15] Tiu ĉi estas la plej novkrea filozofia ideo de la homaro inter tiuj kontribuitaj de ĉinaj marksistoj. Post la forpaso de Gao, liaj studentoj ĉe la Jilin-universitato, inkluzive de Sun Zhengyu[16], Sun Litian[17] kaj He Lai[18] disvastigis liajn ideojn, speciale en la kampo de marksa dialektiko.

Koncerne la profundon de esplorado kaj ekzamenado de la marksa filozofio, Yu Wujin (1948-2014, de la Fudan-universitato) estas la plej elstara specialisto inter ĉinaj marksistoj. Lia *Pri ideologio*[19] estas pionira monografio pri la marksa pensado pri ideologio same kiel pri la historio de ideologio (antaŭ kaj post Markso) en la ĉina literaturo. En tiu jarcento li aperigis kelkajn akravidajn librojn, kiuj interpretas la marksan pensadon el diversaj vidpunktoj.[20] Lia plej grava kontribuaĵo al la studado pri Markso estas lia malkaŝo, per taksado de rilatoj inter Markso kaj Kantio, ke

13 [4] Gao Qinghai uzas "specio" same kiel la juna Markso. Vidu Marx 1988: 77. Vidu ankaŭ Gao 2004: 95.

14 Vidu Marx 1973: 158.

15 Vidu Marx 1990: 171.

16 Vidu Sun 2002.

17 Vidu Sun 2006.

18 Vidu He 2011.

19 Vidu Yu 2009.

20 Vidu Yu 2004, 2010.

libereco estas la esenco de la marksa koncepto pri praktiko; tiel li povas daŭrigi por liveri teorian fundamenton, fidelan al Markso, por la re-liberaligo de la marksismo en Ĉinujo. Ĉar Yu Wujin ĉiam esprimis maloportunajn interpretojn de la verkoj de Markso, speciale per daŭrigo de la diferenco inter Markso kaj Engelso, li estis ekskludita el la grupo de specialistoj de la nacia projekto, kiu studas kaj disvolvas la marksan teorion.

En la pensado pri dogma marksismo, kelkaj ĉinaj marksistoj produktis novkrean tezon pri la marksa ontologio. Wang Nanshi kaj lia studento Xie Yongkang (de la Nankaj-universitato) rekonstruas la marksan materiismon ekde ĝia koncepto pri praktiko.[21] Yie Xuegong (Pekina universitato) repoziciigas la revolucian atingon de la marksa filozofio per konturo de la historio de la okcidenta ontologio.[22] Wu Xiaoming kaj Zou Shipeng (Fudan-universitato), inter aliaj, montras la nuntempan valoron de la marksa filozofia revolucio, komparante Markson kun Heidegger.[23]

La plej gravaj atingoj de ĉinaj interpretoj de Markso en la lastaj du jardekoj okazis per intensa legado de marksaj tekstoj. *Reveno al Markso*, de Zhang Yibing (Nanjing-universitato) rigardeblas kiel la ĝis nun plej elstara ĉina monografio pri Markso. Tiu libro estas la unua sukcesa provo de ĉina marksisto analizi la marksan pensadon per la teksto de la MEGA.[24] La profundo kaj integro de tiu ĉi

21 Vidu Wang and Xie 2004.

22 Vidu Yang 2011.

23 Vidu Wu 2005, Zou 2005.

24 [2] MEGA: Marx-Engels Gesamtausgabe (Markso-Engelso, ĉioma verkaro. Eike Kopf, unu el la eldonantoj de tiu verkego: “La unua marksa-engelsa ĉiom-eldono de la 1920-aj kaj 1930-aj jaroj (MEGA) post 1933 devis ĉesi en Germanujo. La nova historia-kritika ĉiomeldono de la verkoj de Markso kaj Engelso – MEGA – ampleksos entute 114 volumojn. Ekde la jaro 1975 el tio aperis 60 volumoj.” Eike KOPF: Kontribuaĵo al la historio de la teorio de la socialismo.

esplorado de marksaj ekonomikaj tekstoj superas la verkojn de ĝiaj antaŭuloj kaj ĝi perfekte ekzempligas la metodon de la teksta aŭ tekstologia studado de marksismo, en forta kontrasto al la metodo de la Partio: ideologia propagando. En la sekvo Zhang aperigis *Reveno al Lenino*[25] kaj lia studento, Hu Daping, publikigis *Reveno al Engelso.*[26] Tiu serio de "revenoj" montras la trajtojn de la esplorgrupo ĉe la Nanjing-universitato.

La teksta aŭ tekstologia studado de Markso estis en Pekino konatigita kiel marksologio. Tri eventoj stampas la fondon de la ĉina marksologio: la unuaj du estis la publikigoj de *Nova fondado por marksologio*[27] de Wang Dong (Pekina universitato) kaj *Tiklaj temoj de marksismaj studoj de eksterlandaj marksologiistoj* (vidu Lu 2006) de Lu Kejian (nun ĉe la Pekina Normala Universitato) en la jaro 2006; la tria estas la kunveno de la unua Forumo pri marksologio, subtenata de Wang kaj Lu kune kun Nie Jinfang (Pekina universitato), Han Lixin (Cinghua universitato) kaj aliaj en 2007. En la ideologia kunteksto de la ĉina marksismo, marksismo signifas la "proletan" kaj "revolucian", dum marksologio la "burĝan" kaj "kontraŭrevolucian" version. La fakto, ke tiuj marksistoj povis esplori Markson sub la flago de marksologio, montras ke, unuflanke, ilia studado de Markso transiris la ideologiajn limojn de la Partio, kaj aliflanke, ke la Partio povas toleri ian "neŭtralan" studadon de Markso. Lastatempe rimarkindaj atingoj de tiu speco inkludas de Nie *Kritikismo kaj konstruado: Tekstologia studo de "La germana ideologio"* (vidu Nie 2012) kaj de Han Studo de la "Parizaj

---

Elgermanigita de Vilhelmo Lutermano. Embres-et-Castelmaure, Monda Asembleo Socia (MAS), 2022. ISBN 978-2-36960-304-7. (Epubversio ISBN 978-2-36960-305-4) (= MAS-libro n-ro 280), p. 22. -vl

25 Vidu Zhang 2008.

26 Vidu Hu 2011.

27 Vidu Wang 2006.

manuskriptoj" (vidu Han 2014), kiuj estas profunde signifoplenaj inter ĉinaj monografioj pri unu sama verko de Markso. Krome, Han kaj Chen Chang'an (vidu Sun Yat-sen University) partoprenis en la ellaborado de la kompilado de la *MEGA*[2]; tiel ili fariĝis en Ĉinujo la marksistoj plej proksimaj al la tekstoj de Markso, speciale pri liaj ne publikigitaj manuskriptoj.

1.5 Kromaj

Studaĵoj de Markso pli malproksimaj de la Partio ol la "neŭtrala" marksologio, kiel tiu ĉi artikolo kaj la sama publikigita eksterlande, ne aperigeblas en la ĉina ĉeflando, ĉar ili transpaŝas la limon de la Partia toleremo. Oni eble povas rigardi tiajn studojn kiel apartan kategorion, kvankam ilia enlanda socia influo estas neglektebla.

Krome ekzistas escepta individuo, kiu eskapas ĉiajn supre menciitajn kategoriojn, Li Zehou (1930-), de la Ĉina Akademio pri Sociaj Sciencoj. Li estas la plej granda pensisto en la nuntempa Ĉinujo. Li rikoltis elstaran famon pro siaj kompleksaj atingoj en diversaj kampoj inklude de estetiko, filozofio, etiko kaj intelekta historio. Pro lia kritiko de la oficiala respondo al la Tiananment-okzaĵo en 1989 li estis konsiderata kiel disidento kaj devigata elmigri al Usono en 1992. Tamen en la lastaj jaroj kelkaj el liaj libroj kaj kolektaĵoj rajtis aperi, kvankam li daŭre loĝas eksterlande. En lastatempa publikigaĵo li pledas por "duopa ontologio", kiu emfazas la unuarangecon de materia produktado kaj samtempe la ekstremecon de mensaj valoroj por la ekzistado de homaj estuloj (vidu Li 2011: 232-34). Ŝajnas ke liaj verkoj estas pli akcepteblaj ol li mem.

1.6 Signifa malpleno

La marksismo estas konsiderata kiel la doktrino de liberigo de la proletaro, tiel oni opinias certa, ke la laborista klaso devas akcepti la marksismon. Malbonŝance, fakte, la plej multaj laboristoj hodiaŭ estas indiferentaj pri la marksismo en Ĉinujo.

Marksismo kaj Ĉinujo renkontiĝas ŝajne, sed maltrafas sin esence. Kiam la KPĈ faris la tiel nomatan proletaran revolucion en la unua duono de la lasta jarcento, la ĉinaj burĝaro kaj proletaro estis malplimultaj trupoj en la ĉina loĝantaro; la antagonismo inter ili estis nur komencanta. Post la Reformo kaj Malfermiĝo, la KPĈ mem rekreis la burĝaron kaj la proletaron kaj ilian antagonismon per la merkat-ekonomio. Nun oni povus argumenti, ke Ĉinujo jam havas la demografie plej grandan loĝantaron de la burĝaro kaj de la proletaro en la mondo, kaj eĉ en la tuta historio de la homaro. Sed estas interese ke la Partio difinas la aktualan socion kiel socialismon kun ĉinaj trajtoj, anstataŭ kapitalismon kun ĉinaj trajtoj. Tio estas vere historia puzlo, kiu urĝe bezonas solvon.

Tamen, ĉar la Partio monopoligis la interpretadon de marksismo, kontrolas la gazetaron kaj instituciigis la plej multajn intelektulojn, ne ekzistas baza fondaĵo por la amasoj da laboristoj por sendepende ekkoni Markson kaj la marksismon. Pli grave, ĉar la ĉinaj amasoj da laboristoj tro multe aŭdis enuigan marksisman propagandon kaj spertis tro da penigaj socialismaj movadoj, por ili malfacilas logiĝi de kroma marksisma retoriko. Nun, kiam ĉia laŭleĝa marksismo estas proponata nur de la Partio, eblas kompreni, ke laboristoj restas distancaj al la marksismo. Ekzemple en la tuta granda laborista striko, kiu okazis en Dongguan en Aprilo de 2014, ni trovas nenian signon de proletara klaskonscio en marksa senco, kvankam kelkaj raportistoj provis analizi tiun eventon el marksisma perspektivo.[28]

28 Vidu *Friends of Gongchao 2014*.

Sendube, la sendependa akcepto de Markso aŭ de marksismo ĉe ĉinaj laboristoj daŭre estas malpleno, kvankam tiu ĉi malpleno estas signifa. Tamen estontece ne maleblas por ĉinaj laboristoj ree renkonti Markson en sia propra aliro.

1.7 Konkludo

Estas klare, ke la Markso, kiun la ĉina popolo ricevas, ŝanĝas sian profilon de singularo al pluralo. La Marksoj en la nuntempa Ĉinujo aranĝeblas laŭ spektro: unu Markso ekzistas en la ideologia retoriko de la Partio, kaj pro tio ŝajnas laŭmoda, kaj la aliaj Marksoj ekzistas en kelkaj duone sendependaj marksistaj universitataj retorikoj kaj pro tio aspektas librecaj, sendepende de la Marksoj en la okuloj de la disidentoj kaj de la amasoj de laboristoj. La streĉiteco inter la du ekstremaj akceptoj de Markso levas demandon: ĉu Markso por la ĉina popolo devas esti akceptata de la Partio, aŭ ĉu li povas esti akceptata rekte tra siaj skribaĵoj? Eble tio instigos la memoron de okcidentaj legantoj je simila demando levita de iliaj antaŭuloj kelkajn jarcentojn antaŭe: ĉu individuoj devas ekkoni sian dion tra la perado de la eklezio, aŭ ĉu ili povas ekkoni sian dion rekte tra la Biblio? Ĝis kiam iu rimarkas kaj sentas tiun ĉi streĉitecon, li ne povas vere kompreni la akceptadon de Markso en la nuntempa Ĉinujo.

Fakte tiu ĉi analogo ne estas tute nova. Kiam mi preskaŭ estis fininta verki tiun ĉi tekston, mi legis libron titolitan *Markso kaj marksismoj*, aperinta antaŭ 30 jaroj. Ĝia eldoninto skribis en sia enkonduko: "Iel, la nova situacio paralelas kun la pozicio en la kristana mondo en la periodo dum kiu la Reformacio defiis la pretendon de la rom-katolika eklezio esti la sole aŭtenta interpretisto de la kristana doktrino. Same kiel multaj protestantaj sektoj aperis, tiel en la lastaj dudek kvin jaroj aperis multaj novaj versioj (kaj kelkfoje reaperis kelkaj pli malnovaj versioj) de marksismo. Tiuj versioj de marksismo estis pelmele kunigitaj sub la titolo de 'okcidenta marksismo', kiel kontraŭa al la rusa aŭ sovetia marksismo" (Parkinson 1982: 2). La sola diferenco inter lia analogo kaj la mia estas, ke la plureca akcepto de Markso jam realiĝis en la Okcidento, kiam la eldonisto faris sian analogon, dum ĝi restas grandparte deziro en Ĉinujo, pro tio mi faras tiun ĉi similan analogon.

1.8 Referencoj

- Chen Xueming and Yongjun. 2002. Approaching Marx. Beijing: Oriental Press.
- Friends of Gongchao. 2014. "The New Strikes in China" ĉe http://www.gongchao.org/en/texts/2014/new-strikes-in-china.
- Gao Qinghai. 1988. "Re-evaluating the Antagonism between Materialism and Idealism." En: *The Times Review*, vol. 1, 1988.
- Gao Qinghai. 1997. Gao Qinghai Collected Philosophic Works, vol. 1-6. Changchun: Jilin People's Publishing House.
- Gao Qinghai. 2004. Gao Qinghai Collected Philosophic Works (sequel), vol. 1 – 3. Harbin: Heilongjiang Education Press.
- Han Lixin. 2014. A Study of "Paris Manuscript". Beijing: Beijing Normal University Publishing Group.

- He Lai. 2011. Dialectics and Practical Reason. Beijing: China Social Sciences Press.
- Hu Daping. 2011. A Return to Engels. Nanjing: Jiangsu People's Publishing House.
- Hu Jintao. 2012. “Political Report to the 18th National Congress of the CPC in 2012”, ĉe http://www.china.org.cn/chinese/18da/2012-11/19/content_27152706.htm.
- Jiang Zemin. 2003. “Political Report to the 16th National Congress of the CPC in 2002” ĉe http://www.ce.cn/ztpd/xwzt/guonei/2003/sljsanzh/szqhbj/t20031009_1763196.shtml.
- Li Zehou. 2011. *An Outline of Philosophy*. Beijing: Peking University Press.
- Lu Kejian. 2006. *Hot Issues of Marxism Studies by Marxologists Abroad*. Beijing: Central Compilation and Translation Press.
- Marx, Karl, and Frederick Engels. 1959. “Manifesto of the Communist Party”. En: Marx and Engels Basic Writings on Politics and Philosophy. New York: Doubleday and Company, Inc.

(En Esperanto:) Karlo Markso kaj Frederiko Engelso: Manifesto de la Komunista Partio. (= MAS-libro n-ro 100)

- Marx, Karl. 1959. “The Civil War in France”. En: *Marx and Engels Basic Writings on Politics and Philosophy*. New York: Doubleday and Company, Inc.

(En Esperanto:) Karlo Markso: La interna milito en Francujo. (= MAS-libro n-ro 112)

- Marx, Karl. 1973. *Grundrisse*, trans. Martin Nicolaus. London: Penguin Books.
- Marx, Karl. 1988. Economic and Philosophic Manuscripts of 1844, trans. Martin Milligan. New York: Prometheus Book.
- Marx, Karl. 1990. Capital, vol. 1, trans. Ben Fowkes. London: Penguin Books.
- (En Esperanto:) Karlo Markso. La kapitalo. Kritiko de la politika ekonomio. Vol. 1 La produktadprocezo de la kapitalo. Elgermanigita de Vilhelmo Lutermano. 3-a, reviziita eldono. Embres-et-Castelmaure, Monda Asembleo Socia (MAS), 2016924 paĝoj, bindita, ISBN 978-2-36960-071-8 (= MAS-libro n-ro 166).
- Nie Jinfang. 2012. Criticism and Construction: a Tetological Study of “The German Ideology”. Beijing: People's Publishing House.
- Parkinson, G. H. R. 1982. “Introduction”. En: Marx and Marxisms, ed. G. H. R. Parkinson. Cambridge: Cambridge University Press.
- Sun Litian. 2006. On the Thinking of Dialecticx. Chanchun: People's Publishing House.
- Sun Zhengyu. 2002. Contemporary Reflections on Marx's Dialectic Theory. Beijing: People's Publishing House.
- The Writing Group. 2009. Marxist Philosophy. Beijing: The Higher Education Press and People's Publisching House.

- The Writing Group. 2010. Fundamental Principles of Marxism, first edition 2007, fourth edition 2010. Beijing: The Higher Education Press.
- Wang Dong. 2006. A New Foundation for Marxology. Beijing: Peking University Press.
- Wang Nanshi and Xie Yongkang. 2004. The Horizon of Post-subjectivity Philosophy. Beijing: People's University of China Press.
- Ware, Robert. 2013. “Reflections on Chinese Marxism”. En: Socialism and Democracy, vol. 27, n-ro 1, 2013.
- Wu Xiaoming. 2005. Marx's Philosophical Revolution and its Contemporary Meaning. Beijing: People's Publishing House.
- Xu Changfu. 2011. “The Relation between Marx and Kang You-wei's Predictions on Social Progress in China”. En: Studies in Marxism, vol. 12, 2011.
- Xu Changfu. 2012. “The Incomplete Transformation of Sinicized Marxism”. En: *Socialism and Democracy*, vol. 26, n-ro 1, 2012.
- Yang Xuegong. 2011. A Critique of Traditional Ontological Philosophy. Beijing: People's Publishing House.
- Yu Wujin. 2004. From Kant to Mar. Guilin: Guanxi Normal University Press.
- Yu Wujin. 2009. On Ideology, first edition 1993. Shanghai: Shanghai People's Publishing House; second edition 2009. Beijing: People's Publishing House.

- Yu Wujin. 2010. Practice and Liberty. Wuhan: Wuhan University Press.
- Zhang Yibing. 2008. A Return to Lenin. Nanjing: Jiangsu People's Publishing House.
- Zhang Yibing. 2009. A Return to Marx, first editzion 1999, second edition 2009. Nanjing: Jiangsu People's Publishing House.
- Zou Shipeng. 2005. A Study of Existentialism. Shanghai: Shanghai People's Publishing House.

Tiu ĉi artikolo [en la angla -vl] estis kontrollegita de Stephen Ney kaj Michael Deane-White.

2 La nekompleta transformado de la ĉinigita marksismo

La ĉina kompreno de la marksismo subiĝas al revolucio: de de-teoriigo al re-teoriigo kaj de de-liberaligo al re-liberaligo. Tiu transformado de la marksismo en Ĉinujo estas nomata la ĉinigo de la marksismo kaj estis pozitive taksata. Fakte la ĉinigo de la marksismo havas pozitivan kaj negativan aspektojn. Ĉar la pozitivaj aspektoj estas sufiĉe elmontritaj kaj alte taksataj, tiu ĉi artikolo provos esplori la negativajn aspektojn, el kiuj unu estas de-teoriigo kaj la alia de-liberaligo. Unue, la marksismo heredas teorian sintenon speciale propran al la eŭropano, nome ami saĝon kaj serĉi veron. Sed la ĉinigita marksismo forlasas tiun sintenon kaj tiel produktas la de-teoriigon de la marksismo. Due, marksismo konsideras la liberan evoluon de ĉiu individuo kiel la plej altan valoron, sed la ĉinigita marksismo ne kuraĝas paroli pri libereco, kaj eĉ neas multajn bazajn homrajtojn, kaj tiel produktas la de-liberaligon de la marksismo. Tiuj du negativaj aspektoj ekzistis tra la tuta historio de ĉinigita marksismo, sed, ekde la reformo kaj malfermiĝo en Ĉinujo, la marksisma teoria sinteno iom reaperis – tio estas la re-teoriigo de la marksismo, kaj la marksista valoro de libereco estis iom agnoskita – tio estas la re-liberaligo de la marksismo. Tamen, konsidere la teorian sintenon kaj valoron de libereco, la ĉinigita marksismo estas ankoraŭ malproksima de la originala marksismo, kaj tiel la hermeneŭtika revolucio de la ĉinigita marksismo de de-teoriigo al re-teoriigo kaj de de-liberaligo al re-liberaligo estas daŭre nekompleta.

2.1 Enkonduko

2.1.1 La estiĝo de tiu ĉi artikolo

Tiu ĉi artikolo estis verkita origine por legantoj en la lando de la aŭtoro, Ĉinujo, kaj celis kelkajn seriozajn problemojn de la tiel nomata ĉinigita marksismo, inkluzive de la neglekto de la teoria sinteno de Markso kaj la ideo de libereco. Mi ne konsciis pri tia hermeneŭtika diseco inter la teksto kaj ĝia interpreto, ĝis kiam ni rimarkis, ke ĝiaj anglaj legantoj estis konfuzitaj de kelkaj opinioj kaj kelkaj terminoj, eĉ kiam ili esprimis intereson. Prenante diversajn komentojn serioze, mi povas vidi, ke ilia konfuzo devenas ĉefe el la manko de la scienca kaj politika kunteksto, el kiu tiu ĉi teksto devenas. Eble tiu ĉi artikolo mem videblas kiel bona ekzemplo de la klarigo de ĝia kunteksto.

La ĉina versio de tiu ĉi artikolo estis preparita kiel kontribuaĵo al la Oka Jarkonferenco (en 2008) de la Ĉina Forumo pri Marksisma Filozofio, subtenata de la gazeto *Ĉinaj Sociaj Sciencoj* kaj la Wuhan-universitato. Mi estis listigita en la konferenca programo kiel ŝlosila parolanto, sed ĝuste en la momento, kiam mi iris al la platformo por prezenti tiun ĉi artikolon, mi estis senigita je la rajto prezenti, fare de oficialuloj de la subtena organizaĵoj, sen ajna klarigo aŭ senkulpigo. Post la fino de la konferenco oni diris al mi, ke mia kritiko de la ĉinigita marksismo ofendis la oficialulojn kaj kelkajn aŭtoritatajn marksistojn, kiuj ne rimarkis la vidpunktojn en mia artikolo ĝis kiam estis mia vico por prezenti. Kaj tiam certa nombro da partoprenantoj en la konferenco kondamnis miajn opiniojn kiel defion al la ideologio de la Partio. Pro la sama kialo, multaj similaj aferoj okazis en la sekvaj jaroj. Mi estis avertita, ke mi ne parolu plu pri tiu ĉi temo; miaj kritikaj artikoloj estis rifuzitaj de enlandaj gazetoj; miaj aplikaĵoj por naciaj esplor-fondusoj fiaskis unu post la alia; mi ne estis bonvena en akademiaj konferencoj en mia lando; kaj tiel plu.[29] Mallonge, mi devis elteni grandan premon responde al la ideoj, kiujn mi deziris antaŭenigi. Tamen, la plej ĉagrena postefiko verŝajne okazos post la publikigo de la angla versio de tiu ĉi artikolo, speciale pro tiom provoka enkonduko.

Mi ne scias, ĉu kelkaj anglaj legantoj de tiu ĉi artikolo spertis ion similan (ĉu en scienca, ĉu en pli larĝa societo), sed tiun ĉi situacion mi proponas pridiskuti kaj ataki. Se leganto estas konfuzita de miaj opinioj, bonvolu retenu en la menso tiujn ĉi cirkonstancojn. Mia propono ĉi tie estas montri ilian esencon, nome, la de-teoriigon kaj de-liberaligon de la marksismo en Ĉinujo. La ĉinigita marksismo ĝis nun ne permesis ian ajn teorian kaj liberalan kritikon de la oficiala ideologio, dum Markso mem kutimis brave defendi la gazetaran liberecon.

2.1.2 Mallonga priskribo de la ĉinigo de la marksismo

La nomo Markso unue aperis en ĉina gazeto en la jaro 1898 (Huang et al. 2005a: 20), sed la marksismo ne influis la ĉinan politikan praktikon ĝis la Oktobra Revolucio en Ruslando. Mao Zedong (Mao Tse-Tung) faris bone konatan rimarkon: “La salvoj de la Oktobra Revolucio alportis al ni la marksismon-leninismon” (Mao 1964: 1360).

Ekde la fondo de la Ĉina Komunista Partio en la jaro 1921 ĝis la venko de Mao super Wang Ming[30] por la gvidado de la Partio en 1938, la rusa marksismo dominis la ĉinan komprenon de la

29 [1] Jaron poste, parto de la ĉina versio de tiu ĉi ĉapitro estis tradukita al la angla kiel kontribuaĵo al la malgranda internacia simpozio en Ŝanhajo. Post la fino de mia prezentado en la ĉina, plej multaj ĉinaj partoprenantoj haltigis la buŝtradukiston unuvoĉe: “Ne traduku tion al eksterlandaj partoprenantoj!” Bonŝance ne okazis posta ĝenado.

marksismo, kiun Mao nomis “doktrinismo”. Laŭ tio, Mao antaŭenigis alternativan projekton, nome la ĉinigon de la marksismo. Mao diris: “la ĉinigo de la marksismo – tio signifas, certigi ke en ĉiuj ĝiaj manifestiĝoj ĝi estu trempita de ĉinaj trajtoj, uzi ĝin laŭ ĉinaj apartaĵoj – fariĝas problemo komprenenda kaj solvenda de la tuta Partio senprokraste” (Mao 2004: 539). Tamen, laŭ Wang Ming, Mao opiniis, ke leninismo estas rusigita marksismo, dum lia doktrino estas ĉinigita marksismo, do, la ĉinan Partion kaj la ĉinan revolucion dominu lia doktrino kaj ne la leninismo (Wang 2004: 15).

En la jaro 2007, en sia politika raporto al la 17-a nacia kongreso de la Ĉina Komunista Partio, la Ĝenerala Sekretario Hu Jintao alvokis la Partion kaj la popolon “konstante subteni la ĉinigon de la marksismo” kaj “insisti pri la fundamentaj principoj de la marksismo kaj pri la subtenado de la ĉinigo de la marksismo” (Hu 2007: Parto 2). Ekde tiam, la ĉinigo de la marksismo fariĝis tre grava temo en politika kaj universitata kampoj en Ĉinujo.

2.1.3 Du negativaj aspektoj de la ĉinigita marksismo kaj ilia transformado

La ĉinigo de la marksismo kiel historia fakto ne estas negebla; kiel ideologia strategio ĝi havas sian propran racion. La malfacilo ne estas kiel ĝin kompreni, sed kiel ĝin taksi.

En la ĉina politika kaj universitata kunteksto la ĉinigo de la marksismo estas vidata nur kiel pozitiva fenomeno, do, la homoj povas ĝin nur laŭdi, sed ne kritiki. Aktuale ĝi efektive havas pozitivajn aspektojn; ekzemple ĝi gvidis la ĉinan revolucion al la

30 WANG Míng: Ĝenerala sekretario de la Komunista Partio de 'Ĉinujo (KPĈ) de Junio ĝis Septembro de 1931 (post XIANG Zhongfa kaj antaŭ BO Gu. Vidu pri WANG Ming p. 243. -vl

sukceso kaj la ĉinan nacion al sendependeco. Ĉiuj ĉi aspektoj estis amplekse elmontrataj kaj ne estas dubataj.

Sed la aplikado de la ĉinigita marksismo estas tro homogena por toleri diversajn voĉojn. Pro tio ŝajnas necesa paroli ankaŭ pri ĝiaj negativaj aspektoj. Tiu ĉi ĉapitro esploras du el tiuj negativaj aspektoj, nome, la de-teoriigon kaj de-liberaligon, kaj ilian lasta-tempan transformiĝon en re-teoriigon kaj re-liberaligon, kaj poste faras kelkajn konstruemajn proponojn. Tiuj du aspektoj kaj ilia transformiĝo prezentas nekompletan bildon pri la hermeneŭtika revolucio de la marksismo en Ĉinujo, nome, de radikala de-teoriigo al limigita re-teoriigo kaj de radikala de-liberaligo al limigita re-liberaligo.

Necesas emfazi, ke kun tiu ĉi enkonduko kaj la sekva modifado de la teksto, tiu ĉi ĉapitro estas tute malsama ol ĝia origina ĉina versio.

2.2 La de-teoriigo de la marksismo en Ĉinujo

2.2.1 Eŭropa teoria sinteno kaj la teoria sinteno de Markso

Unue ni klarigu la de-teoriigon de la marksismo en Ĉinujo.

En *Filozofio en la krizo de la eŭropa homaro*, Husserl montras, ke ekzistas distinga eŭropa teoria sinteno, kiu suspendas intence ĉiajn praktikajn interesojn, alfrontas la aferon mem, kaj pure serĉas objektivan scion por ĝi mem. Tio estas kontraŭa al la orienta sinteno, kiu konsideras ĉion nur laŭ praktikaj interesoj. Kompare ni trovas, ke la teoria sinteno estas pli helpa por la praktika ol inverse, ĉar la teoria sinteno dotas homajn estulojn per universala scienca rezulto. La eŭropa kredo estas, ke praktikoj estus normigotaj de objektiva vero (Husserl 1970: 282).[31] La eŭropa tradicio, pri kiu Husserl parolas, reale ekzistas (kvankam lia aserto eble estas troigita) kaj klare montriĝas en la scienca esplorado de Markso.

Markso estas konata pro sia alvoko "ŝanĝi la mondon", kio ŝajnas implici, ke li ne havas la tiel nomatan "teorian sintenon". Sed en sia serĉado de scio kaj sia insisto pri gvidado de praktiko per teorio, la marksa sinteno estas sendube firme teoria, kvankam Markso samtempe havas ankaŭ praktikan sintenon kaj liaj du sintenoj estas malsamaj kaj interrilataj. Tio pruveblas per jenaj konsideroj.[32]

Por refuti Vilhelmon Weitling, kiu iam moke diris, ke la verkoj de Markso estas nur "teorioj en biblioteko", Markso argumentas, ke "estas simple seniluziiga provoki la homojn sen doni al iliaj agoj ian ajn fidindan, zorgeme studitan fundamenton".[33] Ankaŭ Bakunin kritikis Markson kiel "voremulon pri teorio", "kiu dorlotas sin per tiaj sensencaj teorioj".[34] La diferenco inter Markso kaj ili estas, ke Markso metas la teorian sintenon apud la praktikan sintenon, kaj ili ne. Schumpeter priskribis la teorian sintenon de Markso jene:

> "Ĉi tiu senĉesa klopodado sin mem instrui kaj mastri ĉion mastrendan, iel tendencis liberigi lin el antaŭjuĝoj kaj eksterscienca celoj, kvankam li certe laboris por kontroli difinitan vizion. Por lia potenca intelekto, la intereso pri la problemo kiel problemo estis plej grava malgraŭ li mem, kaj kiom ajn li eble fleksis la gravecon

31 [2] Husserl diskutis pri la diferenco inter la praktika sinteno kaj la teoria sinteno en sia Viena Prelego 1935 [Husserl 1970: 282]. Fakte, Hegelo jam uzis la terminon "teoria sinteno" (Hegel 1975: 291).

32 [3] Por pli detala klarigo vidu Xu 2005: 15-16.

33 Weitling 1960: 45-6.

34 Mehring 2003: 146-7.

> de siaj finaj rezultoj, dum la laboro li ĉefe zorgis por akrigi la analizajn ilojn disponigitajn de la scienco de lia tempo, kun solvado de logikaj malfacilaĵoj, kaj kun konstruado, sur la tiel akirita fundamento, de teorio kiu en naturo kaj intenco estis vere scienca kiaj ajn ĝiaj mankoj eble estis."[35]

Kompreneble, kio plej bone gravas por taksi lian teorian sintenon, certe estas liaj studoj mem. Kvankam li planis publikigi sian ekonomian laboraĵon komence de 1851, por kio Engelso ofte urĝis lin, Markso rifuzis ekverki, se ekzistis libro, kiun li pensis grava, sed kiun li ankoraŭ ne estis leginta.[36] En la jaro 1859, la unua parto de lia libro (*Kritiko de la politika ekonomio*) estis finita kaj eldonita; kaj fine ok jarojn poste, bazita sur liaj antaŭaj studaĵoj, la unua volumo de *La kapitalo*[37], estis presita. La teoria pureco de ĉi tiuj reprezentaj verkoj estas nedubebla, kiel montras la deklaro de Markso pri "teoria konscienco" kaj lia decido cedi al la evidento,[38] se liaj atendoj ne realiĝis.

---

35 Schumpeter, Joseph A., *The Great Economists: From Marx to Keynes*, (Londono: Routledge Press, 1997), p. 25.

36 [4]Franz Mehring, Karl Marx: The Story of His Life, p. 228s, 257.

37 Karlo Markso: La kapitalo. Volumo I. Kritiko de la politika ekonomio. Libro I: La produktadprocezo de la kapitalo. Elgermanigita de Vilhelmo Lutermano. 3-a, reviziita eldono. Embres-et-Castelmaure. Monda Asembleo Socia (MAS), 2016, 924 paĝoj, ISBN 978-2-36960-071-8.

38 [5] Musto diras: "Markso devis mem cedi al la evidento: la krizo ne kaŭzis la sociajn kaj politikajn efikojn, kiujn li kaj Engelso antaŭdiris kun tiom da certeco" (2008: 159). En mia kompreno, la pli preciza konstato estu "Markso, laŭ sia teoria konscienco, mem cedis al la evidento". Tio estas tute malsama ol la ĉinigita marksismo, kiu ĉiam rifuzas [agnoski -vl] ajnan malfavoran evidenton. –

– Sed se estas tiel, ke "la ĉinigita marksismo … ĉiam rifuzas agnoski ajnan malfavoran evidenton", kiel tiam klariĝas la kritiko de la KPĈ koncerne la *Grandan salton antaŭen* kaj la *Kulturrevolucion*? -vl

Kiel dirite supre, la teoria sinteno konsistas el flanke lasi la guston kaj interesojn de la studanto pri studobjektoj, alfronti la aferojn mem, kaj el tiu fundamento konstrui la universalajn, necesajn kaj objektivajn rilatojn inter la faktoj. La studo de Markso pri la rilatoj de kapitalisma produktado estas verŝajne la plej bona ekzemplo de ĉi tia sinteno.

2.2.2 La de-teoriigo de la ĉina marksismo: De la teoria sinteno al la hermeneŭtika, aplikata kaj strategia sinteno

Malbonŝance tamen la ĉinigita marksismo perdis sian teorian sintenon.

Dudek jarojn post sia enkonduko en Ĉinujo, je la fino de la 20-a jarcento, la marksismo ŝajnis esti nur alia okcidenta penssistemo. Estis la Oktobra Revolucio, kiu inspiris la unuan grupon de ĉinaj marksistoj kaj ilian politikan organizaĵon, la Ĉinan Komunistan Partion. Poste, la Partio fariĝis la aŭtoritata voĉo de la marksismo en Ĉinio, kaj dume la marksismo fariĝis la legitima fundamento de la ekzisto kaj de la praktikoj de la Partio. Nur tiuj, kiuj reprezentas la Partion, rajtas reprezenti la marksismon. Ĉiu alia marksismo ne rajtigita de la Partio estas deklarita ne-marksisma aŭ pseŭde marksisma. Ĉi tio estas la kunteksto de la ĉinigo de marksismo.

La baza tasko de la ĉinigo de la marksismo estas traduki, enkonduki kaj propagandi la marksismon. La marksa formulado de lia doktrino estis ja speco de teoria laboro, sed la tradukado, verkado de enkonduko kaj propagandado de la doktrino ne estas teoria, sed pli hermeneŭtika laboro en ĝenerala senco. La teoria agado alfrontas la faktojn kaj estas fidela al la faktoj mem, dum la hermeneŭtika laboro estas mem-referenca. Supraĵe, tiuj ĉinaj marksistoj ŝajnis eĥi Markson en diskutado pri kapitalismo, sed kie Markso diskutis ĝin teorie, ili faris tion en hermeneŭtika maniero. Markso, vivante en la plej evoluinta kaj pratipe kapitalisma socio de sia tempo, studis la kapitalismon analizante unuamanajn datumojn, dum ĉinaj marksistoj parolis pri kapitalismo legante verkojn de Markso. Tiel la teoria sinteno eneca [imanenta] en la marksismo transformiĝis en hermeneŭtikan sintenon.

Ke la ĉinaj marksistoj uzis la marksismon por interpreti la socian historion de Ĉinujo, estas nur teoria aplikado, sed ne la teoriumado mem. La teoria aplikado determinas apartajn objektojn per ĝeneralaj principoj, dum la teoriumado abstraktas la ĝeneralajn principojn el la apartaĵoj. La teoria aplikado povas esti same rigora kiel fleksebla, do estas spaco por diversaj gradoj de doktrinaj kaj empiriaj sintenoj. Kaj ĉiuj ĉi sintenoj estas sintenoj de teoria aplikado (analogaj al la teĥnika sinteno kontraŭ la scienca sinteno), sed ne la sinteno de teoriigo. Tiom kiom la teoria aŭ teoriiga sinteno antaŭe ne alprenas premisojn, ĝi starigas sian ĝeneralan sistemon de principoj el la radikoj; la sinteno de aplikado, male, devas akcepti la ĝustecon de certa ĝenerala principo, alie la apliko estus nekredinda. Per aliaj vortoj, la teoria sinteno estas reflekta kaj kritika pri la teorio mem, sed la sinteno de aplikado estas nereflekta kaj nekritika pri la teorio. En la ĉinigo de la marksismo, la originala teoria sinteno de Markso transformiĝis en la aplikatan sintenon de la teorio.

La plej grava rolo, kiun la marksismo ludas en Ĉinujo, estas: esti la fina kialo kaj pravigo por la praktikoj de la Partio, kvankam tiu ĉi rolo ĝis certa limo estas ankaŭ la evangelio de la malriĉuloj[39]. Rezulte, pravigi la marksismon estas por konservi la ekzistadon de la Partio, kaj pravigi certan interpreton de la marksismo estas por konservi la establitan aŭtoritaton de la Partio. La retoriko de la marksismo tiel fariĝis praktika strategio. Per aliaj vortoj, la retoriko

39 En la senco, ke tiu evangelio diras al la malriĉulo: "Via vivkondiĉo estas decidita de la ĉielo, ne utilas voli ĝin ŝanĝi". -vl

de la ĉinigita marksismo estas malofte scienca, sed plej ofte ideologia kaj politika. Ĉu aserto estas marksisma aŭ ne, dependas ne de ĉu ĝi montras la objektivajn faktojn el marksisma vidpunkto, nek de ĉu ĝi kongruas kun la klasikaj tekstoj, sed anstataŭ tio, de ĉu ĝi produktis aktualajn influojn profite al la Partio kaj al ties establita aŭtoritato. Tio signifas, por la ĉinigita marksismo, ke la problemo (kiaj estas la faktoj? kaj ĉu la argumentado estas logika?) estas duaranga; la unuaranga problemo estas, ĉu tio, kio estas dirita, profitas aŭ ne al la Partio. Ĉi tio estas speco de strategia sinteno. Ĉiu, kiu iam studis Markson atente, devus scii, ke Markso mem neniam havas tian sintenon. Por li kiel homo, kiu ĉiam faras sciencan esploron vereme, gravas, kiaj estas la faktoj kaj ĉu la rezonado estas logika. Ĝuste pro tia sinteno li ne timis ekzilon kaj forlasi sian esperon esti profesoro en germana universitato.

Estas akra kontraŭeco inter la teoria sinteno de Markso mem kaj la strategia sinteno de la ĉinigita marksismo. Tiuj ĉi lastaj sintenoj, ĉu hermeneŭtika, aplikata aŭ strategia, ne estas teoriaj, sed praktikaj. Kaj kvankam la ĉinigo de la marksismo ankaŭ havas kelkajn teoriajn rezultojn, ili estas enarĥivigitaj en la teoria modelo de Mao Zedong pri "de la praktiko ĝis la scio por denova praktiko".[40] Tipe

40 Laŭvorte (en Esperanta eldono): "La marksisma filozofio – dialektika materiismo – havas du plej elstarajn karakterizaĵojn: unu estas ĝia klasa karaktero, ĝia malkaŝa deklaro ke dialektika materiismo servas al la proletaro; la alia estas ĝia praktika karaktero, emfazo pri la dependeco de teorio al praktiko, emfazo pri tio ke la fundamento de teorio estas praktiko kaj teorio siavice servas al praktiko. Ĉu konado aŭ teorio estas vero aŭ ne, tio ne estas juĝata laŭ tio, kiel oni sentas subjektive, sed laŭ tio, kia estas la rezulto en socia praktiko objektive. La kriterio de vero povas esti nur la socia praktiko. La kriterio de vero povas esti nur la socia praktiko. La vidpunkto de praktiko estas la unua kaj fundamenta vidpunkto de la teorio de konado de dialektika materiismo." (Maŭ Zedong: Pri praktiko. Pri la Rilato inter Konado kaj Praktiko – Rilato inter Scio kaj Ago *(Julio 1937)*, en: Elektitaj Verkoj de Maŭ Zedong, Volumo 1, Fremdlingva Eldonejo, Pekino, 1971, p

enkarniganta la praktikan sintenon de la ĉinigo de la marksismo, ĉi tiu modelo metas la scion en la fendon inter la praktikoj, kaj ne lasas spacon por sendependa teorio aŭ pure kogna agado. Rezulte de tio, la teoria sinteno eneca en la marksismo estas forprenita de la ĉina marksismo. Mi nomas ĉi tiun procezon *sen-teoriigo*. Ĉiuj ĉinaj kritikantoj, kiuj konsideris la unuan version de tiu ĉi ĉapitro kiel kroman ekzemplon, cenzuris ĝin ne pro ĝia scienca malĝusteco aŭ sciencaj mankoj, sed pro ĝiaj ideologia malĝusteco kaj politika eraro, kvankam ili eble agnoskis ĝiajn eldirojn pri faktoj veraj. Kontraste al tio, okcidentaj recenzantoj pritraktis ĝin nur el scienca perspektivo, sed ne el ia ajn simila ideologia aŭ politika perspektivo. Mallonge, la de-teoriigo trudata de la ĉinigita marksismo signifas, ke la ĉinigitaj marksistoj konsideras la praktikan funkcion de sia opinio pri marksismo kiel prioritaton antaŭ ĝian teorian valoron, kaj intence elektas la unuan antaŭ la duan okaze de ia ajn malakordo.

La konsekvenco de sen-teoriigo estas tiel, ke la ĉina marksismo estas plena de diversaj hermeneŭtikaj, aplikataj kaj strategiaj retorikoj. El tiuj retorikoj, tiom kiom la strategia retoriko de la politika kampanjo estas la dominanta, la historio de la ĉina marksismo efektive estas nur kolekto de politikaj, strategiaj retorikaĵoj. Tamen kiom ajn efektive necesa ĉi tiu situacio estas, kaj kiaj ajn defendoj estas donitaj al ĝia pravigo, la sen-teoriigo de la marksismo en Ĉinujo kaŭzas nekontesteblajn kaj grandegajnjn kostojn: ne nur la baza marksisma teorio apenaŭ disvolviĝis, sed multe da ĝia enhavo perdiĝis. Kompare kun la okcidenta marksismo, enkondukita en Ĉinujon post la reformo kaj malfermiĝo en 1978, la ĉinigita marksismo havas ege grandan teorian deficiton.

517-542, ĉi tie p. 521. -vl

2.3 La de-liberaligo de la marksismo en Ĉinujo

2.3.1 La okcidenta tradicio de libereco kaj la ideo de Markso pri libereco

Ni nun parolu pri la mal-liberaligo de la marksismo en Ĉinlando.

La plej valora enhavo de la marksismo estas ĝia ideo pri liberaligo. La ideo plene enkorpiĝas en fama propono en la *Manifesto de la Komunista Partio*: "la libera evoluo de ĉiu estas la kondiĉo por la libera evoluo de ĉiuj."[41] Por Karlo Markso, la tuta homa historio nature tendencas al fina celo, tio estas la libereco de ĉiuj homoj senescepte; ĝi estas tiu speco de libereco, kiun ĉiu povas akiri nur fariĝante plena personeco. La proletaraj revolucio kaj diktatoreco estas la necesa aliro por emancipi ĉiujn homajn estulojn kaj atingi universalan liberecon.[42]

La marksisma ideo pri libereco heredas, disvolvas kaj transcendas la okcidentan pensan tradicion de libereco, precipe la

41 Karlo Markso kaj Frederiko Engelso: Manifesto de la Komunista Partio. Kun enkonduko de Eric Hobsbawm. (= MAS-libro n-ro 100), p. 88. -vl

42 [6] La sekva citaĵo konsidereblas kiel pruvo de mia kompreno: "Tiu ĉi socialismo estas la *deklaro de la konstanteco de la revolucio, la klasa diktatoreco* de la proletaro kiel la necesa transira punkto al la *forigo de klasaj diferencoj ĝenerale*, al la forigo de ĉiaj produktadrilatoj sur kiuj ili baziĝas, al la forigo de ĉiaj sociaj rilatoj kiuj rilatas kun tiuj produktadrilatoj, al la revoluciigo de ĉiuj ideoj, kiuj rezultas el tiuj sociaj rilatoj" (Marx 1959: 317; emfazoj en la originalo). Kontraste al Markso, rusigitaj kaj ĉinigitaj marksistoj konsideris la proletaran diktatorecon, unuflanke, kiel normalan kaj senfinan kondiĉon (anstataŭ malnormalan kaj portempan), kaj aliflanke kiel la diktatorecon de malplimulto, nome, de la Partio aŭ la reprezentanto de la proletaro, anstataŭ kiel diktatorecon de la plimulto (nome, la laboruloj mem), kiel por konservi la regadon de la Partio.

tradicion de la klasika liberalismo. La malkonsento de Markso kun la liberalismo ne estas en la senco, ke li malakceptas la liberecon proponitab de la liberalismo, sed ke li konsideras ĝin ne sufiĉa – ne sufiĉe ampleksa aŭ sufiĉe ĝisfunda. Markso favoras tian universalan liberecon, kiu ebligas al ĉiuj fari tion, kion ili volas fari, kaj la antaŭkondiĉo por ĉi tiu libereco estas forigi materialajn mankojn kaj malegalajn proprieton kaj distribuadon. Tio signifas, ke tio, kion Markso neas, ne estas la esencaj partoj de libereco, kiujn asertas la burĝaro (esprimlibereco, libereco je kredo, voĉdonlibereco kaj libereco je proprieto), sed iliaj specife burĝaj aplikoj. Kvankam ne facilas distingi iliajn spiritajn esencojn kaj klase difinitajn formojn, ekzistas baza funkci-principo: kritikante la kapitalismon, Markso neniam pensas anstataŭigi liberan parolon per limigita parolado, liberan kredon per malpermeso de religio, privatan proprieton per senigo de personaj posedaĵoj, aŭ demokratian voĉdonadon per forigo de voĉdonado.

La unua artikolo eldonita de Markso, "Komentoj pri la plej nova prusa cenzura instrukcio"[43], estis verkita por rekomendi parolliberecon. Iuj povus diri, ke tiom, kiom tio nur montras la nematuran penson de Markso, ĝi ne estas vere marksisma. Sed fakte Markso konstante tenis forte ĉi tiun ideon eĉ post la *Manifesto de la Komunista Partio*.[44] "Laŭ Markso, neniu registaro devas iam trudi limojn al libereco de pensado kaj publikigado. La demokratiaj liberecoj de kredo, de parolo kaj de gazetaro devas esti ne limigitaj sub kia ajn cirkonstanco. Ĉiu limigo, ĉiu cenzuro estas krio de 'malpura konscienco', laŭ Markso."[45]

---

43 Marx 1975a.

44 Vidu K. Marx, "The First Trial of the *Neue Rheinische Zeitung*", in *Collected Works*, Vol. 8, (Moscow: Progress Publishers, 1977), p. 314, 316.

45 Mieczyslaw Maneli, "Three Concepts of Freedom: Kant-Hegel-Marx", in *Interpretation: A Journal of Political Philosophy* 7, (Flushing:

En *Kontribuaĵo al la kritiko de la hegela jurfilozofio, Enkonduko,*[46] Markso klare montris, ke nur se la efektivaj kaŭzoj estigantaj suferojn estos forigitaj, la homoj ĉesos bezoni la konsolon, kiun ili serĉis de religioj. En *Ekonomiaj kaj filozofiaj manuskriptoj de 1844*, Markso etikedis "la kruda komunismo" tiun komunismon, kiu "volas detrui ĉion, kio ne povas esti posedata de ĉiuj kiel privata proprieto."[47] En *La interna milito en Francujo*[48], li alvokis al pli radikala rekta demokratio ol estas la kapitalisma reprezenta sistemo. Ĉiuj tiaj ideoj montras, ke Markso neniam intencas aŭ proponas antaŭenigi siajn teoriojn reduktante la liberecon de la homoj en la spirita, ekonomia kaj politika sferoj. Anstataŭ tio, kion li per grandaj klopodoj provas kompreni, estas kiel vere plibonigi iliajn liberecojn. Kvankam iuj el liaj projektoj donis iom kontraŭajn rezultojn – ekzemple, la planekonomio fakte funkciis por senigi homojn je libereco – Markso, mi kredas, ne uzus la rimedojn koste de la celo, libereco, se li vidus per siaj propraj okuloj la kontraŭdirojn inter la teorio kaj la aplikado.

Queens College Press, 1978), p. 43.

46 En Esperanto ekzistas la marksa enkonduko de tiu verko. Karlo Markso: Kontribuaĵo al la kritiko de la hegela jurfilozofio. Enkonduko. En: Karlo Markso: Kontribuaĵo al la kritiko de la hegela jurfilozofio. Enkonduko; Kontribuaĵo al la kritiko de la politika ekonomio. Antaŭparolo. Kun teksto de Jozefo Ŝlejfŝtejno. Elgermanigitaj de Vilhelmo Lutermano. Embres-et-Castelmaure, Monda Asembleo Socia (MAS), 2010, ISBN 978-2-918300-38-0 (= MAS-libro n-ro 44). -vl

47 Karl Marx and Frederick Engels, *Economic and Philosophic Manuscripts of 1844 and the Communist Manifesto,* trans. Martin Milligan, (New York: Prometheus Books, 1988), pp. 100-1.

48 Karlo Markso: La interna milito en Francujo (1871 La Pariza Komunumo). Kun antaŭparolo de Frederiko Engelso. Elgermanigita de Vilhelmo Lutermano. 2-a, reviziita eldono ISBN 978-2-36960-017-6 -vl

2.3.2 La de-liberaligo de la ĉinigita marksismo-koncepto

La ĉinigo de la marksismo neniam vere akceptis la ideon de Markso pri libereco.[49] Li Dazhao priskribis la marksismon kiel sistemon konsistantan el tri partoj kaj ora linio: unue, maniero kompreni la pasintecon – la doktrino de historio (la evoluismo de sociaj organizaĵoj); due, maniero kompreni la nunon – la doktrino pri ekonomio (la kapitalisma ekonomiko); trie, maniero kompreni la estontecon – la doktrinon pri politiko (la doktrino de socialismaj movadoj aŭ socialdemokratismo); kaj la ora linio kuniganta la tri doktrinojn – "la doktrino de klasbatalo".[50] Ĉi tiu koncepto de marksismaj teorioj estis generita de la hermeneŭtika situacio de nacia savo kaj revolucio en la fruaj 1980-aj jaroj, kaj sekve ĝi estis la komuna baza celo de la ĉinigo de la marksismo en la duona jarcento antaŭ la reformo kaj malfermiĝo. Tamen fine la esprimo "socialdemokratismo" ne plu estis akceptita. Kvankam luktante kontraŭ la registaro de la Kuomintango, la marksismo disvolvis multajn retorikojn pri libereco, kiel ekzemple la kanton *Unio estas Forto*, kiu urĝas "lasi morti ĉiujn nedemokratiajn sistemojn, kurante al libereco, al la suno kaj al la nova Ĉinujo". Sed nuntempe tiuj retorikoj ŝajnas ĉefe strategiaj retorikoj por politika batalo en tiuj tagoj, kaj ne signifas, ke tiuj, kiuj kantas la kanton, verece komprenas kaj kredas la ideon de Markso pri libereco.

---

49 [7] La samo veris pri Sovetunio.

50 Vidu Dazhao Li, "My View of Marxism", in *Selected Works of Li Dazhao*, Vol. 2, (Beijing: The People's Press, 1984), p. 50. –

LI Dazhao (1889-1927) estis ĉina marksista politikisto, kunfondinto, en 1921, de la Komunista Partio de Ĉinujo kaj profesoro ĉe la Pekina Universitato kaj havis grandan influon, i.a. ankaŭ al MAO Zedong, kiu tiam estis helpbibliotekisto. En la interna milito li estis pendumita de soldatoj de la militestro Zhang Zuolin. (Laŭ Vikipedio) -vl

Kompare kun la termino "libereco" (*ziyou*), terminoj, kiujn ni pli konas, estas "emancipiĝo" aŭ "liberigo" (*jiefang*), kiuj ofte aperas en la esprimoj "la Liberiga Armeo", "emancipi la tutan Ĉinujon", kaj "liberigo de la homaro". En la ĉinigo de la marksismo, la implica signifo de "emancipiĝo" aŭ "liberigo" (*jiefang*), ne estas "liberiĝi el ...", nome ne la verboformo de "libero" (*ziyou*), sed leviĝi kaj mastri per preno de potenco per perforto. Tio signifas, ke "liberigo" (*jiefang*) ne produktas "liberecon" (*ziyou*).

Fakte, post "liberigo de Ĉinujo", la ĉina marksismo liveris aron da planitaj politikaj, ekonomiaj kaj kulturaj sistemoj kun alta grado de kolektivigo, kaj prenis kiel sian idealan socian staton la reguladon de ĉiuj pensoj kaj agoj de homoj. Evidente ĉi tiu stato estas tute alia ol la romantike libera stato priskribita de Markso kaj Engelso en *La germana ideologio*: "fari unu aferon hodiaŭ kaj alian morgaŭ, ĉasi matene, fiŝi posttagmeze, bredi brutojn vespere, kritiki post vespermanĝo, ĝuste laŭ mia gusto."[51] Laŭ la originala ideo de Markso, per la laborŝparmaŝino la kapitalismo nepre produktas pli kaj pli da libera tempo, kies distribuado ebligas al la homoj libere disvolvi sian propran karakteron, kio estas vera liberigo. Aliflanke, "liberigo" (*jiefang*) en la ĉinigita marksismo konsistas el kolektive kontroli kaj administri ĉies rimedojn kaj tempon per politika aŭtoritato. Ĉi tio montras, ke kvankam ekzistas certe multaj interkonsentoj inter la ĉinigita marksismo kaj la originala

51 [8] Carver atribuas tiun ĉi teksteron al Engelso pro ĝia "Utopia, naiva, antaŭindustria kaj senkonscia parodio de Fourier" (Carver 1998: 106). Klare, tio ne aplikiĝas al mia artikolo. Eĉ se estas ia malkonsento pri tiu ĉi ekzemplo inter Markso kaj Engelso, ili havas la saman ideon pri libereco.

[[13]] Karl Marx and Frederick Engels, *The Marx-Engels Reader*, Second Edition, ed., Robert C. Tucker, (New York: Norton & Company, 1978), p. 160. – En la germana originalo: Karl Marx; Friedrich Engels: Die deutsche Ideologie. Marx-Engels Werke (MEW), vol. 3, p. 5-530, ĉi tie p. 33. -vl

marksismo, sed koncerne la temon libereco ili havas nenion komunan. Fakte, la marksismo konsideras liberecon kiel la plej altan valoron, dum la ĉinigita marksismo ne nur ne interesiĝas pri libereco, sed ligas “liberaligon” kun “la burĝoj” tiel, ke homoj tremas kiam “libereco” estas menciita. Mi nomas ĉi tiun situacion la mal-liberaligo de marksismo en Ĉinujo.

Ni prenu ankoraŭ tiun ĉi ĉapitron mem kiel ekzemplon. Objektive dirite, ekde la fino de la Granda Proletara Kulturrevolucio en 1976, la ĉinoj akiris diversajn liberecojn, inkluzive de scienca libereco en certa grado, sed evidentas, ke temoj kiaj tiu en tiu ĉi ĉapitro estas daŭre tabuaj, eĉ se ili baziĝas sur teksto de Markso. Tiel eksterlandaj observantoj eble povas vidi tiun ĉi kazon kiel termometron pri la grado de scienca libereco en la aktuala Ĉinujo. Kontraste al la ĉinigitaj marksistoj, Markso mem ĉiam estis unu el la plej kuraĝaj batalantoj por libereco en la tuta homa historio, emfazante la fundamentan gravecon de gazetara libereco (vidu Marx 1974: 3-89).[52] Nur se iu persone spertas la mankon de liberecoj, inkluzive de gazetara libereco, li povas vere kompreni la diferencon inter la marksa kaj la ĉinigita marksismo.

2.3.3 Komparo inter la de-liberaligita marksismo kaj la marksa marksismo

Tial la mal-liberaligita marksismo ŝajne harmonias, sed efektive diferencas de la marksismo de Karlo Markso, kaj neniam Markso estus ĝin akceptinta.

Unue, ke la registaro komplete kontrolas la publikan industrion, estas simple kontraŭmarksisma. Origine estis la praktiko de la Ĉiela Imperio, kiel Markso notis, kiam li faris satiron pri la prusaj

52 [9] Eĉ liberalaj pensistoj agnoskas la marksan koncepton de libereco. Karl Popper diras: “Markso amis liberecon, realan liberecon (ne la hegelan 'realan liberecon')” (Popper 1966: 102).

instrukcioj de cenzuro.[53] Fakte, kion Markso ne sciis, en tiuj tagoj ne estis moderna ĵurnalo kaj gazeto eldonata de la ĉina registaro. Ĉu Markso akceptus, ke lia teorio, se aplikata en Ĉinujo, produktus ĝuste la situacion mem, kiun li kondamnis? La respondo estus NE, mi kredas. Ĉar en alia artikolo Markso deklaris, ke cenzuro "sufokus la nacian spiriton", kaj li asertis, ke "iu ajn alia libereco neniiĝus sen la gazetara libereco".[54]

Due, Markso projektis la planitan ekonomion por plibonigi la liberecon de la popolo, dum en Ĉinujo la nuligo de la planata ekonomio permesis certan liberecon. Mi povas imagi, ke iuj miksitaj sentoj kreskus en lia koro, se Markso scius pri ĉi tio.

Trie, la konsekvencoj de la ultra-maldekstra linio rilate al religio ankoraŭ malutilas ĉi tiun landon, kio pruvas la komprenon de Markso pri kreda libereco.

Finfine, en politiko, ĉu Markso ne estus ŝokita, se li trovus, ke la ĉinigita marksismo ankoraŭ konservas politikan kondiĉon, kiu

53 K. Marx, "Comments on the Latest Prussian Censorship Instruction," in *Collected Works*, Vol. 1, (Moscow: Progress Publishers, 1975), p. 115. Cetere, kiam ili parolas pri tiu ĉi artikolo, la plej multaj ĉinaj studantoj intence aŭ neintence evitas tiun punkton, en kiu Markso prenis Ĉinujon kiel ekzemplon. Ekzemplo de tio videblas en *The History of Marxism Philosophy*, Revised Edition, Vol. 1, ed., Huang Nansen, Zhuang Fulin, and Lin Li, (Beijing: Beijing Press, 1995), p. 183, 201.

[10] Cetere, kiam la plej multaj ĉinaj kleruloj parolas pri tiu ĉi artikolo, ili intence aŭ neintence evitas tiun ĉi punkton, ke Markso prenis Ĉinujon kiel kazon. Ekzemple pri tio videblas en La historio de marksisma filozofio (The History of Marxism Philosophy, Huang et al. 2005B: 127-29).

54 K. Marx, "Proceedings of the Sixth Rhine Province Assembly. First Article," in *Collected Works*, Vol. 1, (Moscow: Progress Publishers, 1975), p. 168, 181. – En la germana originalo: Karl Marx, Friedrich Engels: Werke. Berlin 1956, Band 1, S. 28-78, ĉi tie p. 77.

similas al la liatempa patrujo, kaj ke tiu kondiĉo estas tiel malproksima de lia idealo de demokratio?

Rimarkindas, ke el ĉiuj specoj de liberecoj tiu, kiun la teoria sinteno pritraktas, estas la plej pura. Kaj estas tute necese, ke al ĉiu ajn teoriulo estu donita la libereco de pensado. Marksismo estas la rezulto de Markso mem serĉanta la liberecon pensi kaj vivi en la toleremaj cirkonstancoj de la plej evoluinta kapitalisma lando. Kompare kun ĉi tio, al la ĉinigita marksismo mankas ne nur la praktiko de libera pensado, sed ankaŭ la permeso por ĝi.

Unuvorte, tiom kiom libereco aŭ liberigo estas la spirito de marksismo, ĝia mal-liberaligo esence frakasas la spiriton de marksismo. Ĉi tio, laŭ mi, estas la plej granda eraro de la ĉinigo de la marksismo.

2.3.4 Survoje al re-teoriigo kaj re-liberaligo de la ĉinigita marksismo

2.3.4.1 Objektiva tendenco

Kvankam la temo de ĉi tiu ĉapitro estas la negativa flanko de la ĉinigo de la marksismo, mi ne neas, ke ĝi havas siajn atingojn, kaj mi speciale ne neas kelkajn pozitivajn ŝanĝojn koncerne la supre menciitajn aspektojn en la lastaj 30 jaroj.

Unue, la ĉinigo de la marksismo komencis montri iom da malfermiĝo kaj toleremo, kaj tiel lasi iomete da spaco por diversaj marksismoj. Antaŭ la reformo kaj malfermiĝo ekzistis nur unu vera marksismo, nome, la marksismo-versio de Mao, dum ĉiuj ceteraj version de marksismo ne estis agnoskitaj. Post tio, diversaj versioj de marksismo enkondukiĝis en Ĉinujon, kaj kelkaj estis agnoskitaj. Antaŭ la reformo kaj malfermiĝo, koncerne la komprenon de marksismo, miliardo da homoj povis laŭleĝe havi unu unuforman opinion, nome la opinion de Mao, dum havi personajn opiniojn malsamajn ol tiun unuforman, estis ekstreme danĝere. Nun, escepte por kelkaj opinioj en kontraŭeco kun la pozicioj de la Partio, kiel tiu ĉi en tiu ĉi ĉapitro, opinioj libere haveblas.

Due, estas tendenco de "re-teoriigo" en la ĉinigo de la marksismo, kio estas provo esplori la fundamentajn dogmojn de la marksismo deirante de la teorioj mem anstataŭ de la politikaj bezonoj. Kompreneble, necesas klarigi, ke re-teoriigo ne estas reveni al ideismo. Dum sia tuta vivo Markso kritikis ideismajn metodojn kiel tiun de Bauer kaj de la maldekstraj hegelanoj, kiuj deiris de la teorio kaj ne de la realo kaj de la realaj kondiĉoj de la laboristoj. Tamen, re-teoriigo simple celas reveni al baza scienca honesteco aŭ "teoria konscienco" sendepende de materiismo aŭ ideismo, kiu estas kontraŭa al interesita ideologia mensogo por la praktikaj interesoj de la parolanto.

Trie, la ĉinigo de la marksismo iom post iom agnoskas la liberan spiriton de la marksismo, ke ĝi iagrade enkarnigas ĝin en siaj praktikoj – situacio, kiun oni povas nomi *re-liberaligo.* Ĉi tiuj pozitivaj ŝanĝoj ebligas al la marksismo multe pli pozitivan efikon sur la ĉina disvolviĝo.

2.3.4.2 Proponoj por kompleta revolucio: la liberaligo, teoriigo kaj diversigo de la marksismo

Mia analizo plejparte okupiĝis pri la negativaj aspektoj de la ĉinigo, ĉar ĝiaj pozitivaj aspektoj estis jam tiom multe priparolitaj[55], dum la negativaj aspektoj estis plejparte ignorataj. Pro la negativaj

---

55 [11] En la lastaj 20 jaroj, 357 libroj aŭ doktorigaj laboraĵoj kaj 3814 artikoloj, kies titoloj inkludas la ĉinigon de la marksismo, aperis en Ĉinujo. Tiu ĉi datumo venas el la informsistemo de la Nacia Biblioteko de Ĉinujo.

aspektoj ni ĝustigu nian taksadon de la ĉinigo de la marksismo kaj konsideru novan proponon de ĉina marksismo. Laŭ tio mi havas tri konstruemajn proponojn.

a. La liberaligo de la marksismo. Unuavice, por la marksismo mem, la liberaligo ne signifas trudi al la marksismo ion ajn ne-marksisman, sed pli ĝuste revenigi al la marksismo tion, kio originale apartenas al la marksismo mem. Duavice, liberaligo estas necesa kondiĉo por ĉinaj studoj pri marksismo. Ĝi signifas, ke niaj marksismaj retorikoj ne estos vere "marksismaj", sed pseŭdo-marksismaj, se Markso mem agnoskiĝas kiel senlaca advokato de gazetara libereco, dum la marksismo en Ĉinujo ne povas esti libere studata kaj diskutata. Fine, la esenco de liberaligo konsistas en tio, ke la liberaligita marksismo transformiĝas en praktikan potencon kaj per tio dece kontribuas al pli da libereco de la popolo.

b. La teoriigo de la marksismo. Unuavice, por la marksismo, la teoriigo aktuale estas re-teoriigo, nome, repago al la marksismo niajn ŝuldojn je marksismaj teorioj. Tio, kio faris la marksismon influhava, estas unuavice la potenco de ĝia teorio. Antaŭ ol la marksismo en kelkaj landoj fariĝis ŝtata ideologio, milionoj da laboristoj kaj homoj en la mondo akceptis ĝin. Klare, ili akceptis ĝin ne ĉar ili estis devigataj de ia ajn marksisma organizaĵo konvertiĝi al ĝi, aĉetitaj de revolucia agentejo aŭ seniluziigitaj de komunista propagando, sed ĉar ili kredis ĝian teorian veron, nome, ĝian malkovron de ilia reala situacio en kapitalisma socio. Duavice, por ĉinaj studoj de marksismo, teoriigo estas la sola vojo por serĉi aŭtonomecon de pensado. Se ĉinaj esploristoj pri marksismo ne sendepende produktas originalajn teoriojn, ili povas fari nenion alian ol sekvi, traduki, interpreti kaj apliki tiujn teoriojn produktitajn de aliaj, kaj do ili ĉiam estos konsumantoj de teorioj kaj dancos laŭ aliies teorioj. Fine, la esenco de teoriigo konsistas en estigo de veraj teorioj, kio postulas flankenmeti praktikajn sintenojn, speciale la praktikajn bezonojn de politika aŭtoritato, intui la faktojn kaj problemojn de la mondo per niaj propraj okuloj, taksi ilin per nia propra menso, kaj diskuti aliies opiniojn kun malfermita koro. Tiel produktata marksismo estas tia teorio, kiu estas vere helpa por la praktiko. Male, tiuj teorioj, kiuj estas kreitaj per praktika sinteno, speciale tiuj teorioj adaptitaj al politikaj postuloj, nur malhelpas la praktikon. Per aliaj vortoj, flankenmeti praktikajn sintenojn ne signifas ke teorio tute neglektu la praktikon, sed ĝi signifas simple ke teorio unue flankenmetu la praktikon, kaj poste povas kontentigi la praktikon.[56]

c. La diversigo de marksismo. Unuavice, la marksismo origine estis la rezulto de diversaj ideoj, kiuj stimulis unu la alian en la moderna Eŭropo. Se pensado kaj parolado en Eŭropo tiutempe estus kontrolataj same kiel estas la ĉinigita marksismo, la marksismo ne povintus estiĝi. Duavice, en la okcidenta mondo, la marksismo post Markso prezentas scenaron de diversaj skoloj kaj teorioj, kiuj inter si konkuras, kio ebligis al la ĉina studado de marksismo fariĝi traduk-industrio kaj certagrade determinis niajn esplorrezultojn. Tiu ĉi bildo akre kontrastas kun la ekstrema teoria malriĉeco de la ĉinigo de la marksismo. Fine ni devas noti la fakton, ke en la lasta jarcento ne mankis diversaj voĉoj en la ĉina marksismo, sed ili ĉiuj estis eliminitaj de la politika ortodokseco de la ĉinigo de marksismo. Tio estas la plej granda tragedio de la ĉina marksismo. Ĉi-kuntekste, se ni vere esperas ke la marksismo en Ĉinujo havos normalan evoluon, tiam absolute necesas diversigo de la marksismo, kiu ebligos al la ĉinigo de la marksismo esti rigardata kiel skolo inter aliaj.[57] Per unu

56 [12] Hegelo brile montras la dialektikan rilaton inter teorio kaj praktiko (Hegel 1975:284).

57 [13] Tiukaze ĝi ne restos pli longe “ĉinigo de la marksismo” en sia plena senco. Sed tiom, kiom ĉinigita marksismo havas sian specifan tradicion, ĝi povas estontece racie degeneri en iun el multaj ĉinaj marksismaj skoloj.

vorto, la liberaligo, teoriigo kaj diversigo de la marksismo konsidereblas kiel la temo de la fina etapo por kompletigi la revolucion de la ĉinigita marksismo de de-teoriigo al re-teoriigo kaj de de-liberaligo al re-liberaligo.

2.3 Senkonkluda konkludo

En tiu ĉi fina parto, kvankam kelkaj kontrollegintoj pensis, ke mi evitu paroli en la unua persono kaj prefere uzu akademian lingvaĵon, mi daŭre sentas la bezonon esprimi kelkajn personajn sentojn kaj petas la legantojn simpatii kun tiu ĉi speco de esprimiĝo, kiu videblas eĉ en la teksto de Markso. Fine, malfacile eblas ignori la ironion, ke Markso mem kaj liaj studentoj en okcidentaj kapitalismaj landoj povas havi sciencan liberecon por subteni marksismon kaj kritiki la kapitalismon, dum universitatano en marksisma lando ne havas la saman liberecon por subteni la originan marksismon kaj kritiki kelkajn miskomprenojn pri ĝi. Ĝuste ĉar mi timis eblajn problemojn per tiu ĉi ĉapitro, mi verkis la sekvan konkludan paragrafon antaŭ tri jaroj, kiu nun ŝajnas esti speciale signifoplena kaj kiun mi daŭre volas konsideri senkonkluda konkludo.

En siaj malfruaj jaroj Engelso ja trovis, ke estas maltoleremo en la marksisma tendaro, kio maltrankviligas lin. Por tio li volis scii "Ĉu ni do petas, ke aliaj koncedu al ni la rajton je libera parolado nur por ke ni povu aboli ĝin denove en niaj propraj vicoj?"[58] Estas domaĝe, ke lia admono neniel efikis. Ĝuste pro tio, kion li timis en

58 Frederick Engels, "Engels to Gerson Trier 18 December", in *Collected Works* Vol. 48, (New York: International Publishers, 2001), p. 425. –

En Esperanto: Frederiko Engelso. Engelso al Gerson Trier, la 18-an de Decembro. En la sekvaj paĝoj, la tuta letero de Engelso al Gerson Trier aperas en Esperanto, tradukita el la germana originalo (MEW, vol. 37). -vl

tiu tempo, ĝis nun la ĉina marksisma esplorado ankoraŭ troviĝas en malregula aŭ eksternorma stato – stato, al kiu ni ĉiam kutimas, kvankam la politiko de reformo kaj malfermiĝo daŭras jam tridek jarojn. Pro tio, pri kio parolas ĉi tiu eseo, ne estas afero facila. Mi firme kredas, ke esploristo kiu, kvankam li akceptas la teorian sintenon kaj ideon de libereco de Markso, eble ne estas marksisto, ke tiu, kiu forĵetas ilin el sia menso, tute ne meritas la nomon marksisto.

Referencoj

- Carver, Terrell. 1998. The Postmodern Marx. Manchester: Manchester University Press.
- Engels, Frederick. 2001 [1889]. "Engels to Gerson Trier 18 December." In Marx and Engels Collected Works [MECW], vol. 48. New York: International Publishers.
- Hegel, G. W. F. 1975 [1830]. Hegel's Logic, trans. William Wallace. Oxford: The Clarendon Press.
- Hu Jintao. 2007. "Political Report to the 17 th National Congress of Chinese Communist Party" at http://news.xin huanet.com/newscenter/2007_10/24/content_6938568_1. ht m.
- Huang Nansen, Zhuang Fulin, and Lin li. 2005a. The History of Marxism Philosophy, revised edition, vol. 6. Beijing: Beijing Press.
- Huang Nansen, Zhuang Fulin, and Lin li. 2005b. The History of Marxism Philosophy, revised edition, vol. 1. Beijing: Beijing Press.

- Husserl, Edmund. 1970 [1935]. The Crisis of European Sciences and Transcendental Phenomenology, trans. David Carr. Evanston: NorthwesternUniversity Press.
- Li Dazhao. 1984 [1919] “My View of Marxism.” In Selected Works of Li Dazhao, vol. 2. Beijing: The People Press.
- Maneli, Mieczyslaw. 1978. “Three Concepts of Freedom: Kant-Hegel-Marx.” In Interpretation: A Journal of Political Philosophy, 7. Flushing: Queens College Press.
- Mao Tse-tung. 1965 [1937]. “On Practice.” In Selected Works of Mao Tse-Tung, vol. 1. Peking: Foreign Languages Press.
- Mao Tse-tung. 2004 [1938]. “On the New Stage.” In Mao’s Road to Power, Revolutionary Writings, 1912−1949, ed. Stuart R. Schram. Armonk, NY: M.E. Sharpe.
- Mao Tse-tung. 1964 [1949]. “On the People’s Democratic Dictatorship.” In Selected Works of Mao Zedong. Beijing: The People Press.
- Marx, Karl. 1975a [1842]. “Comments on the Latest Prussian Censorship Instruction.” In MECW, vol. 1. Moscow: Progress Publishers.
- Marx, Karl. 1975b [1842]. “Proceedings of the Sixth Rhine Province Assembly: First Article.” In MECW, vol. 1. Moscow: Progress Publishers.
- Marx, Karl. 1974 [1842−1871]. On Freedom of the Press and Censorship, trans. Saul K. Padover. New York: McGraw-Hill Book Company.

- Marx, Karl. 1977 [1849]. “The First Trial of the Neue Rheinische Zeitung.” In MECW, vol. 8. Moscow: Progress Publishers.
- Marx, Karl. 1959 [1850]. “Class Struggles in France.” In Marx and Engels Basic Writings on Politics and Philosophy, ed. Lewis S. Feuer. New York: Doubleday and Company, Inc.
- Marx, Karl, and Frederick Engels. 1988 [1844, 1848]. Economic and Philosophic Manuscripts of 1844 and the Communist Manifesto, trans. Martin Milligan. New York: Prometheus Books.
- Marx, Karl, and Friedrich Engels. 1983. MEW, vol. 40: Letters 1856–59. London: Lawrence and Wishart.
- Marx, Karl, and Frederick Engels. 1978. The Marx-Engels Reader, second edition, ed. Robert C. Tucker. New York: Norton.
- Mehring, Franz. 2003. Karl Marx: the Story of His Life, trans. Edward Fitzgerald. London: Routledge.
- Musto, Marcello. 2008. “Marx’s Life at the Time of the Grundrisse, Bio-
- graphical Notes on 1857–8.” In Karl Marx’s Grundrisse, Foundations of the Critique of Political Economy 150 Years Later, ed. Marcello Musto.
- London and New York: Routledge, 149–61.
- Popper, Karl. 1966. The Open Society and Its Enemies, vol. 2. Princeton: Princeton University Press.

- Schumpeter, Joseph A. 1997. The Great Economists: From Marx to Keynes. London: Routledge.
- Wang Ming. 2004 [1974]. The Chinese Communist Party 50 Years. Beijing: The East Press.
- Weitling, Wilhelm. 1960 [1842]. Guarantees of Harmony and Freedom, (Garantien der Harmonie und Freiheit), trans. Sun Zeming. Beijing: The Commercial Press.
- Xu Changfu. 2005. "To Study Marxism with Marx's Academic Spirit." In Modern Philosophy, vol. 1, 2005.

Tiu ĉi ĉapitro estis tradukita el la ĉina [al la angla] de Liu Yu, kontrollegita de Stephen Ney; reviziita pri la angla de la aŭtoro, kontrollegita de Andrew Chiang; kaj poste eldonita de eldonistoj de Socialism and Democracy.

3 La eltrovoj en la antaŭdiroj de Markso kaj de Kang Youwei pri la socia progreso en Ĉinujo

Tiu ĉi ĉapitro komparas la antaŭdirojn pri la ĉina socia progreso farita de Markso (kaj Engelso) kun tiuj faritaj de Kang Youwei. Markso (kaj Engelso) donis al Ĉinujo la nomon "Ĉina Respubliko" en la jaro 1850 – pli ol duonan jarcenton antaŭ la fondo de la Respubliko Ĉinujo, sed Markso ne supozis, ke Ĉinujo fariĝos socialisma lando pli frue ol okcidentaj landoj. Laŭ la marksa teorio, la realigo de socialismo aŭ komunismo estos neevitebla rezulto de la kapitalisma evoluo. Tiel, la antaŭvidebla estonteco de Ĉinujo estos kapitalisma. Simile, uzante la konfucean teorion, Kang Youwei dividas la homan historion en tri fazojn: *juluàn* (ĥaoso; monarĥio), *shegping* (riĉa socio; konstitucia monarĥio) kuaj *tàipíng* aŭ *dàtóng* (*Ta-Tung*, paco aŭ granda unueco[59]; demokratio kaj poste komunismo). Li pensas, ke la nuntempa ĉina socio troviĝas en transiro de la Juluan al la Shengping, do, demokratia revolucio estas tro frua kaj komunismo eĉ pli tro frua. Klare, Markso kaj Kang ambaŭ ne antaŭdiris, ke Ĉinujo rapide fariĝos socialisma lando. Kvankam Ĉinujo fariĝis demokratia respubliko en la jaro 1911, la demokratio estis poste nuligita de la Komunista Partio, kiu fondis la Popolrespublikon Ĉinujo en 1949. Poste, kvankam la Partio starigis socialisman ekonomian sistemon en la 1950-aj jaroj, ĝi devis laŭgrade anstataŭigi tiun sistemon per esence kapitalisma ekonomia sistemo ekde 1978. Pro tio ŝajnas, ke Markso kaj Kang, kiel grandaj pensistoj, estas multe pli komprenemaj pri la demandoj de la neceso de ĉina socia progreso ol ĉinaj praktikuloj.

Mi verkas tiun ĉi ĉapitron por tiu ĉi memorinda jaro 2008 por celebri serion da monumentaj datrevenoj, inter ili la plej signifoplena kaj memorata en tiu ĉi 30-a datreveno de la Ĉina Reformo kaj Malfermiĝo. Apud tio, unue, 190 jaroj pasis post la naskiĝo de Markso, kaj 160 jaroj post la publikado de la *Manifesto de la*

59 Aktuale (laŭ *Pleco*) tradukata per "granda harmonio". -vl

Komunista Partio. Due, en Ĉinujo, 150 jaroj pasis post la naskiĝo de KANG Youwei, kaj 110 post kiam li lanĉis la Wuxu-Reformon, la liateman "Reformon kaj Malfermiĝon". Trie, 50 jaroj pasis post la komenco de la Granda Salto Antaŭen kaj de la Movado de Popolkomunumoj.

Tamen mi ne intencas rigardi ilin unu post la alian. Mi komparos la antaŭdirojn pri la ĉina socia progreso, kiujn faris Markso (kaj Engelso) kun tiuj faritaj de KANG Youwei.

3.1 La marksaj antaŭdiroj pri la ĉina socia progreso

Tiu ĉi ĉapitro centriĝos al Markso, kun necesa mencio pri Engelso, kiam temos pri komunaj verkoj.

Markso kredas, ke la komunismo devas realiĝi mondvaste. Tiel konkludeblas, ke li kredas, ke ĝi realiĝos ankaŭ en Ĉinujo. Tamen, male al lia ellaboraĵo pri la evoluo en Ruslando, li malofte skribas pri tio, kiel Ĉinujo realigos sian komunisman revon. Hodiaŭ, se li scius, ke lia flago estis formetita post flirti dum pli ol sep jardekoj super la vasta teritorio de Ruslando, dum la granda loĝantaro de Ĉinujo estas daŭre regata de lia teorio, aŭ se li fine estus malkovrinta tian rilaton por Ĉinujo, li bedaŭrus sian blindecon, same kiel ni pensas, ke estas bedaŭrinde ke tia antaŭdiro ne estas indikita en liaj verkoj.

Bonŝance, tio ne nepre signifas, ke Markso antaŭdiris nenion pri Ĉinujo. Oni scias, ke li faris multajn komentojn pri tiu lando, kiuj estas daŭre pensigaj.

La unua kompleta libro de Markso estas lia doktoriga laboraĵo pri la greka filozofio, publikigita post lia morto, dum lia unua eseo estis "Komentoj pri la lasta prusa cenzuro", verkita en Januaro kaj Februaro de 1842. Ĝi estis sendita al Svislando kaj publikigita en la sekva Februaro, pli poste ol tiu verkita poste, sed unue metita en serion en la Rheinische Zeitung (vidu Marx and Engels 1975: 738). Tiu ĉi unua eseo entenas rimarkojn pri Ĉinujo, kiuj donas kelkajn indikojn pri lia antaŭdestinita rilato kun Ĉinujo.

Markso en tiu artikolo skribas: "La malnova cenzur-dekreto ne nur ne permesas sinceran diskutadon de prusaj aferoj, sed eĉ ne de ĉinaj aferoj" (Marx 1975: 115). Devigata pro la evidenta malpopulareco de la malnova cenzuro, la registaro promulgis novan dekreton, kiun Markso denove pritraktis satire: "Anstataŭ difektan cenzuron, kies penan efikecon vi mem rigardas kiel problemeca, donu al ni perfektan gazetaron, al kiu vi nur bezonas doni ordonon kaj modelon de tio, kio ekzistis dum jarcentoj en la ĉina ŝtato" (Marx 1975: 126). En la unua eldiro, Ĉinujo estas menciita pro sia distanco de Prusujo, por demonstri la krudecon de la dekreto, ĉar eĉ tiom fora lando estis temo malpermesata. En la dua eldiro, Ĉinujo estas rigardata kiel tipa ekzemplo de gazetara cenzuro. En tiu fora imperio, la gazetaro – kiu en moderna senco tiam nur ĵus aperis kaj estis gvidata de okcidentuloj[60] – estis kontrolata de la registaro kaj

60 [1] Noto de la tradukinto [de la ĉina al la angla]: speciala skemo de retiriĝo por kadruloj, kiuj kutime servis al la Komunista Partio de Ĉinujo antaŭ la fondo de la nova Ĉinujo. Post sia retiriĝo, tiuj kadruloj ricevas la same altan salajron kaj la saman gradon de profitoj kaj bonfartajn pagojn kiel antaŭ sia retiriĝo.

[[1]]La unua periodaĵo en la ĉina estas *Cha Shisu Meiyue Zhuan* (Monda Monata Revuo), konstatita de William Milne, brita misiisto, en Malacca en la jaro 1815. La unua ĉian periodaĵo publikigita en Ĉinujo estas *Dongxinyang Kao meiyue Tongji Zhuan* (Monata Orienta-Okcidenta Revuo), iniciatita de Karl Friedrich August Gutzlaff,

kiel konsiderata perfekta laŭ la registara kriterio. Prusujo, pro tio, lernu de Ĉinujo forigante la privatan gazetaron por savi la efikon de cenzuro.

Markso estis dudekkvar-jara, kiam li tiel ŝercis pri Ĉinujo. Neniam li pensis, ke la sama lando, pri kiu li mokis, fine praktikos lian teorion kaj speciale ke la perfekta gazetaro, pri kiu li satire mokis, plene disvolviĝos nur kiam lia teorio regos tiun ĉi landon.

Kvankam tie estas multo pensinda en lia mokado pri Ĉinujo, la marksa antaŭdiro pri ĉina socia progreso, kiun mi ŝatus rigardi, estas io malsama.

En la jaro 1850, en brita ekzilo jam dum kelkaj monatoj, Markso skribis kun Engelso:

> Kaj fine, alia karakteriza strangaĵo el Ĉinujo, kiun la bone konata germana misiisto Gützlaff kunportis revene. La malrapide, sed konsantte kreskanta superloĝantaro en tiu lando jam delonge igis la sociajn kondiĉojn tie aparte premaj por la granda plimulto de la nacio. Tiam venis la angloj kaj eldevigis liberan komercadon por si mem en kvin havenoj. Miloj da anglaj kaj usonaj ŝipoj velis al Ĉinujo kaj baldaŭ la lando estis plenŝtopita de malmultekostaj britaj kaj usonaj industri-produktoj. La ĉina industrio, dependa de manlaboro, falis en konkurencon kun la maŝino. La neĝenebla regno de la mezo ekscitiĝis de socia krizo. La impostoj jam ne envenis, la ŝtato estis tuŝita de korupto, la loĝantaro amase falis en ekstreman

germana misiisto, en Guangzhou en 1833. La unua ĉina komerca gazeto estas la ĉina aldonaĵo al *The Daily Press* (en la angla), *Hong Kong Chuantou Huojia Zhi* (prezoj de varoj el Honkongo), "verŝajne komencita la 3-an de Novembro 1857". La unua moderna gazeto en ĉina posedo estiĝis en 1873. Temas pri *Zhaowen Xinbao* (*Zhaowen-*Gazeto), starigita de Ai Xiaomei (vidu Chen 2003: 2, 7, 32, 55).

malriĉecon, ekribelis, rifuzis agnoski la mandarenojn de la imperiisto aŭ la pastrojn de Fo, fitraktis kaj mortigis ilin. La lando atingis la randon de ruiniĝo kaj jam estas minacata de potenca revolucio. Sed alvenis io pli malbona. Inter la ribelantaj pleboj aperis individuoj, kiuj indikis la malriĉecon de iuj kaj la riĉecon de aliaj, kaj kiuj postulis, kaj daŭre postulas alian distribuadon de la riĉaĵoj, kaj eĉ la kompletan forigon de privata proprieto. Kiam s-ro Gützlaff alvenis inter civilizitaj homoj kaj eŭropanoj, ree post dudekjara paŭzo, li aŭdis paroli pri socialismo kaj demandis, kio tio estas. Kiam li aŭdis la klarigon, li kriis en hororo: "Ĉu mi do nenien eskapos el tiu malica doktrino? Jam de kelka tempo multaj el tiu ularo predikis precize la samon en Ĉinujo."

Nun la ĉina socialismo povas laŭ sia konfeso esti sama rilate al la eŭropa socialismo, same kiel la ĉina filozofio rilate al la hegela filozofio. Tamen estas kontentiga fakto, ke en ok jaroj la kalikotaj garboj de la angla burĝaro venigis la plej malnovan kaj malplej pertturbeblan regnon sur la Tero antaŭ socian ribelon, kiu, ĉiukaze, nepre havos plej gravajn rezultojn por la civilizacio. Kiam niaj eŭropaj reakciuloj, dum sia nun okazonta flugado tra Azio, fine venos al la Granda Muro de Ĉinlando, al la pordoj kiuj kondukas al la bastiono de prareakcio kaj prakonservativismo, kiu scias, ĉu ili tie ne legos la sekvan skribaĵon sur ili:

République chinoise
Liberté, Egalité, Fraternité[61]

61 *"Ĉina Respubliko*
Libereco, Egaleco, Frateco" -vl

Londono, la 31-an de Januaro 1850
(Marx and Engels: 266-7)

Historiaj faktoj, kiuj daŭre influas Ĉinujon, estas tie notitaj, ekzemple la disvastigo de kristanismo en Ĉinlando, la kontrasto inter la malforta Ĉinujo kaj la potenca Eŭropo, kapitalismo kaj socialismo, ktp. Mirigas, ke Markso ne nur antaŭdiris venontan krizon en Ĉinujo – la sekva jaro atestis pri la Taiping-ribelo, la kampula ribelo –, sed ankaŭ antaŭvidis la naskiĝon de la "Respubliko Ĉinujo" 60 jarojn antaŭ ol ĝi okazis. Duona jarcento pasis antaŭ ol Ĉinujo nomis sin mem "Ĉina Respubliko". Tiu ĉi impresa teorio ne estas minacata de la fakto, ke Markso kaj Engelso neniam reale multon sciis pri la konkreta realaĵo en Ĉinujo aŭ pri la sekretoj de la tuj okazonta ribelo, nek ke ili subtaksis la ĉinan socialismon, nek ke ili komentis pri *"République chinoise"* en supraĵa tono. Kio mirigas iliajn observojn, estas ke ili, kvankam junaj (Markso komence de la tridekaj, Engelso en siaj dudekaj jaroj), ili antaŭvidis la evoluojn en la sekva duonjarcento en tiu ĉi lando milojn da mejlojn for, dum tricent milionoj da ĉinaj civitanoj estis daŭre en kompleta mallumo.

Kompreneble, spite al la subtila simileco, la "ĉina socialismo" menciita en la citaĵo ne estas tio, kio hodiaŭ nomiĝas "socialismo kun ĉinaj trajtoj". Markso kaj Engelso klarigis, ke la ĉina socialismo estas duavica, same kiel ĉina filozofio rilatiĝas al la hegela filozofio. Laŭ Markso kaj Engelso, la hegela filozofio preterpasas antaŭan filozofion kaj mem estas preterpasita nur de ilia teorio. Simile, la eŭropa socialismo preterpasas ĉian ajn antaŭan socialismon, kaj ĝi estas mem preterpasita nur de ilia teorio pri komunismo aŭ la scienca socialismo. Laŭ tiu referenco-kadro, la ĉina socialismo povas nur signifi renversi la Ĉielan Imperion.

Tri jarojn poste, en "Revolucio en Ĉinujo kaj en Eŭropo", lia unua eseo pri Ĉinujo, Markso esploris la signifon de la ĉina socialisma revolucio. Li asertas:

> Tie iam devas, sen ajna aparta hazardo, siatempe alveni momento, en kiu la etendiĝo de la merkatoj ne kapablos teni la paŝon kun la etendiĝo de la britaj fabrikistoj, kaj tiu ĉi misproporcio devas estigi novan krizon kun la sama certeco kiel ĝi faris tion en la pasinteco. Sed, se unu el la grandaj merkatoj subite kuntiriĝas, la alveno de la krizo per tio necese rapidiĝas. Nun la ĉina ribelo, por la aktuala tempo, devas havi precize la saman efikon al Anglujo. (Marx 1979:96)

La "ĉina revolucio" devas esti la Taiping-ribelo. Klare, tiu ĉi ĉina revolucio interesis Markson ne ĉar ĝi havus la socialismajn trajtojn kapablajn anstataŭigi la kapitalismon, sed ĉar ĝi mallarĝigos la merkaton en Ĉinujo, kio siavice aktivigos kaj intensigos la krizon en Britujo. Lia reala intereso estis pri la revolucio stimulata de la brita krizo, ĉar la brita revolucio venkos la kapitalismon, dum la ĉina revolucio povus konduki nur al la *République chinoise*, kapitalisma socio kun la valoroj de "libereco, egaleco kaj frateco".

La historio pruvas, ke Markso trotaksis la efikon de la ĉina revolucio al la eŭropa. Li senĉese serĉis antaŭsignojn de brita krizo ekde 1850, por antaŭdiri la eksplodon de krizo. La ĉina revolucio estis unu el la motivoj por lia antaŭdiro en 1853. Oni mokis lin fuŝa profeto, ĝis kiam la krizo fine eksplodis en 1857 (vidu McLellan 2005: 256, 271).

La supra pritakso kaj perspektivo pri Ĉinujo kaj pri ĝia revolucio estis etenditaj al lia lasta eseo pri Ĉinujo, "Ĉinaj aferoj") verkita en 1862), en kiu li nomis Ĉinujon "tiu vivanta fosilio" kaj la Taiping-armeon "skurĝo de Dio":

> Ili konscias pri nenia tasko escepte de ŝanĝo de dinastio … Ili estas eĉ pli granda abomeno por la amasoj de la popolo ol por la regintoj. Ili ŝajnas havi nenian alian alvokitecon ol, kiel kontraŭaj al konservativa stagnado, produkti detruadon en groteske abomenaj formoj, detruadon sen ajna kerno de nova konstruado. (Marx 1984: 216)

Kompreneble, post tiu ĉi eseo, Markso daŭre menciis Ĉinujon. Ekzemple, en *Kapitalo*, volumo 3, li skribas:

> La larĝa bazo de la produktadmaniero ĉi tie konsistas el la unueco de etskala kampkulturo kaj hejmindustrio, al kiu en Hindujo ni aldonu la formon de vilaĝaj komunumoj daŭre bazitaj sur la komuna proprieto de grundo, kiu, parenteze, estis ankaŭ en Ĉinlando la origina formo. (Marx 1998: 333 [MEW 25, p. 346])

Tamen, la atendoj de Markso pri la ĉina estonteco neniam transiras la *République chinoise*, kaj certe ili ne etendiĝis al la Popolrespubliko Ĉinujo, ĉar li atendis kapitalismon en Ĉinujo, sen rigardi antaŭen al socialisma Ĉinujo post kapitalismo. Lia kompreno tamen superis tiun de liaj ĉinaj samtempuloj.

3.2 La antaŭdiro de Kang Youwei pri la ĉina evoluo

Kiel denaska ĉino 40 jarojn pli juna ol Markso, Kang ankaŭ esprimis sin pri la estonta evoluo de Ĉinujo

Kiu estis Kang? Angla vortaro priskribas lin jene:

K'ang Yu-wei [Kang Youwei] (1858 – 1927), ĉina klerulo, kiu insistis pri radikalaj reformoj sub la imperiestro Kuan-hsu kaj estis devigita ekziliĝi. Li apartenis al la modern-skriba skolo koncerne la studojn de la *Printempaj kaj Aŭtunaj Analoj*, kaj kredis ke Konfuceo nur pruntis la nomojn de antikvaj saĝaj imperiestroj por instigi al reformoj en sia propra tempo. Kang esprimis utopiajn idealojn en sia libro Ta-tung [Datong] (Granda Unueco). Inter liaj disĉiploj estis T'an Ssu-t'ung [Tan Sitong] (1865 – 98) kaj Liang Ch'i-ch'ao [Liang Qichao] (1873 – 1929). Li fariĝis reakciulo en sia maljunaĝo kaj rifuzis akcepti la fakton, ke Ĉinujo fariĝis respubliko. (Audi 1999: 460)[62]

Tiu ĉi mallonga priskribo inkludas bazan informon pri li, sed la takso enhavas komunan antaŭjuĝon, kiu montriĝos en la sekva diskuto.

Estas surprize, ke la koncepto de Kang multrilate kongruas kun tiu de Markso, kaj ke tie okazas neatendita interagado inter ili.

En la *Interpreto de la Printempaj kaj Aŭtunaj Analoj de Dong Zhongshu* (verkita en 1893 – 97), Kang elmetas sian teorion de la “Tri fazoj”, kiu diras:

La *Printempaj kaj Aŭtunaj Analoj* raportas pri 12 generacioj, klasitaj en tri kategoriojn – la Atestitaj, la Rakontitaj kaj la Rerakontitaj[63]. La Atestitaj kovras 3 generaciojn, la Rakontitaj 4, kaj la Rerakontitaj 5 … “Tri fazoj” estas la ĉefaj principoj de konfucea virto, esprimitaj en Printempaj kaj Aŭtunaj Analoj. La Rerakontitaj estas fazo de *Juluan* (ĥaoso aŭ daŭra ĥaoso), la Rakontitaj *Shengping* (riĉa socio), kaj la Atestitaj *Taiping* (paco). *Juluan* atestas ne civilizacion, sed mallumon, ĉar civilizacio nur iom post iom evoluas en la fazo *Shengping*. Taiping atestas pri mondo de *Datong* (la

62 [2] La vortoj en [ ] estas mia aldonaĵo.

63 [3] La terminoj signifas la periodojn de de historio observatajn de Konfuceo, rakontitajn de atestoj pli malnovaj ol li aŭ transdonitaj de iliaj antaŭuloj.

Granda Unueco), kiu reprezentas la perfektan civilizacion same kiel la granda harmonio inter nacioj, ĉu grandaj aŭ malgrandaj, ĉu proksimaj aŭ malproksimaj. (Kang 2007a: 324)

En *Notoj pri la Analektoj* (amenditaj en 1902) li etendas la teorion de la "Tri fazoj" en doktrinon de socia evoluo similan al la hegela dialektiko pri socia procezo. Kang asertas:

Tridek jaroj estas unu generacio … La konfucea doktrino starigis tri sistemojn kaj Tri Fazojn, por montri la Tri Fazojn tra la tri sistemoj, kaj deduktas centojn da fazoj el la Tri Fazoj … Tio komenciĝis per la diskretaj homaj estuloj, kiuj iom post iom generis ĉefojn, poste monarĥojn kaj ties subulojn. La monarĥio estigis konstituciismon, kiu siavice anstataŭiĝos de la respubliko … En la *Julian*-fazo, ĉies propra stato[64] estas konsiderata kiel la interna, dum la aliaj statoj en la Xia-dinastio kiel eksteraj. En la *Shengping*-fazo, ĉiuj statoj interne de Xia (Ĉinlando) estas konsiderataj kiel deirpunkto, kontraste al fremdaj nacioj. En la *Taiping*-fazo, ĉiuj nacioj, sendepende ĉu grandaj aŭ malgrandaj, proksimaj aŭ malproksimaj, estas en granda harmonio … La fazoj tamen kelkfoje parte kovras sin, kun *Shengping* aŭ Taiping parte kovranta la *Juluan*-fazon, kaj *Shengping* aŭ *Juluan* la *Taiping*-fazon … Unu fazo divideblas en tri, kio faras tri naŭ, kaj naŭ okdek unu, kaj okdek unu milojn da aŭ sennombrajn fazojn. Post *Taiping* aŭ *Datong* okazos multa plua evoluo, kio komplikigis la klasadojn kun pli ol cent fazoj. (Kang 2007b: 393)

En Esploro pri la principoj de virto en delikataj laboroj en la konfucea revizio de la *Printempaj kaj Aŭtunaj Analoj* (verkita en 1901), Kang koncentriĝas pri la specifaj enhavoj de la trifaza evoluo, kaj asertas, ke

64 [4] Por Konfuceo, tio estas la Stato Lu.]]

La Printempaj kaj Aŭtunaj Analoj plene enfokusigas la homaron, sen etendiĝi al birdoj kaj bestoj. Ĉar la homaro ĵus komencis estigi ordon el la ĥaoso, kio ne eviteblas por propagandi *Shengping* aŭ *Taiping*, kiel do la mondo de birdoj kaj bestoj povus enfokusiĝi? … Tamen, estas tri malsamaj ordoj, la ordo en *Juluan*, en *Shengping* kaj en *Taiping*, kiuj kune evoluas kun la epokoj, en kiuj ili respektive troviĝas … Diversaj administracioj kelkfoje kunekzistas, same kiel nuntempe, usona libereco devus avanci al *Taiping*, eŭropaj politikoj al *Shengping*, dum afrika saĝo evoluas al *Juluan*. Krome estas *Shengping* aŭ *Taiping* en *Juluan* … La *Printempaj kaj Aŭtunaj Analoj* komenciĝas per la starigo de la monarĥio en la *Juluan*-fazo, daŭras kun la kunadministrado de la konstitucia monarĥo kaj ĝiaj subuloj en la *Shengping*-fazo, kaj finiĝas kun la demokratio en la *Taiping*-fazo … Pro tio ni certas pri la alveno de *Shengping* kaj *Taiping*, same kiel pri la fazoj de *Zhongsheng* (kreaĵoj), Dasheng (organismoj), Guangsheng (vivoj) kaj Zhuxing (planedoj) kaj Zhutian (ĉieloj). (Kang 2007c: 309 – 10)

Kang disvolvas sian originan komprenon de la socia-historia evoluo indikita en tiu tekstero en maturan kaj kompletan teorian sistemon en lia ĉefverko, la libro *Datong*. Ĉu ni konsentas aŭ ne kun li, ni ne povas nei, ke li estas senegala en la moderna tempo, kiam la ĉinoj komencis loki sin mem sur la terglobo. Amante sian nacion same kiel la tutan mondon, li konstruis tian originalan kaj sisteman teorion ke, ĝis certa punkto, Markso estas lia sola egalulo.

En la kruciĝanta trifaza evolu-modelo Kang estis konvinkita, ke la ĉefa tendenco en Ĉinlando tiutempe estis avanci de la Juluan-fazo al la Shengping-fazo, do, de la absoluta monarĥio al konstitucia monarĥio. Lia takso similas al la marksa, kun la escepto ke Markso antaŭdiris “respublikon”, dum Kang antaŭdiris “konstituciismon”, kaj ke Markso estis frua observanto de tiu ŝanĝo, dum Kangestis ŝlosila gvidanto.

Tiu metodo igis Kang-on postuli: "Pensu pri la Granda Unueco, agu por la bonstato" (vidu Kang 2007d: 557). Tiusence li estis perfekta ideisto, sed samtempe absoluta realisto. Kiam la Wuxu-reformo finiĝis, la publiko indignis, kun feroca pasio, por revolucio. Kang klopodis por haltigi ĝin, kiu rezultis en publika malestimo. Li ŝajnis esti de la historio juĝita kiel mokato.

La vero tamen ne estas tiel simpla. En zorgema relego de liaj verkoj ni konstatas, ke li antaŭvidis signifan historian konsekvencon, kiun ignoris tiuj, kiuj primokis lian proponon. Li deklaras, ke, en tempo de ĥaoso, ni ne povas "malsaĝe transsalti la nunan nivelon … kaj trudi la Grandan Unuecon kaj publikan prosperon spite al la nuna situacio" (vidu Kang 2007d: 556). Se tio okazus, ni "metus la mondon en grandajn plagojn" (vidu Liang 1996: 74).

Kang faris abundajn rimarkojn pri tiu temo, ankaŭ apenaŭ konatan, sed valoran eseon, "Respondo al ĉinaj-usonaj komercistoj, kiuj diras ke konstituciismo anstataŭ revolucio estas praktika en Ĉinujo". Verkita en 1902, tiu eseo klarigas baze, kial li estas por konstituciismo, sed kontraŭ revolucio.

Unue, Kang rigardas la situacion en Eŭropo kaj Usono kaj komparas ĝin kun tiu en Ĉinujo, klarigante ke konsituciismo estas praktika, ĉar revolucio rezultigus nur katastrofon. Poste li klarigas, kial iom-post-ioma disvolvado estas la sola elekto por Ĉinujo.

> En la *Juluan*-fazo oni povas nur rilati kun sia propra stato, ĉar ĝi estas la tempo de absoluta monarĥio. En la *Shengping*-fazo konstituciismo estas starigita, ĉar ĝi estas la tempo por difini la rajtojn de la monarĥo kaj de liaj subuloj. La *Taiping*-fazo estas tempo de demokratio, tempo por *Datong* aŭ egaleco. Kial

> Konfuceo ne tuj pledis por *Taiping* aŭ *Datong*? Ĉar malĝusta tempo kaŭzus pli gravan ĥaoson. Ni estas daŭre en la *Juluan*-fazo, kio signifas, ke ni povas rilati nur kun Ĉinujo interne anstataŭ salti unufoje por ĉiam en la Grandan Unuecon. La stato de absoluta monarĥio staras inter ni kaj demokratio. (Kang 2007e: 313)[65]

Li krome emfazas, ke tiurilate hasto fuŝas.

> Fakte mi estas la unua, kiu pledas samtempe por universalaj principoj [demokratio] kaj civilaj rajtoj [konstituciismo] en Ĉinujo. Dum civilaj rajtoj estas antaŭenigendaj, universalaj principoj hodiaŭ ne komplete trudiĝas, kiam ni spertas transiron el la bonstato al la Granda Unueco, de la monarĥio al demokratio. Konfuceo difinis ĝin kiel la *Shengping*-fazon, kiu ne transsalteblas unufoje por ĉiam. Absoluta monarĥio, konstituciismo kaj demokratio estu praktikataj en sia vico. Aŭ ĝi estas kondamnita al tumulto, kiel ekzemple en Francujo. Ni devas agi konvene en tiu transira tempo. Estas senfrukte kaj ne necese por dignaj herooj ekrapidi kaj kaŭzi katastrofojn. (Kang 2007e: 314)

Kiel por la okazanta revolucio decidinta forigi la monarĥion kaj antaŭenigi demokration, Kang, konsiderante la modelon de la ĉina historio, emfazis:

> Revolucio ne estas feliĉo por nacio. Prenu la ribelojn de Li Zicheng, Huang Cao, Liu Bang kaj Xiang Yu kiel ilustraĵon de tio. Se ĝi sukcesas, revolucio en Ĉinujo alfrontiĝas kun tiaj realaĵoj kiaj la vasta teritorio, eksterordinaraj loĝantaroj, diversaj dialektoj, kaj egoismaj aŭ loke orientitaj regantoj, kiuj faras sekretajn

65 Kursivigoj de -vl.

> kunvenojn sed rifuzas repaciĝojn. Vane, revolucio rezultos en ribelon de lokaj registaroj aŭ en konfliktojn inter provincoj, kiuj neniam forcedos sian sendependecon kaj atakas, aneksas kaj mortigas. Tio ripetos la riveron da sango kaj stakojn da kadavroj fine de la dinastioj Qin, Sui, Tangg kaj Yuan. Intensigite de la perforto de pafiloj kaj kanonoj, multe pli potencaj ol glavoj kaj lancoj, tio estas kondamnita mortigi la duonon de niaj kvarcent milionoj da samlandanoj. (Kang 2007e: 316-7)

Li tiel diagnozis la sekvojn de revolucioj en Ĉinujo, sendepende de ĉu ĝi sukcesas aŭ ne:

> Civilaj rajtoj aŭ libereco ne realigeblas en ekstrema mizero kaŭzita de malsukcesa revolucio. Pro tio la plej bona vojo por savi la landon, aŭ la vera amo por ĝia popolo, signifas postuli civilajn rajtojn anstataŭ revolucion. La evolua pledo por civilaj rajtoj, tamen, estas logilo por altiri publikon kaj kolekti aliĝantojn aŭ membrojn. Se li sukcesis en revolucio, ĝia gvidanto kronos sin mem kaj subpremos la civilajn rajtojn. Ĉu ni ne konas Napoleonon en Francujo, kiu komence pledis por civilaj rajtoj, sed poste ordonis al la civitanaro en ĉiu konkerita lando perfidi ĝian reĝon? Demokratio signifas la neceson humile konformiĝi al la voĉo de la popolo. Napoleono, tamen, nuligis la demokration kaj restarigis la tronon. Kaj Napoleono la 3-a … Tiuj, kiuj povas plenumi heroaĵojn per revolucio, devas posedi eksterordinaran intelekton same kiel longtempan armean gvidantecon.
>
> Mi scias, ke centoj da ambiciaj ĉinoj estas bonaj strategiistoj. Ili ĉiuj volas esti grandaj imperiestroj. Sed kiel ĉiu povas fariĝi Yao, Shun, Yu aŭ Washington … Ni havas loĝantaron de kvarcent milionoj, centoble tiun

> de la usona loĝantaro en la tagoj de Washington. Oni neniam povus trakti tian loĝantaron tra dek ok provincoj sen la arto kaj strategio de potence ambiciaj politikistoj kiaj Qin Zheng, Liu Bang, Cao Cao, Liu Yu kaj Zhu Yuanuhang. Eĉ se tiuj sangsoifaj kaj egoismaj imperiistoj reviviĝus, ili fariĝus kromaj Napoleono la 3-a, aplikante novajn politikojn kun masakroj kaj subpremadoj kaj restarigante monarĥion. Simile, ilia komenca postulo je civilaj rajtoj estus truko por trompi la publikon. Sennombraj revoluciuloj dediĉas sin al potenco kaj friponado, batalante por profitoj, sendepende de sia graveco. Ni povus neniam transdoni tiun ĉi grandan landon al tiaj banditoj, dezirante ke li povos atingi kion Yao, Shun, aŭ Washington atingis … Tiuj librovermoj, leginte ion pri Francujo kaj Usono, trompas sin mem per tia propono kaj riskas kvarcent milionojn da vivoj per noveco kaj hasto.
>
> Tiu ĉi lando troviĝus en pli malluma abismo, se alia Qin Zheng, Liu Bang, Cao Cao, Zhu Yuanzhang aŭ Napoleono surtroniĝus per revolucio. (Kang 2007e: 318-9)

Ne necesas komento ĉi tie, ĉar ĉiu estos impresita de la avantaĝo de Kang kaj lia specialeco kiel loka klerulo, kiu rigardas la ĉinajn aferojn en tutmonda perspektivo.

Pli grave, Kang ne nur analizis revolucion en Ĉinujo el tutmonda perspektivo, sed li ankaŭ antaŭvidis la ŝancon de revolucio en la evoluinta Okcidento bazite sur ĉinaj aferoj. Li esploris kaj taksis la internaciajn laboristajn klasajn movadojn de sia tempo.

Antaŭ nelonge, tie rapide aperas la movadoj de la laborista klaso kaj la deklaroj pri kundividita proprieto. Kiel historia tendenco, socio de Taiping aŭ Datong fine realiĝos milojn da jaroj poste, kiam jam ne estos gvidantoj, sed nur publika proprieto. Sed hodiaŭ la ideo pri egalece kundividita proprieto anstataŭ monarĥio eĉ ne komencis radikiĝi en Ĉinujo. Kiel tio realiĝas eĉ en Eŭropo-Usono? La kaŭzo, pro kiu ĝi ne estas realigita en Usono, estas la sama kiel revolucio kaj demokratio ne praktikeblas en Ĉinujo. (Klang 2007e: 325)

Li eksplicite deklaris, ke eĉ Eŭropo-Usono ne kapablis realigi Datong. Tio estas pli prudenta takso ol tiu de Markso kaj de Lenino – la samtempuloj de Kang. Krome, tre malofte ĉinaj pensistoj vidas tutmondan evoluon kun tiom da memfido.

Tamen, Kang ege atentis la gravan efikon, kiun la novtipaj okcidentaj teorioj povus rezulti al Ĉinujo. Li avertas:

> Sen la novtipa aŭ tute nova teorio, la kvarcent milionoj da ĉinoj daŭre dronus en *Bagu*[66]. Ekde kiam ili edifiĝos per la eŭropaj-usonaj teorioj kaj gvidataj de libereco, la ĉinoj sekvos la Okcidenton, ĉar estas en la homa naturo elekti la novtipan kaj forĵeti la kutiman … Sekvante la novon, rangon kaj renomon, kion iu ne kapablus fari? Estas sekure antaŭdiri, ke ekstreme fremdaj teorioj floros en dek kvin jaroj. (Kang 2007e: 325-6)

Kang brile sukcesis tian antaŭdiron en 1902. Dek kvin jarojn poste, la Oktobra Revolucio eksplodis en Ruslando, kiu disvastigis la marksismon-leninismon al Ĉinlando kaj iniciatis la ĉinan komunistan revolucion.

Sciante tion, kio okazos, Kang povis fari nenion. Li emfazis:

> Dum la homoj antaŭe deziris, ke la restarigo de monarĥio apogos Ĉinujon, ili nun alvokas al revolucio. En la pasinteco, la ŝanĝo estis komencita de ordinaraj homoj, dum la ŝanĝo hodiaŭ estas komencata de kleraj burokratoj. Tio estas signifa diferenco, ekstreme

66 [5] Stilo de stereotipa skribado kun ok partoj.

> malsama ol en la tempo de Hong Xiuquan. (Kang 2007e: 332)
>
> La volo de la homoj komplete ŝanĝiĝos en unu aŭ du jaroj, kiam eĉ saĝuloj ne kapablos protekti tiun ĉi Dian Landon Ĉinujo kontraŭ morto kaj tragedio … En la vintro de 1888, mi estis mokata de la tuta kortumo, kiam mi parolis al Lia Moŝto pri la aferoj en Japanujo kaj Koreujo. Malbonŝance, la valido de miaj vidpunktoj estis montrita de la milito de 1894. Hodiaŭ, mi ripetas la proponon, dezirante ke ĝi ne estu ree forrikanata. Aŭ rezultos neinversigebla katastrofo. (Kang 2007e: 333)

Oni nomis Kang la "Saĝulo Kang", ĉar li estis simila al Konfuceo en almenaŭ unu rilato: li estis decidinta plenumi la maleblon.

3.3 Konsento kaj realo: La Granda Unueco kiel la lasta celo, la bonstato kiel kuranta tasko

Markso (kaj Engelso) antaŭdiris, ke la Ĉiela Imperio fariĝos *République chinoise*, sen atendi ke Ĉinujo fariĝos socialisma lando inspirita de liaj propraj teorioj. Kang, aliflanke, kredis, ke Ĉinujo estis daŭre en la historia transiro de la Juluan-fazo al la Shengping-fazo. Por Kang, eĉ la *République chinoise* estis iom ekster atingo, por ne mencii Datong, la Grandan Unuecon. Tio signifas, ke ili pentris mondon de granda harmonio, sed neniu el ili atendis, ke Ĉinujo proksimiĝos al ĝi. Markso kaj Kang, okcidentulo kaj ĉino, samopiniis en tiu ĉi punkto, sed ne estis apogataj de generacioj da ĉinaj revoluciuloj en la postaj jardekoj.

Post kiam Kiang faris sian kontraŭrevolucian paroladon, la ĉina revolucio eksplodis. La *République chinoise* antaŭdirita de Markso estis starigita en la jaro 1911, nur por atesti al la profetaĵo de Kang, ke la revolucio rezultos en ĥaoso. Sed la revolucio neniam haltis, ĝi muĝe plu moviĝis kvazaŭ senkontrola trajno dum pli ol duona jarcento, ĝis kiam la Kulturrevolucio finiĝis.

En la jaro 1949 Mao Zedong (Mao Tse-tung) fiere deklaris en "Pri la popola demokratia diktatoreco": "La vizaĝo de Ĉinujo ŝanĝiĝis, ekde kiam la ĉinoj trovis la marksismon-leninismon, ties ĝenerala vero estas valida ĉie." "La Oktobra kanonpafo informis nin pri la marksismo-leninismo. La Oktobra Revolucio helpis progresemulojn en la tuta mondo kaj en Ĉinujo. Ni observu la sorton de tiu ĉi lando en la Weltanschauung [mondpercepto] de la laborista klaso, rekonsiderante niajn diskutojn. Sekvi Ruslandon – tio estas la konkludo." Mao ankaŭ asertis: "Kvankam li verkis la libron de Datong, Kang Youwei ne trovis kaj ne povis trovi vojon por atingi Datong … La sola vojo estas tra la Popola Respubliko gvidata de la laborista klaso" (Mao 1968: 1359-60).

Ĉar Mao estis profunde impresita de la libro de Datong, dum la Chengdu-konferenco, la 16-an de Marto 1958, la 100-a nskiĝtago de Kang, li diris: "La libro de Datong estas precize tio, kion ni komunistoj sekvas." "Kvankam li neniam legis Markson, Kang Youwei enkorpigas idealan socion. Li estis sufiĉe kuraĝa kaj komprenema por argumenti kontraŭ la apogantoj de okcidentiĝo kaj la malnovaj kadukuloj. Ni bezonas tiun spiriton". "Sed mi malamas lin kiam li diras 'Familio, kiu ŝanĝas sin kiam estas tempo por ŝanĝiĝi, daŭros por miloj da generacioj'. Iom-post-ioma evoluo, kiu neas subitan ŝanĝon, estas mensogo, kiu haltigas nian agadon. Ni bezonas decidemon por ŝanĝi la mondon, tuŝi la lunon en la ĉielo aŭ kapti la testudon sub la maro [Poste, en Majo de 1965, Mao uzis tiun deklaron en la poemo 'Revizitante la Jinggang Montaron']." "Estas same, kiam komenciĝas la konstruado. Ĝi estu rezoluta kaj senkompata. Sen rezoluteco nek senkompato la socialisma konstruado ne antaŭeniros rapide" (Mao 2000: 592-3).

Tiam venis du movadoj, la Granda Salto Antaŭen kaj la Popol-komunumo. Tiuj movadoj perfortis la fundamenton de la marksismo – i.a. la produktadrilatojn determinitajn de la produktadfortoj, kaj la superstrukturon determinitan de la ekonomia bazo. Tiuj movadoj faris la eraron kontraŭ kiu Kang avertis, nome, trudi *Datong*-on en la fazo de *Juluan*.

Markso hezitis pri la demando, ĉu la rusa kampula komunumo "povos enkorpigi al si ĉiujn pozitivajn atingojn faritajn de la kapitalisma sistemo sen trairi ties terurajn sortoŝanĝojn."[67] Tio povas esti la teoria radiko de la sekvaj ekstremaj eventoj. Kompare, Kang konstante konservis sian metodon bazitan sur iom-post-ioma evoluo. Li estis tiom obstina, ke eĉ Liang Qichao, lia favorata disĉiplo, malkonsentis: "Kvankam li antaŭenigis novan penssistemon kaj tute fieras pri ĝi, li malemas realigi ĝin. Plie, li uzas ĉian okazon por batali kontraŭ ĝi kaj haltigi ĝian realigon. Neniu alia persono ol li povas atesti pri la strangeco de la homa naturo". (Liang 1996: 74)

Tamen estis pruvita ke Kang neniam uzis mistifikadon, kaj liaj teorioj ne estis misgvidaj. "Rapidi en la komunisman socion" mortigis milojn da senkulpaj vivoj, kaj la Kulturrevolucio estis dekjara katastrofo. Kio tio estis alia ol "la grandaj skurĝoj", "la malluma abismo", kontraŭ kiuj Kang avertis?

---

67 Jen la frazo de Markso: "Ĝuste pro sia samtempeco kun la kapitalisma produktado ĝi povas alproprigi al si ties pozitivajn atingojn, sen trairi ties terurajn sortoŝanĝojn." (Karlo Markso: Respondo al V. I. Zasuliĉ kun Klaus Gietinger: La miskompreno kaj Frederiko Engelso: Postparolo (1894) [al "Io socia el Ruslando"]. Elgermanigita de Vilhelmo Lutermano. Embres-et-Castelmaure, Monda Asembleo Socia (MAS), 2019, ISBN 978-2-36960-182-1 (= MAS-libro n-ro 221). p. 35. -vl

La bonŝanco inter la malbonŝancoj estas, ke 80 jarojn post la "reformo kaj malfermiĝo" de Kang, post gustumi ĉiujn el la imageble maldolĉaj fruktoj, fine, Ĉinujo turnis sin al la ĝusta vojo de reformo kaj malfermiĝo. En la lastaj tri jardekoj Ĉinujo marŝas sur sia unua stadio kiel evoluanta lando, karakterizita per merkat-ekonomia sistemo plus komunisma gvidado. La Partio en la potenco nun malofte mencias komunismon, konsideras la unupartian gvidantecon kiel ĝian fundamentan politikan principon kaj "konstruante bonstatan socion en ĉiuflanka maniero" kiel sian celon de socia konstruado. Post longa paŭzo, tiu ĉi reĝustigo fine eĥas la atendon de Kang kaj proksimiĝas al la konkludo de Markso kaj Engelso, ke Ĉinujo fariĝos respubliko de "libereco, egaleco kaj frateco" – ili neniam estis tiom proksimaj.

Socia progreso en Ĉinujo provis transsalti la vojon proponitan de tiuj du grandaj mensoj, sed nur por konstati, ke iliaj taksoj estis malrektaj. Daŭre necesas solvi la specifajn problemojn, kiuj troviĝas en la ŝanĝo de vivtenado al socia justeco unu post la alia. La malrekteco rezultigas nur, ke unu problemo parte kovras alian.

"Konsiderante la Grandan Unuecon kiel la lastan celon, kaj la bonstaton kiel aktualan taskon", tio estas verŝajne la unua fojo, ke ĉinaj praktikuloj atingis konsenton kun la grandaj mensoj de Markso kaj Kang, kvankam tio devintus okazi pli frue.

3.4 Kelkaj malkaŝoj

Rekonsideri la historion estas por lerni instruon anstataŭ paradi malantaŭe.

3.4.1 Markso kaj libera pensado

Estas danĝere kaj terure, se nacio kun loĝantaro de centoj da milionoj ne povas vidi tion, kion aliaj nacioj klare vidas.

Oni devus esplori, kial generacioj da ĉinaj elitoj pretervidis, kion Markso kaj Engelso vidis de malproksime.

Tiu temo almenaŭ iom rilatas kun la fakto, ke Markso kapablis pensi libere, aŭ ke li batalis por libera esprimado eĉ kvankam li oferis multon por tiu ĉi libereco. La mensostato de la ĉinaj intelektuloj tamen estis limigita al la modelo de "perfekta gazetaro". Aŭ ili interŝanĝis sian intelektan liberecon kontraŭ famo kaj gajno. Pro tio, por ĉinaj burokrataj kleruloj, tempe de Markso, neniam eblis akiri tian sintenon.

> "La vere *radikala traktado al la cenzuro* estus ĝia *abolo*; ĉar tiu institucio estas malbona, kaj institucioj estas pli potencaj ol la homoj. Sed, nia opinio povas esti ĝusta aŭ ne, ĉiukaze la prusaj verkistoj *per la nova instrukcio gajnos* iom da *reala libereco* aŭ da *idea*, da *konscio*.
>
> Rara temporum felicitas, ubi quae velis sentire et quae sentias dicere licet. [Ho malofta feliĉo de tempoj, en kiuj vi rajtas pensi tion, kion vi volas, kaj povas diri tion, kion vi pensas. (Tacito)]"[68]

Okcidentaj kleruloj estis sufiĉe saĝaj por serĉi veron kiel sendependan valoron. En modernaj tempoj, danke al bataloj de

68 *Karl Marx: Bemerkungen über die neueste preußische Zensurinstruktion. Von einen Rheinländer* [Karlo Markso: Rimarkoj pri la plej nova prusa cenzura instrukcio. De rejnlandano. (Verkita inter la 15-a de Januaro kaj la 10-a de Februaro 1842. El: "Anekdotoj pri la plej novaj germana filozofio kaj publicismo", MEW, vol. 1, 1843, p. 25. -vl

batalantoj kiel Markso, la politika rajto je vero kaj la instituciaj sekurecoj estis iom post iom libere akiritaj. Tia intelekta tradicio kaj leĝa sistemo disvolvis la okcidentan produktadon de scio en kolosan industrion, kiu vigle produktas novan scion kaj novajn ideojn. Ke Markso povis antaŭvidi la ĉinan socian evoluon, pro tio neniel estas adventiva[69] intelekta fenomeno. Tio ankaŭ ne klarigeblas kiel rezulto de lia donaco aŭ la vero de liaj teorioj. Pli profunda kaŭzo estas, ke li edukiĝis en kulturo, kiu kulturas la eltrovon de vero kaj kiu kuraĝigas la disvolvadon de liberaj mensoj. Certas, ke pensisto kia Markso kapablos flori en tiaj favoraj kondiĉoj. Fakte, diversaj okcidentaj pensistoj apud Markso rimarkis tion, kio malĝustas en Ĉinujo el diversaj perspektivoj aŭ sur diversaj niveloj – en la marksa tempo kaj poste.

Tiel ni vekiĝas por vidi la fakton, ke nacio nenial enkaĝigu la mensojn de siaj civitanoj, alie ĝi perdos la regadon de sia sorto. Krome, klerulo neniam rezignu pri la rajto pensi libere, alie li fariĝos perfidulo kiu neglektas sian devon kiel pensisto.

3.4.2 Kang kaj grupa racieco

Dua demando estas, ke ĉar Kang antaŭvidis la trudadon de Datong kiel katastrofon, kiel ĝi tamen ne estis evitita?

Estas nacia malfeliĉo, ke la ebleco de grandaj pensistoj aperas nur en ĥaosaj tempoj pro la perdo de pensa kontrolo, dum estas persona malfeliĉo ke pensistoj povas nur sopiri tiajn tempojn kaj diri “estas tio, kontraŭ kio mi malfeliĉe avertis”. Kiel ekzemplo, Kang aperis en la moderna Ĉinujo, ĉar la registaro ne povis kontroli la pensojn de la popolo same efike kiel la registaroj pasintece povis,

69 Biologia fakvorto (uzata de la aŭtoro), kiu celas planton aŭ organismon de planto en ne originala loko. -vl

dum li antaŭvidis la katastrofon, sed ne povis antaŭmalhelpi ĝian okaziĝon, ĉar li estis perfidita, eĉ de siaj kamaradoj.

Unu sobra kapo ne estas helpo en trologâta lando. Tio, kion Kang spertis, estas precize tio, kion Qu Yuan kaj Sokrato spertis. Plato donas viglan priskribon pri tio en sia fama alegorio pri la kavo-historio en *La respubliko.* Ekde kiam malliberulo elrompiĝas liberigante sin el sia kaptitejo, elpaŝas el la kavo kaj vidas la veron en la sunlumo, li estas mokata de siaj kamaradoj, kiam li revenas por ilin savi.

Pro tio, transformi profetaĵon de katastrofo en praktikan kontraŭforton, aldone al la ordinaraj kondiĉoj, necesas ke estu, tutlaste, granda nombro da elituloj kun koro kaj menso kiel Kang. Iliaj vere penetrantaj komprenoj altiĝas al spirita forto, kiom ajn minimuma, kiu agas kontraŭ ekstremismaj pensoj kaj grupa perforto.

Kvankam grandaj pensistoj ne povas ŝanĝi la mondon nur per pensado, ili povas instigi al sendependa pensado, kiel faris Markso kaj Kang. Se pli da homoj kapablus mastri siajn proprajn mensojn, la grupa racieco fortiĝos por antaŭvidi kaj antaŭmalhelpi katastro-fon. Tiam Ĉinujo fariĝus lando de espero, kiu neniam ripetus la tragediojn kiel tiujn kiuj okazis al Kang.

3.4.3 La relokado de la ĉina socia progreso

Markso kaj Engelso ankaŭ inkludis antaŭdiron, kiu iom rilatas kun la nuna situacio en la *Manifesto de la Komunista Partio*, verkita antaŭ 160 jaroj.

> Per la rapida plibonigo de ĉiuj produktadinstrumentoj, per la senfine plifaciligita komunikado, la burĝaro tiras ĉiujn, ankaŭ la plej barbarajn naciojn, en la civilizacion.

> La malaltaj prezoj de ĝiaj varoj estas la peza artilerio, per kiu ĝi dispafas ĉiajn ĉinajn muregojn, per kiu ĝi devigas kapitulaci la plej obstinan fremdulmalamon de la barbaroj. Ĝi devigas ĉiujn naciojn alproprigi al si la produktadmanieron de la burĝaro, se ili ne volas perei; ĝi devigas ilin enkonduki la tiel nomatan civilizacion ĉe si mem, t.e. fariĝi burĝoj. Per unu vorto, ĝi kreas al si mondon laŭ sia propra imago.[70]

Ĝi mencias "ĉiujn ĉinajn muregojn", kun la estonta tutmondiĝo kiel necesa rezulto de la kapitalisma etendiĝo, kaj la sorton de rezistado de postrestantaj nacioj kaj ilia eventuala subjugado. Hodiaŭ Ĉinujo estas membro de la MOK, la kvara ekonomia potenco kaj la tria plej granda komerca potenco sur tiu ĉi terglobo en la jaro 2008.[71] Retrorigarde al la evoluoj en Ĉinujo – de zorgo pro la malmultekostaj okcidentaj produktoj ĝis kaŭzi Okcidentan zorgon pro la ĉinaj malmultekostaj varoj, de ekstrema naciismo ĝis gastigado de la absolute okcidentaj Olimpiaj Ludoj –, ni estas impresitaj de la teoria potenco de antaŭvido, kiun Markso kaj Engelso posedis.

La Reformo kaj Malfermiĝo en Ĉinujo tra tri jardekoj signifas unu fazon en la terminaro de Kang. Kvankam malfacilas imagi, kiel Kang taksus la nuntempan Ĉinujon, liaj vortoj estas pensigaj:

> En mia tuta vivo mi parolis pri *Datong*. Sed observante, kiel la banditoj baraktas por Ĉinujo, mi certe estus tenera al mia patrujo. Tion Konfuceo celas, kiam li diras, en la *Printempaj kaj Aŭtunaj Analoj*, ke en la Juluan-fazo, ies propra stato estas konsiderata kiel

70 Karlo Markso kaj Frederiko Engelso: Manifesto de la Komunista Partio. Kun antaŭparolo de Eric Hobsbawm (MAS-libro n-ro 100), p. 70. -vl

71 Aktuale, en la jaro 2021, ĝi estas la monde unua komerca kaj la monde dua ekonomia potenco. -vl

> deirpunkto, dum la aliaj venas poste. Mi favoras "Por la sorto de la publiko", rifuzante esti enfermita de ies propra familio. Ĉar la homoj hodiaŭ estas interesitaj pri si mem, tamen, mi devas ami mian familion, favori mian filon, pro la samaj kialoj, kiujn Konfuceo havis por subteni siajn edzinon kaj filon, Qi Quan kaj Boyu, anstataŭ preterpasanton. Mi kredas, ke ĉiuj vivantaj kreaĵoj estas generitaj de la Naturo, kio faras ilin fratecaj kaj egalecaj. Tamen, ĉar eĉ la homaj estuloj ne povas transvivi la nunan batalon por transvivado, kiel tion povus la bestoj? Tiel mi devas rompi la suprajn principojn per tio ke mi manĝas viandon kaj vestas min per peltoj. Kvankam mi foje havas skrupulojn pri tio, mi rezignis post tutmonata provado de vegetarismo. (Kang 2007e: 321)

Tio signifas, ke en fazo, kiam naci-ŝtatoj kiel unuoj estas implikitaj en konkurado, tiam ami sian landon, sian familion kaj ĉiujn homajn estulojn daŭre estas fundamenta valoro subtenata. Sed alia baza principo kara al Kang estu ankaŭ tenata en valoro. "Ni diras, 'Malfacila pozicio estigas deziron ŝanĝi', kaj 'Observu la realismajn eblecojn en la socio, kiam oni ŝanĝas ion, por sekvi novan politikon', ĉar ni tre timas, ke regantoj ne scias, kiel ŝanĝi, anstataŭ ol sinki ĉiam pli profunde en la ŝlimon de eraroj." (Kang 2007f:6)

Tiam venas la demando, kio estos la venonta fazo? Ĉu ĝi estos tio, kion Markso kaj Engelso nomis la "ĉina respubliko"? La ĉeflando estis "La Popolrespubliko Ĉinujo" dum 60 jaroj, dum Tajvano estas daŭre "Respubliko Ĉinujo". Ĉu ĝi estos tio, kion Kang nomis "konstitucia monarĥio"? Ni definitive adiaŭis ĉiajn ajn imperiestrojn jam de pli ol 100 jaroj. Kaj nia konstitucio estis ree kaj ree amendita. Krome, ĉu ni bezonas pli longperspektivan planon? Se jes, kia ĝi estu? Ĉu ĝi estas por realigi komunismon aŭ *Datong*?

Tiaj demandoj testas nian kapablon de teoria pensado kaj imagado. Miaopinie ni lernu de niaj antaŭuloj pensi sendepende kaj aktivigu niajn proprajn mensojn por kompreni nian komunan sorton.

Mi estas ankaŭ subigita de unu lasta sento. La unua malneto de tiu ĉi ĉapitro hazarde finiĝis la 5-an de Februaro en la ĉina luna kalendaro, kiu estis precize la 150-a naskiĝtago de Kang. Sekvatage mi estis invitita al agado por taksi la atingojn de loka filozofio kaj socia scienca programo en Nanhai, la naskiĝloko de Kang. Dum mia restado tie, mi demandis al loka funkciulo, ĉu tie okazis iaj memoraĵoj pri tiu granda tago. Lia konfuzita rigardo estis la sola respondo …

3.4.4 Referencoj

Audi, Robert. 1999. The Cambridge Dictionary of Philosophy, second edi-

tion, ed. Robert Audi. Cambridge: Cambridge University Press.

Chen Yushen. 2003. Journalism History of the Late Qing Period. Jinan:

Shandong Painting and Newspaper Press.

Kang Youwei. 2007a. Spring and Autumn Annals. In Complete Works of

Kang Youwei, vol. 2, ed. Jiang Yihua and Zhang Ronghua. Beijing:

China People's University Press.

Kang Youwei. 2007b. Notes on Analects. In Complete Works of Kang You-

wei, vol. 6, ed. Jiang Yihua and Zhang Ronghua. Beijing: China People's

University Press.

Kang Youwei. 2007c. A Critical Commentary on Spring and Autumn. In

Complete Works of Kang Youwei, vol. 6, ed. Jiang Yihua and Zhang Ron-

ghua. Beijing: China People's University Press.

Kang Youwei. 2007d. "A Commentary on Liyun." In Complete Works of

Kang Youwei, vol. 5, ed. Jiang Yihua and Zhang Ronghua. Beijing: China People's University Press.

Kang Youwei. 2007e. "In Answer to North and South American Chinese Businessmen: Why China Can Only Have A Constitution But Cannot Revolutionize." In Complete Works of Kang Youwei, vol. 6, ed. Jiang Yihua and Zhang Ronghua. Beijing: China People's University Press.

Kang Youwei. 2007f. Datong. In Complete Works of Kang Youwei, vol. 7, ed. Jiang Yihua and Zhang Ronghua. Beijing: China People's University Press.

Liang Qichao. 1996. Over-view of Academics in the Qing Period. Beijing: Eastern Press.

Mao Zedong. 1967. Selected Writings of Mao Zedong, special edition. Beijing: People's Press.

Mao Zhuo. 2000. "Mao Zedong and Li Da's Unhappy Parting." In Important Events of the Republic, vol. 1, ed. Zhen Yi, Li Dongmei and Li Meng.

Changchun: Jilin Literature and History Press.

Marx, Karl. 1975. “Comments on the Latest Prussian Censorship.” In Marx

and Engels Collected Works [MECW], vol. 1. Moscow: Progress Publishers.

Marx, Karl. 1979. “Revolution in China and in Europe.” In MECW, vol. 12.

Moscow: Progress Publishers.

Marx, Karl. 1984. “Chinese Affairs.” In MECW, vol. 19. Moscow: Progress

Publishers.

Marx, Karl. 1998. Capital, vol. 3. In MECW, vol. 37. New York: Internati-

onal Publishers.

Marx, Karl. 1989. “First Draft of Letter to Vera Zasulich.” In MECW, vol.

24. Moscow: Progress Publishers.

Marx, Karl, and Frederick Engels. 1975. MECW, vol. 1. Moscow: Progress

Publishers.

Marx, Karl, and Frederick Engels. 1976. “Manifesto of the Communist

Party.” In MECW, vol. 6. Moscow: Progress Publishers.

Marx, Karl, and Frederick Engels. 1978. "Review, January-February 1850."

In MECW, vol. 10. Moscow: Progress Publishers.

McLellan, David. 2005. Karl Marx - A Biography, third edition, trans. Wang

Zhen. Beijing: China People's University Press.

Tiu ĉi ĉapitro estis tradukita el la ĉina de Li Yun kaj kontrollegita de Andrew Chiang; kaj poste eldonita de Mark Cowling, editoro de *Studies in Marxism*.

4 Ĉu la popola konsento estu la bazo por Servi al la Popolo? Repensi pri la debato inter Lenino kaj Kaŭcko pri socialismo kaj demokratio el ĉina perspektivo

En la Februaro de 1917 la revolucio eksplodis en Ruslando kaj ĉesigis la carisman reĝimon, kaj poste la revoluciaj frakcioj atingis interkonsenton por okazigi konstituciigan asembleon por decidi pri la estonteco de la lando. La 25-an de Oktobro la bolŝevistoj lanĉis la "Oktobran Revolucion", ĉesigis la Provizoran Registaron kaj promesis okazigi la Konstituciigan Asembleon laŭ la plano. Lenino deklaris, ke se li malvenkus en tiuj elektoj, li transigus la potencon. La 12-an de Novembro samjare, preskaŭ kvardek kvin milionoj da homoj, proksimume la duono de ĉiuj voĉdonintoj, voĉdonis en la unua ĝenerala elekto en la rusa historio, kaj la bolŝevistoj akiris nur proksimume 25 elcentojn de la voĉoj. Por eviti la transdonon de la potenco, la bolŝevistoj devigis la Konstituciigan Asembleon disiĝi en la tago de ĝia malfermo – la 5-an de Januaro 1918 – kaj perforte subpremis diversajn protestojn. La kialo, kiun Lenino donis, estis, ke demokratio kaj la konstituciiga asembleo estas burĝaj "makulitaj ĉemizoj" dum la diktatoreco kaj la sovetoj estas proleta "pura lino". Kaŭcko mallaŭdis tion kiel "perfidon" kaj diris "sen demokratio, do sen socialismo". Li ankaŭ levis akran demandon: Se la socialisma registaro malvenkas en la ĝenerala elekto, ĉu ĝi obeu la verdikton, fine, aŭ ĉu ĝi sufoku la demokration por konservi la potencon? La analoga demando en Ĉinujo estus: Ĉu la konsento de la popolo estu la bazo por servi al la popolo? Tiu debato malfermas du kontraŭajn marksismajn vidpunktojn pri regado, kiuj estas daŭre utilaj por klarigi la aktualajn politikajn reformojn en Ĉinujo.

4.1 Enkonduko: Urĝa problemo kaj ĝia fono

Kio estas la vojo por antaŭenigi politikan reformon de Ĉinujo? Tiu estas urĝa problemo por la ĉinoj kaj por tiuj, kiuj rilatas kun Ĉinujo. Ekde la Reformo kaj Malfermiĝo, Ĉinujo multrilate faris grandajn atingojn, speciale en ekonomio. Tamen, la politika reformo restis stagna. Evidente la ĉina popolo atingis bazan interkonsenton pri la ekonomia reformo, sed devas ankoraŭ fari same pri politika reformo. Pro tio necesas atenti la temon de politika reformo en Ĉinujo.

Tiu ĉi ĉapitro traktos pri tiu ĉi problemo per diskuto pri la debato inter Lenino kaj Kaŭcko pri socialismo kaj demokratio, speciale pri marksismaj vidpunktoj pri regado, nome pri marksismaj respondoj al la demando pri kiu estu regata de kiu kaj per kia rajto.

Por pli ol duona jarcento Ĉinujo estis evolulando kun la marksisma politika partio en la potenco kaj kun la marksismo kiel la leĝa kaj teoria bazo por politika legitimeco. Tiurilate, pensado pri politika reformo en Ĉinujo ankaŭ baziĝu sur zorgema kompreno de marksismaj politikaj vidpunktoj kaj pensado pri ili. Speciale la marksismaj vidpunktoj pri regado estas elformendaj.

La marksismaj vidpunktoj pri regado originas en ribelo kontraŭ la ĉeftendenco de okcidentaj vidpunktoj, kiu mallonge resumeblas kiel demokratio, do, kie la civitanoj estas la agantoj de politika potenco kaj kie civila konsento de la civitanoj estas la bazo por regado.

Demokratio rifuzas tradician reĝadon. Per reĝado la monarĥo akiras potencon per heredo aŭ pere de perforto, sen la neceso de konsento de la regatoj. La teoria bazo de reĝeco estas la dia rajto de reĝoj, dum por demokratio ĝi estas la natura rajto de la homoj. Tamen, por tradicia marksismo, la egaleco de civitanoj agantaj kiel agantoj de politika potenco estas supraĵa en la kapitalisma sistemo pro la ekstrema abismo de riĉeco inter laboristoj kaj kapitalistoj. Pro tio la tradicia marksismo vidas la ekzistantajn politikojn kaj la idealajn politikojn el klasa vidpunkto. Tio signifas, ke la tradicia marksismo interpretas la ekzistantajn politikojn de demokratio kiel kapitalismon, kaj regadon de reĝo kiel feŭdismon, dum ĝi difinas la idealajn politikojn kiel tiujn, kiuj ĉesigas la kapitalismon, kiel diktatorecon de la proletaro. La lastinstanca evoluo de politikoj estas estingiĝo de klasoj kaj de ŝtatoj. Tiel, la proletaro estas la lasta aganto de potenco en la historio: Ĝi alportas finon al homaj politikoj.

Tamen, la tradicia marksismo teorie ne klarigas la rilaton – en ia historia periodo, kapitalisma aŭ alia – inter la proletaro kiel aganto de potenco kaj la aktuale regantaj partioj aŭ individuoj. Ĉu la potenco regi estas aŭ ne permesata de la proletaro? Kio ankaŭ malklarigas la aferojn, estas ke la aktuala socio neniam entenas nur proletaran kaj burĝan klasojn. En la kazo de tia socio, en kiu la burĝaro estas senigita je politika potenco, dum la proletaro fariĝas la aganto de potenco, ĉu aliaj klasoj, speciale la kampularo kun granda loĝantaro, ankaŭ havu politikan potencon? Kian politikan potencon ĝi havu? Kiu estas la rilato inter ĝia potenco kaj la potenco regi?

Ĝis certa grado la plej multaj marksistaj partioj en diversaj landoj respondis al la dua temo koncerne multecon de klasoj kaj atingis bazan interkonsenton en tio, ke ili etendas la amplekson de agantoj de politika potenco per tio, ke ili teorie enprenas aliajn ekspluatatajn klasojn inkluzive de la kampularo, kiuj estas referencataj kiel "la popolo" aŭ "la amasoj", dum la ekspluatantaj klasoj estas nomataj "malamikoj" aŭ "klasaj malamikoj". Sed pri la unua temo, pri la preciza rilato inter la proletaj potenc-agantoj kaj la aktuale reganta klaso, ne estas interkonsento. Krome, tiuj marksistaj partioj fendiĝis kaj fariĝis eĉ malamikaj pro siaj malkonsentoj. La problemo, kiun ili alfrontas, estas, ĉar marksistaj partioj ĉiuj agnoskas la proletaron kaj la popolon kiel la agantojn de potenco, ĉu la permeso de tiu lasta estu la bazo por la rega statuso de la unua? Al tiu demando la komunista tendaro, kun Lenino kiel ĝia reprezentanto, donas negativan respondon; kie la socialdemokrata tendaro, reprezentata de Kaŭcko, donas pozitivan, tiel ke la marksistaj partioj iras du malsamajn vojojn en teorio kaj praktiko.

La ĉinaj komunistoj, kun Mao Zedong (Mao Tse-tung) kiel ilia reprezento, elektis la vojon de Lenino. Antaŭ proksimume 70 jaroj, Mao Zedong faris faman paroladon titolitan "Servi al la popolo" (vidu Mao 1967: 252). Ekde tiam, la Komunista Partio de Ĉinujo (KPĈ) prenis "servi la popolon" kiel sian gvidan ideon, nome, la lastan aŭ eĉ la solan bazon por la legitimeco de sia regado. La principo, kiu estas zorgeme klarigita, estas, ke se kaj nur se partio plenumas la celon servi la popolon, ĝi estu en la potenco kiel por profitigi la popolon. La KPĈ estas la sola partio en Ĉinlando kiu havas la celon servi la popolon; pro tio la KPĈ estas perfekte pravigita por regi.

Tiel, la malkonsento menciita en la supra paragrafo inter Lenino kaj Kaŭcko esprimeblas ĉine: Ĉu la konsento de la popolo estu la bazo por servi la popolon? Al tiuj, kiuj subtenas Leninon kaj Maon Zedong, la respondo estas ne, ĉar servi aŭ ne servi la popolon estas la esenco de la celo, sendepende de ĉu la popolo konsentas aŭ ne konsentas. Per aliaj vortoj, oni povas servi la popolon sen havi ties konsenton. Sed Kaŭcko kaj liaj disĉiploj havas la malan pozicion: Ĉu la popolo konsentas aŭ ne konsentas, estas la esenco de la demando, kio signifas, ke la popolo havas la rajton decidi, kiu ĝin servu kaj kiel ĝi ĝin servu. La demando ĉi tie turniĝas ĉirkaŭ la ŝlosila distingo inter "servi la popolon" kaj "havi la konsenton de la popolo".

Tiu ĉi ĉapitro provas montri la marĝenigitan marksisman perspektivon, kiun proponas Kaŭcko, kaj ĝi faras tion pli historie kaj laŭtekste ol sisteme kaj teorie. Krome ĝi limigas sin mem al la komenca kunteksto, ene de kiu tiu ĉi teoria demando estiĝis, nome la Oktobra Revolucio kaj la Konstituciiga Asembleo en Ruslando antaŭ preskaŭ jarcento. Signifa debato pri tiu temo okazis tie inter Lenino kaj Kaŭcko, kaj ĝi rezultis en du malsamajn vojojn por proksimiĝi al la marksisma politika teorio kaj praktiko.

4.2 La disvojo inter la Oktobra Revolucio kaj la Konstituciiga Asembleo

La Oktobra Revolucio de Ruslando estas bone konata en Ĉinlando, ĉar ĝi portis al ni la marksisman leninismon kaj influis la ĉinan historion en la lasta jarcento. Tamen nur malmultaj homoj scias pri la Konstituciiga Asembleo, ĉar ĝi estas kutime ne menciata en la oficiala historio, ĉar tiu estas verkita en ideologia maniero. Kiel fakto, la kontraŭaj marksismaj vidmanieroj pri regado aperis ĝuste en la disiĝo inter la Oktobra Revolucio kaj la Konstituciiga Asembleo.

Jen resumo de la faktoj agnoskataj de ĉinaj kaj eksterlandaj historiistoj:[72]

72 La sekvaj historiaj faktoj en tiu ĉi parto referencas precipe Yao 2009; Shen 2009: 11-91. Vidu ankaŭ Fischer 1964; Hao 2004; Liu et al. 1997; Schapiro 1960; Yao 2009.

De la 23-a de Februaro ĝis la 2-a de Marto 1917 (laŭ la rusa kalendaro) la carisma sistemo kolapsis. La 23-an de Februaro (la 8-an de Marto en la okcidenta kalendaro),[73] laboristoj el kelkaj entreprenoj en Petrogrado kolektiĝis por memorigi la Tagon de la Virinoj, kaj komencis striki kaj marŝi kun sloganoj kiel "Panon" For la militon! For la aŭtokratecon!" La rekta kialo de tiuj strikoj estis la nesufiĉa nutraĵo en Petrogrado, tiel ke la protesto konatiĝis kiel "Pan-tumulto". Poste la situacio ne atendite fariĝis ne mastrumebla. La 27-an de Februaro, demokrataj partioj kaj liberalistaj partioj komencis, dise, fondi la petrogradan soveton [konsilantaron -vl] kaj la provizoran komitaton de la ŝtata parlamento (Duma). La 2-an de Marto, la caro Nikolao la 2-a estis devigita anonci sian abdikon.

Konvinkitaj, ke la ĉefaj fortoj de sociaj politikoj atingis interkonsenton en la solvado de la problemo de la ŝtata sistemo kaj de ĉiuj aliaj urĝaj problemoj per la Konstituciiga Asembleo, en la vespero de la 2-a de Marto, membroj de la plenumkomitato de la petrograda soveto, kaj de la provizora komitato de la ŝtata parlamento, intertraktis kaj difinis tri principojn pri la leĝa statuso de la Konstituciiga Asembleo: Unue, okazos ĝenerala kaj libera elekto; due, la Konstituciiga Asembleo ĝuos specialajn privilegiojn por solvi la plej grandajn problemojn de la ŝtato, kio inkludis determinadon de la formo de la registaro; trie, nur la Konstituciiga Asem-

73 [2] Bonvole notu ke ekde nun la datoj inter parentezoj rilatas al la okcidenta kalendaro, nur por kompari kun la datoj sen parentezoj montritaj en la rusa kalendaro.

[[2]] Konstitucio de la Popolrespubliko Ĉinujo (decidita de la kvina kunsido de la kvina Nacia Popolkongreso la 4-an de Decembro 1982 kaj samtage publikigita en la Raporto de la Nacia Popolkongreso, kaj de tiam realigata), vidu:

http://www.npc.gov.cn/npc/xinwen/2013-12/25/content_1816080.htm.
[Noto de la tradukinto al la angla]: kun referenco al la angla versio ĉe http://www.npc.gov.cn/englishnpc/Con stitution/node_2825.htm.

bleo mem povis determini la amplekson kaj limojn de siaj propraj taskoj. Pro tio ĝi ankaŭ klarigis la leĝan statuson de la fondenda registaro, same kiel la limojn de ĝiaj agadoj: La nova registaro agos kiel provizora registaro; ĝi regos la ŝtaton ĝis kiam la Konstituciiga Asembleo okazis; ĝi ne havis la rajton starigi ian ajn regulan sistemon de regado; kaj ĝi devis krei la kondiĉojn por okazigi la Konstitucian Asembleon.

La 5-an de Marto, la Provizora Registaro komencis per speciala kunsido kaj skizis regulojn por la elekto de la Konstituciiga Asembleo; la unua parto de la skizo finiĝis fine de Junio. Laŭ tiuj reguloj, la Konstituciiga Asembleo konsistigos el okcent reprezentantoj elektotaj de la loĝantaro, per rekta kaj sekreta baloto kun proporcia reprezentado, kaj sur la principo de ĝenerala egaleco de elekta baloto sendepende de la sekso. Civitanoj pli ol dudekjaraj kaj soldatoj pli ol dekokjaraj havis balotrajton. La 14-an (27-an) de Junio la Provizora Registaro anoncis, ke la elektoj por la Konstituciiga Asembleo okazos la 17-an (30-an) de Septembro. La 9-an (22-an) de Aŭgusto la Provizora Registaro decidis prokrasti la elektojn ĝis la 12-a (25-a) de Novembro.

Kvankam la Provizora Registaro preparis multon por okazigi la elektojn por la Konstituciigan Asembleo, ĝi malsukcesis plenumi sian mandaton por okazigi la elektojn kiom eble plej baldaŭ kaj kontentigi la deziron de la popolo solvi serion da urĝaj problemoj. Laŭgrade la atendantaj amasoj perdis esperon kaj paciencon.

Antaŭe dum la Februara Revolucio, la bolŝevistoj ankaŭ favoris okazigon de konstituciiga asembleo, kaj pensis, ke ĉia politika potenco de la sovetoj estos garantio por la elekto kaj kunvenigo de la konstituciiga asembleo. Inter Februaro kaj Oktobro la bolŝevistoj konstante kritikis la provizoran registaron pro ties prokrasto kunvoki la konstituciigan asembleon, kaj ili ripete promesis ke nur la bolŝevistoj povos certigi la elektojn de la konstituciiga asembleo kiel planite. La konstituciiga asembleo estas ofte menciita en la tekstoj por la Dua Tutruslanda Kongreso de Sovetoj. La anonco "Al Laboristoj, Soldatoj kaj Kampuloj!" diris, ke "La soveta registaro … certigos la kunvokon de la konstituciiga asembleo je la fiksita tempo" (Lenin 1964 vol. 26:247); la "Dekreto pri grundo" estis provizora, kaj nur per la Ruslanda Konstituciiga Asembleo grundaj problemoj solveblos; kaj anoncis la intencon "starigi provizoran registaron de laboristoj kaj kampuloj, nomotan kiel la Konsilantaro de Popol-komisaroj, por regi la landon ĝis kiam la konstituciiga asembleo estos kunveninta" (Lenin 1964 vol. 26: 262). La Konsilantaro de la Popolkomisaroj estis prezidata de Lenino, kun partopreno de ĉiuj bolŝevistoj. Kiam la konstituciiga asembleo okazis ene de la Dua Tutruslanda Kongreso de Sovetoj, Lenino eĉ anoncis, ke se la bolŝevistoj estus voĉdone eksigotaj en la konstituciiga asembleo, ili cedos al la "popol-amasoj" (vidu Schapiro 1960: 178, 180).

La 25-an de Oktobro (7-an de Novembro) la bolŝevistoj perforte renversis la Provizoran Registaron kaj kaptis la politikan potencon. Tio estis la "Oktobra Revolucio", kiu poste havis profundan efikon al la homa historio. Du tagojn post la revolucio, la 27-an de Oktobro, la Konsilantaro de la Popolkomisaroj faris rezolucion, kiu klarigis, ke la elektoj por la konstituciiga asembleo okazos la 12-an de Novembro, precize kiel planite de la Provizora Registaro. La elektantaro voĉdonis post la anonco de kruca listo (la elektoj baziĝis sur diversaj partioj). Laŭ la statistikaj datumoj de sesdek kvin entoj, proksimume kvardek kvin milionoj da voĉdonuloj partoprenis en la elektoj (entute estis sepdek naŭ elekto-regionoj de naŭdek milionoj da voĉdonantoj). La ĉefa burĝa partio – la Konstituciia Demokrata Partio – ricevis nur du milionojn da voĉoj, kun dek sep elektitaj reprezentantoj. La ceteraj voĉoj iris ĉefe al la partioj "kun socialisma orientiĝo": La Socialista Revolucia Partio, kies amasa bazo estis la kampuloj, ricevis dek sep milionojn da voĉoj, kun tricent sepdek elektitaj reprezentantoj; la bolŝevistoj, kun amasbazo de laboristoj kaj soldatoj, akiris 9,84 milionojn da voĉoj, kaj cent kvindek kvin elektitajn reprezentantojn; la menŝevistoj akiris 1,24 milionojn da voĉoj, kun dek ses elektitaj reprezentantoj; la Maldekstra Socialista Revolucia Partio, kiu estis rompinta kun la Socialista Revolucia Partio, gajnis 2,86 milionojn da voĉoj, kun kvardek elektitaj reprezentantoj.

En 1918, la simpozio farita de la Socialistaj Revoluciuloj, Jaro da Rusa Revolucio 1917-18, enhavis artikolon de N. V. Sviatinskij: *"Rezultoj de la elektoj por la Tut-Ruslanda Konstituciiga Asembleo (Antaŭparolo)"*. La aŭtoro prezentis la rezultojn de kvardek kvar voĉdon-regionoj el la tutaĵo de sepdek naŭ. Lenino citis kaj statistike analizis ĝin, la 16-an de Decembro 1919, en sia artikolo "La elektoj por la Konstituciiga Asembleo kaj la diktatoreco de la proletaro". Li skribis jene:

Se ni prenas kune la tri ĉefajn grupojn de partioj en la elektoj de la Konstituciiga Asembleo, ni ricevas la sekvan tutaĵon:

Partio de la proletaro (bolŝevistoj): 9,02 milionoj = 25 elcentoj; Etburĝaj demokratiaj partioj (social-revoluciuloj, menŝevistoj ktp): 22, 62 milionoj = 62 elcentoj; partioj de grundposedantoj kaj burĝaro (kadeto ktp): 4,62 milionoj = 13 elcentoj. Sume: 36,26 milionoj = 100 elcentoj

(Lenin 1965 vol. 30:254)

Laŭ tio, Lenino konkludis: "El tiuj ĉi datumoj evidentas, ke dum la elektoj por la konstituciiga asembleo la bolŝevistoj estis la partio de la proletaro kaj la social-revoluciuloj la partio de la kampularo" (Lenin 1965 vol. 30:255).

La 12-an (25-an) de Decembro, konante la elekto-rezultojn, Lenino faris deklaron en la "Tezoj pri la konstituciiga asembleo": "«Ĉiun potencon al la Konstituciiga Asembleo!» – ... kiu malkonsideras la potencon de la sovetoj ... – fariĝas fakte la slogano de la kadetoj kaj de la *kaledinites* kaj de iliaj helpantoj. La tuta popolo estas nun plene konscia, ke la Konstituciiga Asembleo, se ĝi disiĝas de la sovet-potenco, estos neeviteble kondamnita al politika estingiĝo" (Lenin 1964 vol. 26: 381-2).

Tamen, la 8-an de Novembro, antaŭ tiu ĉi deklaro, la bolŝevistoj diskutis pri la ebleco malfondi la Konstituciigan Asembleon. La 14-an (27-an) de Novembro, Lenino deklaris en la "Parolado pri la kampkultura demando": "Koncerne la Konstituciigan Asembleon, la proparolanto diris, ke ĝi laboros depende de la humoro en la lando, sed li aldonis, fidu la humoron, sed ne forgesu la pafilojn" (Lenin 1964 vol. 26:325). Por reagi al sia malfavora situacio dum la elektoj, la bolŝevistoj ankaŭ intervenis por trudi reelektojn. Post la elektoj la bolsevistoj eĉ faris serion da dispozicioj por la ebleco ke ili estos voĉdone forigitaj, tiel ke ili ne devus transigi la potencon al la konstituciiga asembleo. Kompreneble la 23-an de Novembro, la Konsilantaro de la Popolkomisaroj ordonis aresti ĉiujn membrojn de la Konstitucia Demokratia Partio aŭ de la Socialista Revolucia Partio el la prepara komitato de la Tutrusia Konstituciiga Asembleo. Aldone, la provizora registaro decidis okazigi la Konstituciigan Asembleon la 28-an de Novembro. Ĝuste du tagojn antaŭ tio, la Konsilantaro de la Popolkomisaroj konfirmis la kondiĉojn por okazigi la unuan kunsidon de la Konstituciiga Asembleo. Tiuj kondiĉoj estis, ke necesas almenaŭ kvarcent reprezentantoj de la Tutruslanda Konstitucio en Petrogrado, ĉiuj invititaj de la politika komisara Vorovsky por la Tutruslanda Elekto-Komisiono. Krome, nur tiuj permesitaj de la Konsilantaro de Popolkomisaroj povos anonci ĝian malfermon.

La 28-an de Novembro – la dato origine planita por malfermi la Konstituciigan Asembleon – la Konstitucia Demokrata Partio, kiu estis alia malvenka partio en la elektoj, organizis manifestacion favore al transigo de ĉia politika potenco al la Konstituciiga Asembleo en Petrogrado. Intertempe proksimume sesdek delegitoj de la Konstituciiga Asembleo eniris la kunvenejon de la Taŭrida Placo por konferenco, kaj decidis atendi pli da delegitoj por ke per ili oni konformiĝu al la kvorumo. Tiutage, la stabo de la centra elekto-komisiono de la Konstituciiga Asembleo rifuzis labori sub gvido de Vorovskij. Unuflanke la bolŝevistoj disigis la kunsidon, kaj aliflanke ili denuncis la Konstitucian Demokratan Partion kiel popol-malamikojn kaj arestis ĝiajn gvidantojn.

Komence de Decembro Lenino klopodis por korekti la balot-skatolon (vidu Schapiro 1960: 180). La 20-an de Novembro, la Konsilantaro de la Popolkomisaroj faris dekreton kaj decidis okazigi la Konstitucian Asembleon la 5-an de Januaro 1918. La 23-an de Decembro, la Konsilantaro de la Popolkomisaroj deklaris militstaton en Petrogrado, kaj trupoj lojalaj al la bolŝevistoj estis transigitaj al la ĉefurbo. La 5-an de Januaro 1918 – la malferm-tago de la Konstituciiga Asembleo – okazis pacaj manifestacioj, kiuj apogis la Konstituciigan Asembleon en Petrogrado kaj Moskvo. Tio trafis sur potencan subpremadon, kun viktimoj. Ene de la Taŭrida Palaco ĉeestis kvarcent dek delegitoj de la Konstituciiga Asembleo, el kiuj ducent tridek sep estis socialrevoluciuloj, cent dudek bolŝevistoj, tridek maldekstraj socialrevoluciuloj kaj kvin menŝevistoj. La Konstituciiga Asembleo malfermiĝis en densa etoso de opozicio, kun la konflikto ĉefe inter la socialrevolucia partio kaj la bolŝevistoj.

La plimulto ĉeestanta decidis ne diskuti pri *La deklaro de la ekspluatataj laboristaj rajtoj*, kiu estis proponita de la bolŝevista Partio kaj Ligo. Efektive ili rifuzis cedi potencon al la sovetoj, aŭ fari deklaron por disigi la Konstitucian Asembleon bazitan sur la peto de la Konsilantaro de la Popolkomisaroj. Tiel, delegitoj de la bolŝevistoj, de la maldekstraj socialrevoluciuloj kaj tiel plu forlasis la kunvenon. Je la 4-a horo matene de la 6-a de Januaro, la delegitoj de la Konstituciiga Asembleo, kiuj decidis resti en la kunvenejo, ricevis la ordonon de la sekureca forto forlasi la kunvenejon. En la sama tago, la Tutruslanda Centra Plenumkomitato anoncis la dissolviĝon de la Konstitucia Asembleo. La 10-an de Januaro malfermiĝis Tria Tutruslanda Kongreso de la Sovetoj kaj aprobis la politikojn por la Konstituciiga Asembleo "post zorgeme aranĝitaj elektoj" (vidu Schapiro 1960: 181).

Post la dissolvo de la Konstituciiga Asembleo daŭre alvenis leteroj de gratulo kaj de subteno el diversaj regionoj al la Konstituciiga Asembleo. Homoj manifestaciis kaj marŝis defende de la Konstituciiga Asembleo en multaj urboj, kun viktimoj en Moskvo kaj aliaj lokoj. Kvankam tiaj agadoj daŭris dum longa tempo kaj kondukis al armitaj konfliktoj tie kaj eksterlande, maleblis revivigi la Konstituciigan Asembleon.

Gravas noti, ke monaton post la Oktobra Revolucio kaj la fondo de la soveta reĝimo, proksimume kvardek kvin milionoj da homoj, aŭ proksimume la duono de la voĉdonantoj, patoprenis en la elektoj por la Konstituciiga Asembleo. Tiu ĉi fakto indikas, ke almenaŭ la duono de la rusa popolo konsentis solvi la problemojn de la ŝtato per la Konstituciiga Asembleo.

Estas interese, ke proksimume jarcenton poste, la 4-an de Marto 2012, Ruslando okazigis sian sesan prezidantelekton, kun cent dek milionoj da voĉantoj. Tio estis nur dudek milionoj pli ol tiutempe la elektantoj de la Konstituciiga Asembleo. Sed la voĉdon-partopreno de 65 elcentoj estis je 15 elcentoj pli granda ol tiu de la Konstituciiga Asembleo. En tiu ĉi prezidant-elekto, Putin – kandidato de Unuiĝinta Ruslando – gajnis 63 elcentojn de la voĉoj, per 44,9 milionoj, aŭ per aliaj vortoj, ĉiuj voĉoj de la Konstituciiga Asembleo. La gvidanto de la Rusa Komunista Partio, Zjuganov, akiris 17 elcentojn de la voĉoj per dek du milionoj; kompare kun la elcentaĵo de la bolŝevistoj, ĝi estis pli malgranda.

4.3 La kialoj de Lenino por disigi la Konstituciigan Asembleon

La bolŝevistoj, gvidataj de Lenino, konsentis okazigi la Konstituciigan Asembleon kaj promesis cedi, se ili malgajnis. Sed fakte ili disigis la Konstituciigan Asembleon kaj subpremis la opoziciajn partiojn. Tio estis tipa kazo en la historio de elektoj. Kaŭcko, unu el la teoriaj aŭtoritatoj en la marksismo, denuncis la bolŝevistan respondon kiel "perfidon" (vidu Kautsky 1946: 137). Por taksi tiun akuzon ni devas esplori la kialojn de Lenino por tiu decido.

La bazaj kialoj de Lenino divideblas en tri grupojn, nome, tradiciaj marksismaj teorioj, la interkonsento de la Ruslanda Socialista Demokratia Laborista Partio, kaj la vidpunktoj de Lenino mem.

Laŭ la vidpunktoj de la tradicia marksismo, feŭda socio, karakterizata per privata proprieto kaj despotismo, estis necese anstataŭigota de kapitalisma socio, kiu mem estis socio de privata proprieto kaj de demokratiaj politikoj. La kapitalisma socio tiam eventuale anstataŭiĝos de socialisma socio de publika proprieto kaj la diktatoreco de la proletaro. Fine, komunisma socio estos formacio karakterizata per publika proprieto plus la foreco de klasoj kaj de ŝtatoj. En tia historia procezo, konsistanta el laŭgrada kaj sinsekva evoluo, politika demokratio aperas kiel unu sola afero.

Laŭ la Programo de la Rusa Socialista Demokrata Laborpartio en 1903, "la lasta politika tasko" de la partio "estis renversi la caran despotismon, starigi demokratian respublikon, … kunvenigi *la Konstituciigan Asembleon* per libera universala voĉdonado, kaj tiam starigi la diktatorecon de la proletaro por realigi la proletaran socian revolucion." La revolucio "anstataŭigos privatan proprieton per publika proprieto de produktaj kaj cirkulaj materialoj, kaj sisteme organizas la socian produktad-procezon por certigi la bonstaton de ĉiuj sociaj membroj en tutaĵa disvolvado. Tiu ĉi mondo necese kondukas al eliminado de socia klasa divido por liberigi la subprematan popolon kaj forigi ĉiajn formojn de ekspluatado."[74] Tiuj pozicioj spegulis interkonsenton inter la revoluciuloj, kiuj tiutempe adoptis la marksismon koncerne du ĉefajn stadiojn de la rusaj revolucioj. Tiu ĉi interkonsento estis klare tute malsama de la teoria modelo de la tradicia marksismo, laŭ kiu, en Okcident-Eŭropo, burĝaj kaj proletaraj revolucioj okazos en du disaj eraoj: ili fariĝos de la burĝaro kaj la proletaro respektive, kaj estos malebla por la sama revolucia grupo plenumi tiujn du revoluciajn taskojn samtempe.

---

74 [3] Vidu Central Compilation & Translation Bureau from Russian 1964: 36, 38, 41. Tio ĉi estas tradukita de la tradukinto de la papero de la ĉina citaĵo de la aŭtoro.

http://www.npc.gov.cn/npc/xinwen/node_505.htm. [Noto de la tradukinto al la angla: kun referenco al la angla versio ĉe http://www. npc.gov.cn/en glishnpc/Constitution/2007-11/15/content_1372962.htm .]

Kio estas specifa ĉe Lenino, tio estas la ideo, ke ekde kiam ekzistas ia ajn ŝanco por preni la potencon, tiam supozeblas ke la proletara diktatoreco estas rekte starigita. Laŭ Lenino, la politika potenco neniam estu rezignata surbaze de aŭtoritataj doktrinoj aŭ de regulaĵoj de partia programo, favore al la burĝaro aŭ al la etburĝaro, kiu preferis demokratian politikon. Lenino komprenis, fakte, la gravecon de demokratia politiko, sed en lia menso, ĝia graveco estis limigita al agado kiel rimedo por akiri la potencon per revolucio. Fine, Lenino opiniis ĝin grava por la bolŝevistoj por akiri la potencon, ĉar tiu ĉi mondo estos proletara diktatoreco, kaj tiel la plej grava postulo por forigi la klasan ekspluatadon kaj por liberigi la subprematan popolon.

Frue en la jaro 1894 Lenino klarigis la gravecon de socia demokratio: "Ĝenerale la rusaj komunistoj, adeptoj de la marksismo, pli ol iaj ajn aliaj devus nomi sin mem SOCIAL-DEMOKRATOJ, kaj en siaj agadoj neniam forgesi la eksterordinaran gravecon de DEMOKRATIO" (Lenin 1960: 290). En 1903 Lenino diris pli detale jene:

> "Lasu la homojn mem tra la tuta Ruslando elekti siajn reprezentantojn (deputitojn). Lasu tiujn reprezentantojn formi superan asembleon, kiu enkondukos elektitan registaron en Ruslando, liberigos la homojn el la feŭda dependeco de oficialuloj kaj polico, kaj certigos por la popolo la rajton libere renkontiĝi, libere paroli kaj havi liberan gazetaron!
>
> Tion la socialdemokratoj deziras unue kaj plej multe. Tio estas la signifo de ilia unua postulo: la postulo de politika libereco." (Lenin 1961 vol. 6: 371)

Ĝis 1905 Lenino formulis sian politikan sintenon pri la konstituciiga asembleo rekte pozitive kaj diris:

> "ĉar ĝi estos gvidata de la Socialdemokrata Partio, la revolucia proletaro postulas kompletan transigon de la potenco al konstituciiga asembleo, kaj por tio strebas por plenumi ne nur universalan voĉdonrajton kaj kompletan ag-liberecon, sed ankaŭ la tujan renverson de la carisma registaro kaj ĝian anstataŭigon per provizora revolucia registaro" (Lenin 1962: 21).

Efektive, inter Aŭgusto kaj Septembro de 1916 Lenino daŭre emfazis la gravecon de demokratio:

> "Socialismo maleblas sen demokratio, ĉar: 1-e la proletaro ne povas plenumi la socialisman revolucion, se ĝi ne preparas ĝin per la batalo por demokratio; 2-e, venka socialismo ne povas solidigi sian venkon kaj konduki la homaron al forvelkado de la ŝtato sen starigo de plena demokratio." (Lenin 1964 vol. 23: 74)

La aserto de Lenino, ke "socialismo maleblas sen demokratio" ne estas esence malsama ol la fama diro de Kaŭcko, ke estas "nenia socialismo sen demokratio" (Kautsky 1964: 6-7).

Jam en Aprilo 1917, post la decido kapti la potencon perforte, Lenino pledis por alia vidpunkto pri demokratiaj politikoj. La retoriko estis jena:

> "Mi nun venas al la fina punkto, la nomo de nia Partio. Ni devas nomi nin la *Komunista Partio* – ĝuste kiel Markso kaj Engelso nomis sin mem. …
>
> La nomo "Socialdemokratio" estas *science* malĝusta, kiel Markso ofte emfazis, speciale en la *Kritiko de la Gotaa Programo* en 1875, kaj kiel Engelso ree asertis

en pli populara formo en 1894. El la kapitalismo la homaro povas rekte transiri nur en socialismon, t.e. en la socialan posedon de la produktadrimedoj kaj la distribuado de produktoj laŭ la sumo de laboro farita de ĉiu individuo. Nia partio vidas pli malproksimen: la socialismo devas neeviteble iom post iom evolui en komunismon, sur kies flago estas skribita la moto "De ĉiu laŭ sia kapablo, al ĉiu laŭ liaj bezonoj".

Tio estas mia unua argumento.

Jen la dua: la dua parto de la nomo de nia partio (Socialdemokratoj) estas ankaŭ science malĝusta. Demokratio estas formo de *ŝtato*, dum ni marksistoj estas kontraŭ *ĉia* stato.[75]...

La termino demokratio estas ne nur science malĝusta kiam ĝi aplikiĝas al komunista partio; ĝi nun, ekde Marto de 1917, simple fariĝis flagro-lumoj metitaj sur la okulojn de la revoluciuloj kaj malebligas al ili kuraĝe

75 Ĉi tie necesas klarigo. Demokratio en burĝa, do kapitalisma, socio estas interkonsento inter diversaj kaj – ankaŭ kaj precipe – kontraŭaj klasoj pri regado laŭ la respektivaj fortrilatoj decidataj per ne militaj rimedoj, do, laŭ la ĝisnunaj teĥnikaj kondiĉoj, prefere reprezenta kaj do parlamenta.

Ekde la komenco de socialisma konstruado la nekapitalismaj klasoj iom post iom kreas ekde la bazo novajn meĥanismojn de rekta loka memdecidado; kaj ekde kiam la ekspluatantaj klasoj malaperis, jam ne ekzistas principe kontraŭaj klasoj, kaj do la ŝtato iom post iom formortas kaj la neceso de tia demokratio – do de decidado inter kontraŭaj klasoj – ankaŭ malaperas. En la komunisma socio (kiu ĝis nun ankoraŭ nenie ekzistas) la decidado laŭ la nun komunaj interesoj eblas en harmoniaj manieroj. Vidu pri tio Paul Cockshott kaj Allin Cottrell: Socialismo fareblas. Alternativoj el la komputilo por socialisma planado kaj rekta demokratio. (MAS-libro n-ro 114) -vl

> kaj libere, laŭ sia propra iniciato, konstrui la novon: la sovetojn [konsilantarojn] de laboristoj, kampuloj, kaj de ĉiuj ceteraj deputitoj, kiel la solan potencon en la "ŝtato" kaj kiel la antaŭsignon de la "formortado" de la ŝtato *en ĉia formo*. (Lenin 1964 vol. 24: 84-6)

Ĉi tie, demokratio estis klare priskribita ne kiel rimedo, sed kiel arĥaiĝinta rimedo forpuŝenda. Lenino eĉ diris, "sed estas tempo por forĵeti la malpuriĝintan ĉemizon kaj surmeti puran linaĵon" (Lenin 1964 vol. 24: 88). La tiel nomata "pura linaĵo" estis diktatoreco.

En Marto de 1918, nur du monatojn post la disigita konstituciiga asembleo, Lenino formale proponis:

> "... la nomo de nia partio estu ŝanĝota al la Rusa Komunista Partio, kun la vorto 'bolŝevistoj' interkrampe aldonita. ... Kiam la laboristoj starigis sian propran ŝtaton, ili rimarkis, ke la malnova koncepto de demokratio – burĝa demokratio – estis preterpasita en la procezo de la disvolvado de nia revolucio" (Lenin 1965 vol. 27: 126).

Lia konkludo estis: "... la nomo Komunista Partio estas la sola science ĝusta" (Lenin 1965 vol. 27: 127).

Aktuale, kvankam la leninaj interpretoj de demokratiaj politikoj estis multe pli ekstremaj, ili tamen estis daŭre esence tiuj de la ĉefa tendenco de la Rusa Socialista Demokratia Laborista Partio, kiu inkludis la menŝevistojn. La 22-an de Decembro 1917, kiam Lenino kontraŭargumentis al la menŝevistaj kritikoj de "bolŝevista teroro", li amplekse citis antaŭajn klarigojn de Pleĥanov kaj per tio montris, ke en tio estas nenia fundamenta diferenco inter la menŝevistoj kaj bolŝevistoj. Sarkasme li diris jene:

"Ekzistis tempo, kiam Pleĥanov estis socialisto, eminenta elstarulo de revolucia socialismo.

Tiutempe – nun, do, en la limbo de forgeso – Pleĥanov esprimis sian opinion pri temo, kiu okaze havas vivogravan signifon en la nuna periodo.

Tio okazis en 1903, kiam la rusaj socialdemokratoj faris la kadron de sia programo en la dua kongreso de la partio.

La protokolo de tiu kongreso enhavas la sekvan tre informan enskribon, kiu povus esti skribita speciale por la nuna tago:

«*Posadovsky*. La asertoj faritaj ĉi tie por kaj kontraŭ la amendoj frapas min ne kiel disputo pri detaloj, sed kiel serioza opini-diferenco; sendube ni malsamopinias pri la sekva fundamenta demando: *ĉu nia estonta politiko estu regata de certaj bazaj demokratiaj principoj, kun konsentita absoluta valoro, aŭ ĉu ĉiuj demokratiaj principoj estu regataj ekskluzive de tio, kio estas profitiga por nia partio?* Mi definitive deklaras por la lasta. Ne ekzistas demokratia principo, kiun ni ne povus fari utila por la *interesoj de nia partio*. (Interjekcio: 'Ĉu eĉ imuneco de la persono?') Jes! Imuneco ankaŭ de la persono! Kiel revolucia partio, kiu strebas al sia lasta celo – tiu de socia revolucio – ni devas rigardi revoluciajn principojn ekskluzive el la vidpunkto de la kiom eble plej rapida plenumado de tiu celo, el la vidpunkto de la interesoj de nia partio. Se iu aŭ alia demando ne kondukas al nia avantaĝo, ni ne uzu ĝin.»

«Pro tio mi kontraŭas ĉiujn amendojn, kiuj estontece povas mallarĝigi nian ag-liberecon.»

«*Pleĥanov. Mi plene subtenas, kion Kamarado Posadovskij diris. Ĉia donita demokratia principo estu ekzamenata ne laŭ siaj propraj meritoj, abstrakte, sed en la orientiĝo al tio, kion oni povas nomi la bazan principon de demokratio, nome, al la principo kiu diras: salus populi suprema lex.* [La bonstato de la popolo estas la plej supera leĝo.] *Tradukita en la lingvon de revoluciuloj, tio signifas, ke la sukceso de la revolucio estas la plej alta leĝo. Se por la sukceso de la revolucio necesus limigi efikon de iu aŭ alia demokratia principo, tiam estus krima halti antaŭ tia limigo. Kiel mian propran personan opinion mi dirus, ke eĉ la principo de universala voĉdonrajto estu rigardata el la vidpunkto de tiu ĉi baza principo de demokratio, kiun mi ĵus menciis. Hipoteze koncepteblas ke ni socialdemokratoj povas eble trafi en situacion, kie ni devas agi kontraŭ la universala voĉdonrajto. La burĝaro de la Italaj Respublikoj iam forprenis politikajn rajtojn de personoj, kiuj apartenis al la nobelaro. La revolucia proletaro povus limigi la politikajn rajtojn de la superaj klasoj en la maniero en kiu tiuj klasoj iam limigis la politikajn rajtojn de la proletaro. La taŭgeco de tia dispozicio takseblus nur per la regulo: salus revolutionis suprema lex* [la bonstato de la revolucio estas la plej supra leĝo]. *La saman vidpunkton ni alprenu pri la demando de daŭro de parlamentoj. Se, pro impulso de revolucia entuziasmo, la homoj elektis tre bonan parlamenton, ian Netroveblan Ĉambron, ni provu ĝin kaj faru ĝin longdaŭra parlamento; kaj se la elektoj montriĝus malfavoraj,* ni provu ĝin kaj dissolvu ĝin ne post du jaroj, sed laŭeble en du semajnoj.» (emfazo de X.Ch. -

> vl) (Protokolo de la Dua Kongreso de la R.S.D.L.P., p. 168p)
>
> «La malamikoj de socialismo povas por certa tempo esti senigitaj ne nur je persona imuneco kaj ne nur je gazetara libereco, sed same je la universala voĉdonrajto. Malbona parlamento estu "malakceptita" en du semajnoj. La bonstato de la revolucio, la bonstato de la laborista klaso, estas la plej supera leĝo. Tiel Pleĥanov parolis, kiam li estis socialisto. Tiel la granda plimulto de la aktualaj menŝevistoj parolis, tiuj samaj menŝevistoj, kiuj nun krias pri 'bolŝevista teroro'.»" (Lenin 1969: 47s)

La supraj citaĵoj montras, ke Lenino konsideris "la bonstaton de la revolucio", "la bonstaton de la laborista klaso" kaj la rajtojn de la ekspluatataj laboristoj kaj laborista klaso kiel la plej altajn kialojn por dispeli la konstituciigan asembleon. La problemo estas, kial Lenino pensis, ke la konstituciiga asembleo, kiu estis elektita de la voĉdonantoj mem, ne kapablis speguli iliajn respektivajn interesojn, dum la bolŝevistoj, kiuj kaptis la potencon perforte, povus reprezenti iliajn interesojn La klarigoj de Lenino pri tio estis la jenaj: "Kiam la elektoj okazis, la homoj ne elektis tiujn, kiuj esprimis ilian volon kaj iliajn dezirojn" (Lenin 1964 vol. 26: 359). "La elektoj por la konstitucia asembleo … neeviteble devis kolizii kun la volo kaj interesoj de la laboristaj kaj ekspluatataj klasoj" (Lenin 1964 vol. 26: 382). "Ni ne povas konsideri la konstituciigan asembleon kiel esprimon de la popola volo" (Lenin 1964 vol. 26: 486). Per aliaj vortoj, Lenino kredis, ke la bolŝevistoj sciis kiel realigi la volon kaj dezirojn de la popolo kaj de la laboristaj klasoj pli bone ol ili mem, kaj per dissolvo de la konstituciiga asembleo, kiu estis elektita per voĉdonado, ili ĵus "plenumis la volon de la popolo" (vidu Lenin

1964 vol. 26: 440).[76] La soveta reĝimo, tiel li povis pro tio diri, "ne inkludas parlamenton nek referendumon" (Lenin 1964 vol. 26: 498).

La falslogika argumento de Lenino certe devenas el la ideoj de la tradicia marksismo, nome la raciisma ideo, ke la kapo de homa emancipiĝo estas la filozofio, ĝia koro la proletaro (vidu Marx 1975: 257). Simple dirite, ĝi estas, ke la proletaro povas nur doni laboron, kaj do, kion fari kaj kiel ĝin fari, estas decidenda de elito de teoriuloj. Pli poste, tiu ĉi kredo estis disvolvita en la teorion de "endoktrinado" de Kaŭcko, sed kun la premiso, ke "ili [la socialistoj] jam ne pli longe bezonas klopodi por alporti al la proletaro savon desupre" (Kautsky 1910: 199), kio koheris kun lia firma kredo je demokratio. Lenino tre aprezis la kaŭckan teorion de "endoktrinado", kaj zorgeme disvolvis ĝin.

Lenino neniam prezentis siajn kialojn; la laboristoj, soldatoj kaj kampuloj, same kiel iliaj agantoj, alprenis alian vidpunkton.[77]

En la Kvina Tutruslanda Kongreso de la Sovetoj, la 5-an de Julio 1918, la Maldekstra Socialrevolucia Partio, kiu iam subtenis la bolŝevistojn disigi la konstitucian asembleon, defiis la bolŝevistojn, per pasia eldiro de ilia gvidanto Maria Spiridonova. Ŝi akuzis Leninon perfidi la kampulojn, per tio ke li uzis la kampulojn kiel "rimedon" por atingi siajn proprajn celojn. Ŝi diris, ke Lenino

76 Tamen la honesteco devigus aldoni la argumenton de la bolŝevistoj, ke la elektoj al la konstituciiga asembleo okazis signife pli frue, en tempo, kiam la politika evoluo en la lando ankoraŭ ne atingis la maturecon, per kiu la bolŝevistoj efektive akiris la plimulton en la elektoj, ekz-e de la konsilantaroj (sovetoj), kaj ke pro tio – en la momento, en kiu oni decidis dissolvi la konstituciigan asembleon –, tiu ĉi verŝajne ne reprezentis la plimulton de la loĝantaro, kaj tutcerte ne la plimulton de la laboristoj kaj kampuloj. -vl

77 Tamen, la decido de la soveto nuligi la konstituciigan asembleon, kies konsisto estis elektita en alia tempo, estis la rezulto de elekto, en kiu la bolŝevistoj akiris la plimulton. -vl

forgesis la interesojn de la kampuloj; kaj ŝi deklaris, ke kiam kampuloj suferas humiligon, subpremon kaj subpremadon, ŝi rebatos: "… en mia mano vi daŭre trovos la saman pistolon, la saman bombon, kiun mi iam devis uzi por defendi …" (Fischer 1964: 239)[78][[4]]

La 30-an de Aŭgusto 1918 Lenino kritikis la usonan demokration en parolado kaj ankaŭ koncedis malfacilaĵojn por la sovetoj unuiĝi kun la kampuloj. Kiam li finis kaj iris al la elirejo, Novkov kaj Fanny Kaplan atakis lin perforte. Ili estis de la Socialrevolucia Partio, la partio, kiu akiris la plimulton de la kampulaj voĉojn en la elektoj por la konstituciiga asembleo. Novkov forpuŝis plurajn laboristojn per unu brako, dum Kaplan "eltiris revolveron kaj faris tri pafojn" al Lenino. Lenino estis vundita de du pafoj kaj falis (vidu Fischer 1964: 280).

En Aprilo de 1919, Lenino, kiu resaniĝis el la antaŭa atako, ankaŭ aŭdis la voĉon de kampuloj: "Longe vivu la sovet-potenco, sed for la komunian! (t.e. la komunismon)". Rekonante la malkonsenton de la kampuloj, Lenino asertis, "tio ĉi ne estas invento; tiuj ĉi faktoj estas prenitaj el la reala vivo, el la raportoj de kamaradoj surloke" (Lenin 1965 vol. 29: 210). Tiu ĉi diskonsento montris, ke la teorie ĝustaj komunistaj politikoj ne estis bonvenigitaj de la kampuloj en la praktiko.

La plej serioza incidento estis la Kronŝtata Ribelo. Maristoj de la kronŝtata bazo kaj laboristoj en Petrogrado, kiuj iam servis kiel forta

78 [4] Laŭ la referenca fonto, la fino de tiu ĉi frazo dronis en aplaŭdo.

http://www.npc.gov.cn/npc/xinwen/node_505.htm. [Noto de la tradukinto al la angla: kun referenco al la angla versio ĉe http://www.npc.gov.cn/englishnpc/Constitution/2007-11/15/content_1372962.htm.]

piliero por la bolŝevistoj por transpreni la potencon,[79] ribelis kune kontraŭ la bolŝevista reĝimo inter Februaro kaj Marto de 1921. Tiuj ĉi maristoj kaj laboristoj pensis, ke la ekzistantaj sovetoj ne konsideras la volon de la laboristoj aŭ kampuloj, kaj ili estu tuj reelektotaj per sekreta voĉdonado. Libereco de parolo, gazetara libereco, libereco de kuniĝo kaj tiel plu estu donita al la laboristoj, kampuloj, anarĥiistoj kaj al la Maldekstra Socialista Partio (vidu Shen 2009: 97-101). La maristoj kaj laboristoj taksis, ke la bolŝevistoj ne komprenas iliajn aspirojn kaj postulojn pli bone ol ili mem. Male, ili faris grandajn oferojn por deklari la gravecon de demokratiaj elektoj kiel esprimo de ilia volo.

Pri la sovetaj sortoŝanĝoj en la sekvaj sepdek jaroj, kaj pri la fina kolapso de la reĝime, multo indikas, ke la reala volo de la popolo fakte ne similis al la volo de la bolŝevistoj, kiuj pretendis ĝin reprezenti.

4.4 La disopinioj inter Kaŭcko kaj Lenino

Ekde kiam Lenino finis La proletara revolucio kaj la renegato Kaŭcko, la 10-an de Novembro 1918, Kaŭcko ĉiam ludis la konatan rolon de "renegato" en la tradicia rakonto de la komunista tendaro. Nuntempe, tra zorgema legado de la kaŭckaj verkoj, ni trovos, ke li kritikis Leninon ne pro sia perfido de la proletaro, sed pli ĉar li malkonsentis kun la lenina aliro al la marksismaj vidpunktoj pri regado, kiu, laŭ li, montras malkonformecojn en la revolucia praktiko.

79 Tiu ĉi vortumo pensigas, ke temas pri la samaj personoj, sed efektive temas pri jam alia generacio kaj krome de alia deveno. -vl

Kaŭcko estis unu el la testament-planumantoj nomumitaj de Engelso, same kiel la plej grava teoriulo en la Dua Internacio post la morto de Engelso. Malsame ol la libroj de Lenino, la libroj de Kaŭcko ne estis komplete tradukitaj al la ĉina, sed ja ekzistas sufiĉe por kompreni liajn bazajn opiniojn pri la marksismaj vidpunktoj pri regado kontraste al la leninaj propraj vidpunktoj pri regado. Ni povas vidi tiujn diferencojn simple per rigardo de la du tradukitaj libretoj de *La diktatoreco de la proletaro* (1918) kaj *Socialdemokratio kontraŭ komunismo* (verkita de 1932 ĝis 1937).

La disopinioj devenis el ilia malsamaj komprenoj de la tradicia marksismo pri la proletara diktatoreco. Al Kaŭcko ŝajnis, ke la proletara diktatoreco estis ne reĝimo, sed kondiĉo. Li diris, ... en lia [marksa] letero, en kiu li kritikis la gotaan partiprogramon verkitan en Majo de 1875, staras: "Inter la kapitalisma kaj la komunisma socio troviĝas la periodo de la revolucia transformado de la unua en la alian. Tio postulas staton de politika transigo, kiu povas esti nenio alia ol la revolucia diktatoreco de la proletaro".[80]

Markso malfeliĉe ne pli precizigis tion, kion li komprenis sub tiu ĉi diktatoreco. Laŭvorte la esprimo signifas la suspendon de demokratio. Sed komprenate laŭvorte, ĝi ankaŭ signifas la suverenecon de unu sola persono, kiu estas ligita al nenia leĝo. Suvereneco, kiu distingiĝas de despotismo, ĉar ĝi estas konsiderata fazo pasanta, postulata de la cirkonstancoj de la momento, kaj ne konstanta institucio de la ŝtato.

80 Laŭ la germana originalo: "Inter la kapitalisma kaj la komunisma socio troviĝas la periodo de la revolucia transformado de la unua en la duan. Al ĝi kongruas ankaŭ politika transformperiodo, kies ŝtato povas esti nenio alia ol la *revolucia diktatoreco de la proletaro.*" [Emfazo en la originalo. -vl] Karlo Markso: Kritiko de la Gotaa Programo (MAS-libro n-ro 13a), p. 38. -vl

> “La esprimo 'diktatoreco de la proletaro', estas la diktatoreco ne de unusola persono, sed de klaso, ekskludas la eblecon ke Markso pensis pri diktatoreco en la laŭvorta senco.
>
> Li parolas en la supra tekstero ne pri formo de regado, sed pri kondiĉo, kiu ĉie aperas, kiam la proletaro konkeris politikan potencon. Ke li ne pensis pri formo de regado, tio montriĝas per lia opinio, ke en Anglujo kaj Usono la transiro povas okazi pace …” (Kautsky 1964: 42s)

Kaŭcko ankaŭ citis kaj aludis la verkon de Engelso por apogi sian argumenton, kaj klarigis la bezonon por la tiel nomata “diktatoreco de la proletaro” esti fakte zorgeme demokratia. En la vortoj de Kaŭcko:

> Tia la Pariza Komunumo estis, kiel Engelso eksplicite deklaris en sia enkonduko al la tria eldono de la marksa libro [*La interna milito en Francujo*[81]]
>
> Tamen, ĝi samtempe ne estis la suspendo de demokratio, sed bazita sur ĝia plej zorgema uzado, surbaze de la universala voĉdonrajto. La potenco de la registaro estis subigita al la universala voĉdonrajto. (Kautsky 1964: 44)

Simile Kaŭcko atentigis pri la vortoj de Markso en *La interna milito en Francujo*, kiuj emfazis la gravecon de la universala voĉdonrajto, dum kiu li laŭdis la Parizan Komunumon:

> “La Komunumo formiĝis el la urbaj konsilantoj elektitaj per ĝenerala voĉdonado en la diversaj dis-

---

81 Karlo Markso: La interna milito en Francujo. MAS-libro n-ro 112. - vl

> triktoj de Parizo. Ili estis respondecaj kaj ĉiumomente eksigeblaj. Ilia plimulto konsistis memkompreneble el laboristoj aŭ agnoskitaj reprezentantoj de la laborista klaso."[82]

Lenino konsideris tion malaprobe. Li satire asertis: "Kaŭcko rompis la mondan rekordon pri liberala tordado de Markso" (Lenin 1965 vol. 29: 242). Kaj li konfirmis la kontraston, "la revolucia diktatoreco de la proletaro estas regado gajnita kaj konservata per uzado de perforto ..., regado do ne limigita per iaj leĝoj" (Lenin 1965 vol. 28: 236).

Male al Lenino, Kaŭcko starigis nedisigeblan rilaton inter demokratio kaj socialismo, kaj tiam dense rilatigis la universalan voĉdonadon kun demokratio. Li diris jene:

> "Por ni, pro tio, socialismo sen demokratio estas ne pensebla. Ni komprenas per moderna socialismo ne nur socian organizadon de produktado, sed same demokratian organizadon de la socio. Nenia socialismo sen demokratio." (Kautsky 1964: 6s)
>
> "Ĉio ajn kun manko de ĝenerala voĉdonado en nia socio hodiaŭ estus absurda." (Kautsky 1964: 28)

Bazita sur tio supre citita, Kaŭcko malaprobis la bolŝevistan disigon de la konstituciiga asembleo. Li deklaris, ke:

> "La plimulto malantaŭ la konstituciiga asembleo estis tiom grandega, ke ne eĉ unu el la caristaj generaloj kuraĝis moviĝi kontraŭ ĝi. Se iu el ili fari tian aventuron, li ricevus neniajn sekvantojn. Tiuj ĉi generaloj estis kuraĝigitaj al kontraŭrevolucia ribelado nur post kiam Lenino dissolvis la konstituciigan asembleon kaj

82 Saml. (MAS-libro n-ro 112), p. 68. -vl

> igis ilin kapablaj uzi la pretekston de restarigo de la rajtoj de la asembleo. Se Lenino ne estus dissolvinta la konstituciigan asembleon, Ruslando estus ŝparinta al si la internan militon kun ĉiuj ties hororoj, kruelaĵoj kaj detruado. Kiom multe pli riĉa estus la lando, kiom multe pli granda la bonaĵo de socia transformado! Ĉiuj eksterordinaraj elspezoj de la aparato de la milita burokratia polico, tiom kiom ĝi estis dediĉita al subpremado, estus ŝparitaj. Tiuj elspezoj aplikeblus al produktivaj taskoj por antaŭenigi la ĝeneralan bonstaton.
>
> La loĝantaro devintus havi kiom eble plej grandan gradon de libereco. Sub tiaj kondiĉoj la amasoj rapide evoluintus ekonomie, korpe kaj intelekte. Ĉio tia stimulado de sendependa pensado kaj reciproka konfido inter la laboristoj, kampuloj kaj intelektuloj estus aŭtente fortiginta la socialisman produktadon, de nacio de libereco, egaleco, frateco. Tiu ĉi nobla disvolvado estis haltigita en la tago, kiam Lenino ordonis siajn armeajn bandojn ĉesigi la konstituciigan asembleon. (Kautsky 1946 63)

Kaŭcko ankaŭ analizis la rektan kialon de la lenina dissolvo de la konstituciiga asembleo. Li diris, ke:

> “Kiam la bolŝevistoj vidis tion, ĝi havis nur unu grandan mankon: ili malsukcesis akiri en ĝi plimulton. …
>
> Kontraŭ ĉia demokratia proceduro, la bolŝevistoj batalis per sia tuta povo, kaj ili uzis favoran sitzuacion por dissolvi la konstitucian asembleon. Tiun baton ili faris ne kontraŭ carisma, aristokrata, burĝa aŭ “blankgvardia” kontraŭrevolucio, sed kontraŭ la ceteraj socialistaj partioj, kiuj estis pli sukcesaj ol la bolŝevistoj en la

> batalo por la animo de la laboristoj kaj kampuloj." (Kautsky 1946: 65)

Koncerne la starigon de potenco fare de la bolŝevistoj post la dissolvo de la konstituciiga asembleo, la observoj de Kaŭcko estis la samaj:

> La bolŝevistoj, kiuj, kune kun la maldekstra alo de la socialrevoluciuloj, akiris plimulton en la Konsilantaro [soveto -vl] de la Rusaj Laboristoj post la Novembra Revolucio de 1917, post la dissolvo de la konstituciiga asembleo, procedis por starigi *registaron* de la sovetoj, kiuj ĝis tiam estis la *batalanta klasa organizaĵo*. Ili forigis la demokratiajn instituciojn, konkeritajn de la rusa popolo en la Marta Revolucio. Tute ĝuste la bolŝevistoj ĉesis nomi sin *socialdemokratoj*, kaj priskribis sin mem kiel *komunistojn*. (Kautsky 1964: 74)

Kaŭcko skribis pri la soveta reĝimo tion: "Tiel ene de la proletaro mem la rondo de tiuj, kiuj partoprenas en politikaj rajtoj, sur kiuj la bolŝevista potenco ripozas, fariĝas eĉ pli mallarĝa" (Kautsky 1964: 85). Krome, "por tiu ĉi diktatoro la vojo estis preparita de la suspendo de demokratio, kaj la proklamo de la diktatoreco de klaso, kiu en la realo estas la diktatoreco de partio; kaj, kiel Lenino mem diris, povas fariĝi la diktatoreco de unu sola persono" (Kautsky 1964: 131s).

Tiel pri la konstituciiga asembleo; kaj sekve al la tradicia marksismo, Kaŭcko atingis tute malsaman konkludon ol Lenino. Pro tio, Kaŭcko akuzis Leninon ankaŭ pri "sektismo", responde al la etikedo de "renegato", kiun Lenino metis al Kaŭcko. Kaŭcko argumentis jene:

> La plej grava riproĉo, kiun Engelso povis fari kontraŭ la unuaj anglaj marksistoj, estis ke ili aplikis la marksismon en sekteca spirito. Kion li dirus, se li vivus por vidi ĝin, pri skolo de marksistoj, kiu, kaptinte la ŝtatpotencon, agas por fari marksismon ŝtata religio, religio, kies kred-artikoloj kaj ilia interpreto estas superrigardataj de la registaro; religio, kies kritiko, eĉ la plej eta devojiĝo de ĝi, estas severe punata de la ŝtato; marksismo reganta per metodoj de la hispana inkvizicio, disvastigata de fajro kaj glavo, praktikante teatran riton (kiel montriĝas per la balzamita kadavro de Lenino); marksismo reduktita al la stato ne nur de ŝtata religio, sed de mezepoka aŭ orienta kredo? Tia marksismo efektive nomeblas doktrina fanatikeco. (Kautsky 1946: 29)

Tiajn disopiniojn kun Lenino havis ne nur Kaŭcko, sed ankaŭ Rozo Luksemburgo. Ene de la germana marksista tendaro, Luksemburgo estis maldekstrulo, dum Kaŭcko estis centrulo, kaj tiel ili certe ne troviĝis sur la sama vojo. Tamen, almenaŭ pri la temo demokratio, Kaŭcko citis ankaŭ la starpunktojn de Luksemburgo por apogi sian propran. Li diris: “eĉ Rozo Luksemburgo, kiu estis proksima al la bolŝevistoj kaj tiel insiste batalis por la diktatoreco de la proletaro, ĉe la fino de sia vivo havis la konvinkon ke tia diktatoreco devas baziĝi sur demokratio” (Kautsky 1946: 39)[83] Tiel la kredo, ke “demokratio estas la esenca bazo por konstrui socialisman sistemon de produktado” (Kautsky 1964: 42), kun ĝenerala malkonsento kun la rusa marksismo, nomeblas interkonsento inter la plej multaj germanaj marksistoj.

---

83 [[5]] Vidu Xu 2002, 2012a kaj Yang 2013. [5] Pri la propraj vortoj de Luksemburgo, vidu Luxembourg 2001: 31s. –

Vidu pri tio Rozo Luksemburgo: Pri la rusa revolucio (MAS-libro n-ro 156). -vl

Kompreneble, por marksistaj partioj estas almenaŭ du konsekvencoj, se ili konsideras demokration pli grava ol diktatorecan principon. Unue, kvankam marksistaj partioj vidas sin mem pli kapablaj reprezenti la popolon ol aliaj partioj, la popolo eble ne elektas ilin. Se tio okazas, krom suferi la perdon de politika potenco, marksistaj partioj ankaŭ perdus historiajn oportunojn por gvida socian disvolvadon al la marksisma vojo. Due, en kelkaj ekstremaj kazoj, la popolo povas elekti eĉ politikajn fortojn, kiuj estas skurĝoj por ĝi mem, kiel la nazioj (Naci-Socialista Laborista Partio). Tiuj du riskoj realiĝis en la tagoj de la maljuna Kaŭcko.

Tamen, la historio, rigardata pli larĝe, ĉiam ŝajnas malglata, sekvanta nek unu solan disvolvan vojeton, kiel la tradicia marksismo supozas, nek vojon el du malsamaj eblecoj, kion Lenino kaj Kaŭcko supozis. Por Kaŭcko estas grava disvolvado de marksismaj opinioj pri regado meti la universalan voĉdonadon kiel unuan el ĉiaj politikaj konsideroj. Kvankam Kaŭcko ne estis same sukcesa kiel Lenino en politiko, lia ideo de “nenia socialismo sen demokratio” kongruas kun la ideologia tendenco de la eŭropa demokratia socialismo, kaj fariĝas unu el la teoriaj angulŝtonoj por la eŭropaj socialdemokrataj partioj. Krome, lia ideo konstrueme kontribuas al la eŭropaj prospero kaj demokratio, kaj al la realigo de la plej alta celo de la marksismo: bonstato de la popolo.

4.5 Pri la debato inter Lenino kaj Kaŭcko: Servi la popolon tra popola konsento

Por resumi, la disopinioj inter Lenino kaj Kaŭcko konsistas en iliaj disaj respondoj al la problemo, kiu estis neniam konsiderata de Markso aŭ Engelso. Kaŭcko formulis tiun problemon jene:

> "Se en tia kazo la universala voĉdonado iras kontraŭ la socialista registaro, ĉu tiam tiu ĉi devas nun fari tion, kion ni ĝis nun postulis de ĉia registaro, nome, cedi al la volo de la popolo, kaj limigi sian batalon por la ŝtatpotenco kun konfido sur la bazo de demokratio, aŭ ĉu ĝi devas renversi la demokration por konservi la potencon? (Kautsky 1964: 48)

Ĉe tia dilemo Lenino elektis la lastan kaj fondis la komunistan tendaron, dum Kaŭcko subtenis la unuan, hereditan de la demokratia socialismo. La rezulto de la elekto de la lasta estis la komunistaj partioj, kiu gajnis ŝtatregadon en diversaj landoj, povis realigi marksistajn politikojn, ekzemple publikan posedon, planatan ekonomion, politikan centralizon, ideologian unuecon kaj tiel plu, je ajna kosto. Tamen, spite al la plej bonaj klopodoj kaj atendoj de bonaj rezultoj, la rezultoj estis fakte malbonaj. Tio fine kondukis al ĉesigo aŭ al ŝanĝo de ĉiuj koncernataj politikoj. Elekti la unuan signifus ke la socialdemokrata partio devus orientiĝi laŭ la bezonoj de la laboristoj, kaj tiel ĝi ne kapablus sekvi purajn marksismajn politikojn. Ne estas surprize, ke en neniu lando ĝi regis tiom longe kiom la komunistaj partioj. Tamen, la elektantoj plej multe profitas de ĝiaj pragmataj politikoj kaj de la konkurado kun aliaj partioj.

La supre dirito estas la malkonsento pri marksismaj regad-manieroj, kiel montriĝas per la debato inter Lenino kaj Kaŭcko. Hodiaŭ, la ĉina popolo povas grandparte lerni per konsiderado de tiu debato.

Unue, tiu debato montras, ke ni reekzamenu la teorian bazon por servi la popolon. La regantaj vidpunktoj de ĉinaj marksistoj, kiujn reprezentis Mao Zedong, venis rekte de Lenino. Mallonge, la celo estas servi la popolon, plenkore, sed sen peti la konsenton de la popolo kiel bazon por tiu regado. Tio klarigas kial, ekde la fondo de la Popolrespubliko Ĉinujo, neniam okazis granda elekto farita aŭ planita dum pli ol sesdek jaroj. Al tio la ĉina popolo kutimiĝis. Sed la problemo estas, ĉu la celo de la reganta partio servi la popolon sufiĉas por certigi, ke ĉia servo liverita de la Partio povas kontentigi la popolon. Ekzemple, kiun servi, kia servo estas bezonata, kaj kiel taksi tiun servon – ĉu tiuj aferoj estu decidotaj de la servata popolo aŭ de la regantoj, kiuj diras servi la popolon? Ĉiuj ĉi problemo estas solvendaj teorie.

Due, ni povas multon lerni el la aktualaj efikoj de kiel la KPĈ servas la popolon. Dum la lastaj sesdek jaroj, de la kooperativoj ĝis la popolkomunumoj, de la Granda Salto antaŭen ĝis la Granda Kulturrevolucio, de la planekonomio ĝis la familia planado same kiel de la Reformo kaj Malfermiĝo ĝis la merkatekonomio, ĉiuj ĉi politikoj aŭ agadoj estas ĉiufoje destinitaj unuavice por servi la popolon, kaj neniu estis voĉdonita de la popolo. Rezulte, estis ne nur tiuj kazoj, kiel la Reformo kaj Malfermiĝo, kiuj profitigis la landon same kiel la popolon, sed ankaŭ tiuj, kiel la merkatekonomio, kun eksterordinaraj atingoj. Tamen ekzistas ankaŭ multaj disputataj kazoj. Tie ekzistas ne nur kazoj kiel la kooperativoj, la popolkomunumoj kaj la planekonomio, kiuj komence havis kelkajn atendojn, sed ankaŭ kondukis al iom grandaj elreviĝoj. Sed ekzistas ankaŭ pli disputataj temoj, kiaj la famili-planado, aŭ kazoj kiel la Granda Salto kaj la Granda Kulturrevolucio, kiuj alportis nenion alian ol malfeliĉon al la lando kaj al la popolo. Montreblas per komparo kaj analizo, ke ia ajn el tiuj politikoj, kiuj profitigis la landon kaj la popolon, ne estus neataj, eĉ se ili estus submetitaj al libera voĉdonado. Ekzemple, estus neimageble, ke la Reformo kaj Malfermiĝo estus reĵetita en referendumo de la tiama Ĉinujo. Tamen, malfeliĉo al la lando kaj al la popolo povus esti antaŭ-malhelpataj, se certaj politikoj estus submetitaj al libera elekto de la popolo. Ekzemple, kiel la Granda Kulturrevolucio povintus lanĉiĝi, se tiam okazintus universala voĉdonado ? Restas, kompreneble, tre multaj komplikaj temoj; tamen tiuj rigardeblas kiel suferadoj, kiujn trakti la popolo iom post iom povas lerni. Kiel kelkaj el la pli komplikaj temoj el la pasinteco, la popolo povas iom post iom mem distingi per la historiaj konsekvencoj de ĝiaj propraj elektoj. Tiel, servi la popolon kun la popola konsento kiel bazo povas esti klare pli profitiga por la popolo ol la kontraŭa vidpunkto de marksista regado.

Trie, gravas ke ni konsideru la bazon de la popola konsento historie. Evidente la politika principo de "servi la popolon" aŭ sekvi "la konsenton de la popolo" ne difineblas abstrakte aŭ aparte de la historio. Pro tio, ni devas ankaŭ atenti la precizajn historiajn kondiĉojn, sub kiuj la popola konsento fariĝas la bazo por servi la popolon. Komence de la klara dislimado inter Lenino kaj Kaŭcko, la vojo de Lenino estis larĝe populara, ĉar la bolŝevistoj havis la tiaman potencon necesan por servi la popolon, kvankam ili laste rifuzis la popolan konsenton. Sed la Socialdemokrata Partio de Germanujo, kiu valorigis la popolan konsenton, estis forlasita de la popolo, kaj perdis la ŝancon servi la popolon. Tamen, kun la leviĝo de la socialdemokrataj partioj de eŭropaj landoj post la Dua Mondmilito, komenciĝis nova procezo de konkurado inter la du vidpunktoj de regado. Meze de la 1970-aj jaroj, inter la dek kvin registaroj en Okcidenteŭropo, sep registaroj (nome, Aŭstrujo, Finnlando, Britujo, la Federacia Respubliko Germanujo, Nederlando, Norvegujo, Svedujo, Nederlando) estis gvidataj de la socialdemokrata partio, kaj tri landoj (nome Italujo, Irlando kaj Svislando) estis regataj kun politika partopreno de ilia socialdemokrata partio (vidu Brandt, Kreisky and Palme 1990: 89). Tio similis al la komunista tendaro, kiu inkludis tiam la Sovetunion, la orienteŭropajn landojn, Ĉinujon kaj tiel plu, por ne mencii, ke la socialdemokrataj partioj estis unuiĝintaj, dum la bolŝevistaj partioj estis dividitaj. La bone konata rezulto de tiu konkurado estis ke, post la renverso de Sovetunio kaj de Orienteŭropo, kie la lenina vojo finiĝis, ĉiuj politikaj partioj, inkluzive de la Rusa Komunista Partio, kiu pretendis servi la popolon, akceptis la popolan konsenton kiel bazon por regado same kiel faris la socialdemokrata partio. Krome, en preskaŭ ducent landoj tra la tiama mondo, la plej multaj partioj de la plej multaj landoj akceptis la popolan konsenton kiel bazon por regado, sendepende de ĉu ili pretendas aŭ ne pretendas servi la popolon. Klare, la popola konsento estis universale aprobita kiel bazo de regada legitimeco, almenaŭ, en la dudekunua jarcento.

Fine, estus saĝe se ni respondus al evoluoj en la sinteno de la publiko, kaj bonvenigus ĝian postulon de popola konsento. La debato pri la Oktobra Revolucio kaj la konstituciiga asembleo temas ne nur pri teoriaj principoj, sed ankaŭ pri kontestoj al diversaj realaj potencoj. Sekvante la leninan endoktrinadon de "ne forgesu la pafilon", la bolŝevistoj disigis la konstituciigan asembleon, kaj tiutempe reale nenio estis pli potenca ol pafilo. Se ni notas la eldiron de Mao Zedong, ke politika potenco venas el la paftubo, ni ankaŭ memoru la diron "grandaj mensoj pensas same". Tamen, ĉar la mondo ŝanĝiĝas, kiu povas atendi ke la Sovetunio, kiu disvolvis pafilojn en milojn da atomaj ŝarĝkapoj, subite mem kolapsas? Evidente tie ekzistas en socio ankaŭ potencoj pli fortaj ol armiloj. Kiuj estas tiuj potencoj? De kie ili venas? Tio valoras pripensadon. Kiam Lenino disigis la konstituciigan asembleon, la "silento" de la malkleraj kampuloj, kiuj estis la plimulto de la popolo, estis potenca (vidu Shen 2009: 88) Ne ribeli kontraŭ la bolŝevistoj estis ia subteno. Tamen, sepdek kvar jarojn poste, la posteuloj de tiu silenta popolo estas ĉiuj malanalfabetaj, vivas en aliaj kondiĉoj kaj havas aliajn ideologiojn. La potenco nur de ilia malkontento, dum la tempo akumuliĝinta, ŝanĝis la historion. Nuntempe, Ĉinlando estas en nova erao de retoj kun rapida ĝisdatigo de la forto de la popola ekonomio, kultura kvalito, konscio pri aŭtonomeco, kapablo de politika partoprenado kaj esprim-rimedoj. Tiu ĉi potenco decidos pri la estonteco de Ĉinujo.

Efektive, jam ĉe la komenco de la politiko de reformo kaj malfermiĝo, Deng Xiaoping asertis la rilaton inter socialismo kaj demokratio: "Sen demokratio povas esti nenia socialismo kaj nenia socialisma modernigo". Malfeliĉe tamen, en la praktiko li privilegiis la diktatorecon super la demokration (Deng 1979). La problemo restas, tiam, ke post pli ol 30 jaroj, se la regantaj vidpunktoj daŭre insistas pri la vojo de diktatoreco, kaj se la popola konsento estas daŭre ekskludata el decidoj pri la rajto servi la popolon kaj pri kia servo estu farota al la popolo, tiam fariĝis pli kaj pli malfacila konvinki la popolon, ke la ekskludo de ĝia konsento estas ĝuste por ĝiaj interesoj. Pro tio estus saĝa decido en politikoj adaptendaj al tiuj novaj ŝanĝiĝoj, reformi la ekzistantajn vidpunktojn pri regado, ĝustatempe subteni politikajn reformojn, kaj deiri ĉe aferoj, kiuj estas samtempe malgravaj, sed ankaŭ proksimaj al la popolo, kaj samtempe enigi la popolan konsenton por registara politiko.

Lerninte el la supra esplorado de la historio, ni povas serĉi solvojn por la urĝa problemo de politika reformo en Ĉinlando kaj, laŭ tio, doni novajn respondojn al malnovaj demandoj pri kiu regu kaj per kia rajto.

Referencoj

- Brandt, W. and B. Kreisky, O. Palme. 1990. Social Democracy and Future, trans. Ding Donghong and Bai Wei from German into Chinese. Chongqing: Chongqing Press.
- Deng Xiaoping. 1979. "Uphold the Four Cardinal Principles" ĉe:

- https://dengxiaopingworks.wordpress.com/2013/02/25/uphold-the-four-cardinal-principles/.
- Central Compilation & Translation Bureau. 1964. Collected Resolutions of the Soviet Union Communist Party Congresses, Soviets and Central Plenary Meetings, vol. 1, trans. in Chinese. Beijing: People's Publishing House.
- Fischer, Louis. 1964. The Life of Lenin. New York: Harper & Row Publishers.
- Hao Yuqing. 2004. "Dispersing the Constituent Assembly and the Legitimate Crisis of Bolshevik Rule." In Studies on Russia, Central Asia and Eastern Europe, 3: 7–14.
- Kautsky, Karl. 1910. The Class Struggle (Erfurt Program), trans. William E. Bohn. Chicago: Charles H. Kerr & Company.
- Kautsky, Karl. 1946. Social Democracy versus Communism, trans. DavidnShub and Joseph Shaplen. New York: The Rand School.
- Kautsky, Karl. 1964. The Dictatorship of the Proletariat, trans. H. J. Stenning. Michigan: The University of Michigan Press.
- Lenin, Vladimir Ilyich. 1960. "What the 'Friends of the People' Are andmHow They Fight the Social-Democrats (A Reply to Articles in Russkoye Bogatstvo Opposing the Marxists)." In V. I. Lenin Collected Works, 1893–1894, vol. 1. Moscow: Foreign Languages Publishing House.
- Lenin, Vladimir Ilyich. 1961. "What Is To Be Done? Burning Questions of Our Movement." In V. I. Lenin Collected Works, May 1901–February 1902, vol. 5, trans.

Joe Fineberg and George Hanna, ed. Victor Jerome. Moscow: Foreign Languages Publishing House.

- Lenin, Vladimir Ilyich. 1961. "To the Rural Poor: An Explanation for the Peasants of What the Social-Democrats Want." In V. I. Lenin Collected Works, January 1902–August 1903, vol. 6, ed. Clemens Dutt and Julius Katzer. Moscow: Foreign Languages Publishing House.
- Lenin, Vladimir Ilyich. 1962. "Two Tactics of Social-Democracy in the Democratic Revolution." In V. I. Lenin Collected Works, June–November 1905, vol. 9, trans Abraham Fineberg and Julius Katzer, ed. George Hanna. Moscow: Foreign Languages Publishing House.
- Lenin, Vladimir Ilyich. 1964. A Caricature of Marxism and Imperialist Economism. In V. I. Lenin Collected Works, August 1916–March 1917, vol. 23, trans. M. S. Levin, Joe Fineberg and Others, ed. M. S. Levin. Moscow: Progress Publishers.
- Lenin, Vladimir Ilyich. 1964. "The Tasks of the Proletariat in Our Revolution (Draft Platform for the Proletarian Party)." In V. I. Lenin Collected Works, April–June 1917, vol. 24, ed. Bernard Isaacs. Moscow: Progress Publishers.
- Lenin, Vladimir Ilyich. 1964. "Second All-Russia Congress of Soviets of Workers' and Soldiers' Deputies." "Speech On The Agrarian Question (Newspaper Report)." "Second All-Russia Congress Of Soviets Of Peasants' Deputies." "Theses On The Constituent Assembly." In V. I. Lenin Collected Works, September 1917–February 1918, vol. 26, trans. Yuri Sdobnikov and George Hanna, ed. George Hanna. Moscow: Progress Publishers.

- Lenin, Vladimir Ilyich. 1964. "Speech On The Dissolution Of The Constituent Assembly." "Delivered To The All-Russia Central Executive Committee." "Extraordinary All-Russia Railwaymen's Congress." In V. I. Lenin Collected Works, September 1917–February 1918, vol. 26, trans. Yuri Sdobnikov and George Hanna, ed. George Hanna. Moscow: Progress Publishers.
- Lenin, Vladimir Ilyich. 1965. "Report on the Review of the Programme and on Changing the Name of the Party." Extraordinary Seventh Congress of the R.C.P. (B.) in V. I. Lenin Collected Works, February–July 1918, vol. 27, trans. Clemens Dutt, ed. Robert Daglish. Moscow: Progress Publishers.
- Lenin, Vladimir Ilyich. 1965. The Proletarian Revolution And the Renegade Kautsky. In V. I. Lenin Collected Works, July 1918–March 1919, vol. 28, ed. Jim Riordan. Moscow: Progress Publishers.
- Lenin, Vladimir Ilyich. 1965. "Report On Work In The Countryside." Eighth Congress of the R.C.P. (B.) in V. I. Lenin Collected Works, March–August 1919, vol. 29, ed. George Hanna. Moscow: Progress Publishers.
- Lenin, Vladimir Ilyich. 1965. The Constituent Assembly Elections and The Dictatorship of the Proletariat. In V. I. Lenin Collected Works, September 1919–April 1920, vol. 30, ed. George Hanna. Moscow: Progress Publishers.
- Lenin, Vladimir Ilyich. 1969. Plekhanov on Terror. In V. I. Lenin Collected Works, Supplementary Material, October 1917–March 1923, vol. 42, trans. Bernard Isaacs. Moscow: Progress Publishers.

- Liu Shuchun and Mingang Zhai, Lihua Wang (eds.) 1997. Choices of the "October": On the October Revolution by Foreign Scholars in 90s. Beijing: Central Compilation & Translation Press.
- Luxembourg, Rosa. 2001. Russian Revolution & Collected Letter, trans. By Yin Xuyi, Fu Weici et al. from German into Chinese. Guiyang: Guizhou People's Publishing House.
- Marx, Karl. 1902. Karl Marx: The Paris Commune, ed. Lucien Sanial. New York: Labor News Company.
- Marx, Karl. 1975. "A Contribution to the Critique of Hegel's Philosophy of Right (Introduction)." In Early Writings, trans. Rodney Livingstone and Gregor Benton. New York: Vintage Books.
- Schapiro, Leonard. 1960. The Communist Party of the Soviet Union. New York: Random House.
- Shen Zhihua (ed.) 2009. The Rise and Collapse of a Great Power: A Monographic Study on the Soviet History, 1917–1991, vol. 1. Beijing: Social Sciences Academic Press.
- Yao Hai. 2009. "The Constituent Assembly Issues during Russian Revolution." In Collected Papers of History Studies, 1: 64–73.

La angla versio de tiu ĉi artikolo estas tradukita el la ĉina de QU Xuan, kontrollegita de Stephen Ney kaj Matthew C. Whittingham kaj reviziita de la aŭtoro.

5. Kio estas la plej signifa politika heredaĵo de Deng Xiaoping? Pensadoj en la 20-a jaro post la morto de Deng Xiaoping

La politiko de reformo kaj malfermiĝo estas la politika heredaĵo de Deng Xiaoping. La plej signifa parto de tiu ĉi heredaĵo estas la fiksita servodaŭra sistemo de kadruloj je diversaj niveloj kaj de diversaj kategorioj, speciale la fiksita servodaŭro de naciaj gvidantoj formulita de la Konstitucio de la Popolrespubliko Ĉinujo. La fiksita servodaŭra sistemo de kadruloj ludis krizan rolon en la reformo kaj malfermiĝo, la kresko de Ĉinujo, kaj en la disvolvado de la ĉina politika sistemo. Sub unupartia gvidado, tiu ĉi sistemo estis konceptita kiel politika sistemo adaptita de la ĉina tradicia socio al moderna socio. Ĝi estis konceptita kiel adaptebla en la procezo de modernigo. Ĝia sukcesa aplikado troviĝas en tio, ke ĝi estis tio, kion la Komunista Partio de Ĉinujo, la Popolliberiga Armeo de Ĉinujo kaj la ĉina popolo atendis. Ĝia plibonigo kaj plejbonigo rilatas kun la etendo de la rajto de la popolo paroli kaj serĉi influon en la elektado de kadruloj, do, lasi la popolon elekti la kadrulojn.

5.1 Observado kaj taksado

La 19-an de Februaro 2017, Deng Xiaoping ne plu estas ĉe ni jam de 20 jaroj. Konfuceo kutime diris: “La regado de la reĝo Wen de Zhou kaj de la reĝo Wu de Zhou estas skribita sur lignaj kaj bambuaj tabuletoj. Kiam ili vivis, iliaj politikoj floris; sed kiam ili mortis, iliaj politikoj kadukiĝis.” (Zhu 1985: 45) Sed por Deng Xiaoping, liaj politikoj prosperis, kiam li vivis, kaj daŭre prosperis eĉ post lia morto. La reformo kaj malfermiĝo, kiun li iniciatis, estis pludonata de tri sinsekvaj generacioj de naciaj gvidantoj kun substancaj plenumoj kaj formante neinversigeblan tendencon, kio en Ĉinlando estas ekstreme malofta fenomeno.

Sendube, la kaŭzo, pro kiu la politiko de reformo kaj malfermiĝo daŭre prosperis anstataŭ ol kadukiĝi ekde kiam Deng Xiaoping mortis, estas ĉar tiu politiko alportis senkomparajn profitojn al la ĉina popolo, kaj ĝi ankaŭ kongruas kun la bazaj interesoj de la ĉina nacio same kiel kun la plej granda tendenco de paco kaj disvolvado en la mondo. Jen kion la popolo deziras kaj kie la tutmonda tendenco iras. Per aliaj vortoj, la politiko de reformo kaj malfermiĝo estas la politika heredaĵo de Deng Xiaoping, aprezata je kreskanta valoro kaj produktis grandajn profitojn por la lastaj du jardekoj.

Kio, do, estas la plej grava parto de la heredaĵo de Deng Xiaoping? Ĝi estas la sistemo de fiksita servodaŭro de registaraj oficialuloj de ĉiunivelaj diversaj kategorioj, speciale la konstitucia fiksa servokdaŭra sistemo de naciaj gvidantoj.

Tra la historio de Ĉinlando, la anstataŭado de potenco restis kriza punkto, kiu povas malreguligi aŭ malhelpi socian disvolvadon. Por sinsekvo en la plej alta potenco, nur tri solvoj estis eblaj. Unu solvo estis vidi la postentenantan manon super la krono libervole cedi al alia persono. Alia solvo estis vidi posteulon akapari la potencon de la postentenanto perforte. Kaj tria solvo estis vidi posteulon alpreni la lokon de la postentenanto post ties morto. Abdiko, kiel paca transigo de potenco, okazis, kiam la reganto sur la trono estis ankoraŭ viva. Tamen, ĉar abdiko dependis de komuna volo de ambaŭ, de la surtrona abdikanto kaj de la posteulo, tia okazo estis ne verŝajna, kaj tio do ne estis establita kaj konstante observata sistemo. Perforta potenco-kapto kelkfoje okazis en la sama dinastio, sed estis pli komuna metodo por ŝanĝi la dinastiojn. Potenckaptado okazis, kiam la posteulo avidis regi, sed la surtronulo ankoraŭ ne pretis forlasi la tronon. Sekve, tia postsekvo estis akompanata de altaj politikaj kaj sociaj kostoj. Pro tio, tiu postsekvo en potenco, kiu devenis el la natura morto de la tronulo, estis la plej kutima solvo kaj fariĝis establita sistemo, en kiu la tronulo decidas pri sia posteulo, kaj la tempo de la transigo dependis de la natura hazardo. Ĝis la reformo kaj malfermiĝo, la plej alta potenco de Ĉinlando estis praktikata precipe per tiuj tri metodoj dum pluraj jarmiloj.

La rimarkinda kontribuaĵo de Deng Xiaoping al Ĉinlando venas ne nur de la reformo kaj malfermiĝo – rekta vojo, sur kiun li gvidis Ĉinujon –, sed ankaŭ de la kriza ["critical"] reformo, kiun li realigis en ŝlosila sistemo tuj ĉe la komenco de la reformo kaj malfermiĝo. Tiu estas la kriza reformo, kiu garantias al posteuloj iri sur la ĝusta vojo. En la reformo, la vivolonga servodaŭro de kadruloj estis nuligita sub lia gvidanteco kaj ekzempligita de li mem. Anstataŭe, sistemo de fiksita servotempo de registaraj oficialuloj estis starigita en ampleksa skalo. La konstitucio komencis difini la servodaŭron de ofico por naciaj gvidantoj, kaj tie solvis la embarason de potenc-transigo, kiu konfuzis la ĉinan politikon dum jarmiloj.

Frue en la 1980-aj jaroj Deng Xiaoping klarigis la reform-iniciaton pri la Partio kaj la sistemo de gvidado. Liaj celataj punktoj estis la troa centralizo de la potenco kaj la dumviva servodaŭro de kadruloj. Pri la servodaŭro de kadruloj li diris:

> "La estigo de dumviva servodaŭro de kadruloj estas certagrade influita de la feŭdismo. Intertempe ĝi rilatas ankaŭ kun la foresto de sistemo de intenca retiriĝo kaj de eksigo en nia Partio. Dum la periodo de revolucio kaj militoj, la homoj estis junaj. En la 1950-aj jaroj ili estis daŭre fortaj, kaj retiriĝo ne estis problemo. Tamen estis malsaĝe, ke la temo en la posta tempo ne estis prizorgata. Oni devas tamen koncedi, ke sub la tiamaj historiaj kondiĉoj ĝi apenaŭ estis komplete solvebla. La kvina plenkunsido de la Komunista Partio de Ĉinujo diskutis pri la malneto de la parti-statuto kaj proponis la

> nuligon de la dumviva servotempo de kadruloj. Tamen tiu propono bezonas kromajn reviziojn kaj anstataŭigojn. La ŝlosilo estas realigi la sistemon pri elektado, rekrutado, komisiado, taksado, eksigo, alternado ktp de kadruloj kaj starigi ĝustajn kaj klarajn regulojn pri la servodaŭro de kadruloj (elektitaj, asignitaj aŭ rekrutitaj) sur diversaj niveloj kaj pri ilia *lixiu*, retiriĝo laŭ diversaj situacioj. La servodaŭro de ĉia ajn oficialulo ne estu senfina." (Deng 1994: 331s)

Tiuj ĉi ideoj kaj dispozicioj de Deng Xiaoping estis fine skribitaj en la Konstitucio de la Popolrespubliko Ĉinujo de 1982, kiu estas daŭre valida, kaj fariĝis la oficiala nacia sistemo. Gravaj artikoloj estis ekzemple la jenaj:

> "Artilolo 66: La Konstanta Komitato de la Nacia Popola Kongreso … La prezidanto kaj vicprezidanto de la Konstanta Komitato servu ne pli longe ol en du sinsekvaj mandatoj."

> "Artikolo 79: La servodaŭro de la ofico de la prezidanto kaj vicprezidanto de la Popolrespubliko Ĉinujo … ili servu ne pli longe ol dum du sinsekvaj mandatoj."

> "Artikolo 87: La servodaŭro de la Ŝtata Konsilantaro … La Unua, Vic-unua kaj ŝtataj konsilantoj servu ne pli ol dum du sinsekvaj mandantoj."

> "Artikolo 124: La servodaŭro de la ofico de la Prezidanto de la Supera Popola Kortumo … La prezidanto servu ne pli longe ol dum du sinsekvaj mandatoj."

> "Artikolo 130: La servodaŭro de la ofico de la Ĝenerala Prokuroro de la Supera Popola Prokurorejo … la

> Ĝenerala Prokuroro servu ne pli longe ol du sinsekvaj mandatoj."

En la jaro 1989 Deng Xiaoping daŭre emfazis, ke

> "estas malsanige kaj danĝere por la destino de nacio dependi de la reputacio de unu aŭ du personoj. Se la persono estas fidinda, do bone. Alie la situacio fariĝos nekontrolebla." (Deng 1993: 331)

Ekde la publikigo de la konstitucio de 1982 ĝis nun, neniuj kadruloj, kiel menciitaj en la supraj artikoloj, servis pli ol du sinsekvajn mandatojn, Nenia rompo de la konstitucio iam ajn okazis. Post ĝia publikigo, Deng Xiaoping okupis nenian supre menciitan postenon, kaj li rezignis pri ĉiaj siaj ceteraj postenoj sep jarojn antaŭ sia morto. Ekde la 14-a nacia kongreso de la KPĈ en 1992, la sinsekvo de homoj en tiuj postenoj same kiel la sinsekvo de plej altaj naciaj gvidantoj estis konforma al la konstitucio. La konstitucio estis observata ankaŭ propravole. La sekvaj tri generacioj de naciaj gvidantoj transigis la plej altan nacian potencon pace, konforme al la konstitucio. Tio estas senprecedenca sur la nacia nivelo en Ĉinujo, kaj tio estas substanca reformo de la sistemo de potenc-transigo de jarmiloj en Ĉinlando.

Kvankam la servodaŭro de la prezidanto de la ŝtata armea komisiono ne estas formulita en la konstitucio, kaj la servodaŭro de la supera gvidanto de la Partio ankaŭ ne estis menciita en la statuto de la KPĈ, en la praktiko ekzistas sistemo de fiksita daŭro por tiuj du postenoj, pro la fakto ke la Komunista Partio de Ĉinujo estas la sola reganta partio kaj pro la fakto ke la supera gvidanto de la Partio kaj de la Popolliberiga Armeo estas aŭ la supera nacia gvidanto mem aŭ, se ili estas malsamaj personoj, servas dum la sama servodaŭro.

Ekde kiam la konstitucio de 1982 unue ekvalidis, la sistemo de fiksita servodaŭro de kadruloj estis antaŭenigita kaj ĝeneraligita sur la centra nivelo, sur la loka nivelo, en potenc-institucioj kaj en armeaj kaj oficialaj organizaĵoj kaj aliaj entreprenoj kaj institucioj. La transigo de potenco fariĝis la normo, rezignado aŭ retiriĝo ĉe fino de la fiksita servodaŭro fariĝis akceptita praktiko inter kadruloj, kaj la ordinaraj homoj kutimiĝis al tiu procezo, kiu fariĝis nova tipo de politika kulturo. Dum la potenc-transigo sur la nacia nivelo estas makroskala, kaj dum la ordinaraj homoj ne elmeteblas al ĝia rekta influo, la operacio sur loka nivelo kaj en ordinaraj entreprenoj kaj institucioj estas meza- aŭ mikro-skalaj kaj dense ligitaj kun la interesoj de la popolo. Pro tio konkludeblas, ke la realigo de la sistemo de fiksitaj servodaŭroj por kadruloj sur la meza kaj mikroa skalo, kiu estas praktikata dum proksimume la lastaj 30 jaroj, estis de ĉefa graveco por la formado de la ĝenerala kolektiva konscio de la ĉina popolo pri potenc-transigo.

Tra la tuta Ĉinujo, laŭorda kaj paca transigo de potenco konforma al la konstitucio kaj sistema desupre ĝis malsupre, estas io kio neniam okazis en ĝia historio. Tiu ĉi estas la plej grava politika heredaĵo, kiun Deng Xiaoping donis al la generacioj post si.

5.2 Debatoj kaj diskuto

La sistemo de fiksitaj servodaŭro de kadruloj realigata senescepte tra la tuta Ĉinujo donis stabilan kaj kontroleblan ordon de potenco kaj senĉesan impeton de novkreado por la reformo kaj malfermiĝo. Tamen tiu ĉi punkto ne estis plene komprenita de diversaj sektoroj.

En diversaj klarigoj kaj debatoj pri la leviĝo de Ĉinujo, fare de hejmaj kaj eksterlandaj kleruloj, la sistemo de fiksita servodaŭro de kadruloj estis larĝe neglektita. La liberalismo emas klarigi la rilaton inter merkatekonomio kaj demokratiaj politikoj, kiu estis rigardata pli aŭ malpli kiel la samo kiel multpartia sistemo kun la sistemo de ĝenerala elektado. El tiu vidpunkto estas malracia laŭ tiu demokratia normo kaj miriga laŭ ĝia realo, ke Ĉinujo, kun sia merkatekonomio, ne adoptis multpartian sistemon kaj sistemon de ĝeneralaj elektoj. La interpreto el la kontraŭa flanko de tiu ĉi debato estas, ke la ĉina merkatekonomio estas socialisma kaj pro tio ĝiaj trajtoj difinitaj de la gvidantaro de la Komunista Partio de Ĉinujo aŭ la sistemo de unusola partio. Tio estas fakto kaj same la normo en Ĉinujo. Tiel, la neevitebla ligo inter merkatekonomio kaj la multpartia sistemo kun sistemo de ĝeneralaj elektoj estis rekte neata, kaj ĝia neevitebla ligo kun demokratiaj politikoj fariĝis ankaŭ ne decidiga. Tamen ambaŭ tiuj klarigoj estas nekompletaj. Ili ne povas montri, kiel la unupartia sistemo faras por adapti kaj subteni la disvolvadon de merkatekonomio. La kaŭzo de ilia malsukceso montri tion estas, ke ambaŭ versioj havas la saman hipotezon ke la multpartia sistemo kun ĝeneralaj elektoj kaj la unupartia sistemo estas absolute kontraŭecaj.

Estas vere ke la multpartia sistemo, kun la sistemo de ĝenerala elekto, kiu dominas en la Okcidento, kaj la absoluta gvideco de la Komunista Partio en Ĉinujo, estas du malsamaj politikaj sistemoj. Kun la sistemo de fiksita servodaŭro de kadruloj, tamen, la gvidado de la Partio estas provizita per alia ekstreme signifa funkcio, la laŭorda renovigo de la potencsistemo. Tiu ĉi funkcio estas precize la ŝlosila funkcio provizita per la multpartia sistemo kun la sistemo de ĝeneralaj elektoj en la Okcidento. Per aliaj vortoj, spite al ĉiuj aliaj malsamaj funkcioj, kiujn la partia gvidanteco kaj la multpartia sistemo kun la sistemo de ĝeneralaj elektoj havas, ilia vera funkcio koncerne la realigon de laŭorda potenco-ŝanĝo restis la sama. Se havi tiun ĉi funkcion estas pli demokratia ol ne havi ĝin, tio tiam signifas, ke la solpartia sistemo, kiu necese inkludas la fiksan servotempon de kadruloj, estas definitive pli demokratia ol la solpartia sistemo sen ĝi. Tiel, la laŭorda sinsekvo en la potenco subtenata de la multpartia sistemo kun la sistemo de ĝeneralaj elektoj kaj la paca sinsekvo de potenco subtenata de la Parti-gvidado, estas ambaŭ demokratiaj. La du politikaj sistemoj jam ne estas plu totale kontraŭecaj.

Certe, la ŝlosilo ne estas la ideologiaj pozicioj, sed la praktikaj efikoj. En la lastaj dudek jaroj, la homoj en la tuta mondo vidis, ke dum usonanoj ŝanĝas siajn naciajn gvidantojn en sia propra maniero, la ĉinoj plenumas la saman celon per sia propra metodo. Koncerne la aktualajn praktikajn efikojn, dum la lasta eble ne estas pli bona ol la antaŭa, la du estas proksimume egalaj. Danke al la evoluo en la lastaj du jardekoj, Ĉinujo fariĝis la dua plej granda ekonomio, nur dua post Usono, kaj fariĝis la plej granda lando de varkomerco de la mondo. Pro tio la laŭorda sinsekvo en la potenco estas per si mem pli grava ol la maniero, en kiu la sinsekvo realiĝis. Pasintece la homoj estis obsedataj de la maniero de la sinsekvo en la potenco, dum ili neglektis la esencon – la aktualan laŭordan sinsekvon mem. Nun, kiam la esenco estas akirita, la rilato inter la merkatekonomio kaj la parti-gvidado defendeblas laŭ normoj kaj kompreneblas laŭ la realo.

Pasintece, la dumviva servodaŭro de kadruloj, spite al la gvidado de la sama partio, signifis, ke multaj politikaj eraroj korekteblis nur kiam la gvidanto nature mortis. Sekve, la sinsekvo en la potenco estis en malordo kaj kondukis al interna rivaleco. Tio faris la parti-gvidadon ne efika kaj ankaŭ malhelpis socian disvolvadon. Simile, en granda nombro de relative neevoluintaj landoj, kiuj ankaŭ havis multpartiajn sistemojn kun sistemoj de ĝenerala elektado, kelkaj partioj kaj politikistoj estis elektitaj por tute malmulta servodaŭro aŭ trovis aliajn vojojn por ofici, kaj se tio ne okazis, tiam diversaj partioj senĉese batalis inter si. Tiel, en la neevoluintaj landoj, unueco estis apenaŭ garantiata, kaj laŭorda sinsekvo en la potenco ne povis resti la normo. Tiukaze demokratio estis nur malplena promeso kaj socia disvolvado estis ankaŭ malhelpata.

Tio signifas, ke por ambaŭ, la unupartia sistemo kaj la multpartia sistemo kun sistemo de ĝeneralaj elektoj, la ŝlosilo al sia sukceso estas, ĉu ili povas certigi laŭordan ŝanĝadon en la potenco. Koncerne la probablon de sia sukceso, dum la unupartia sistemo havas malaltan probablon, la multpartia sistemo kun sistemo de ĝeneralaj elektoj ankaŭ ne havas altan probablon. La vero estas, ke tiom longe, kiom paca kaj laŭorda sinsekvo en la potenco okazas regule, politiko povas funkcii konstante kaj forte kaj povas profitigi la socion, sendepende de kiu politika sistemo estas reganta. Alie, kiam la paca kaj laŭorda sinsekvo en la potenco ne estas sekura, ankaŭ la politika sistemo ne kapablas garantii fortan politikon, kiun ĉiu promesas, kaj en longa perspektivo la stabileco estas subfosita kaj kondukas al sociaj katastrofoj. Tiurilate estas por Ĉinujo tute malfacila starigi la sistemon de fiksa servodaŭro en unupartia sistemo, kaj la efikoj de tio estas okulfrapaj.

La supra analizo montras, ke la ŝlosila rolo de la sistemo de fiksita servodaŭro de kadruloj en la reformo kaj malfermiĝo, same kiel ĝia novkrea graveco en la disvolvo-historio de la ĉina politika sistemo, estis grave subtaksita. Fakte ĉiuj sektoroj implikitaj en la debatoj subtaksis tion. Se Deng Xiaoping estus okupinta sian postenon ĝis sia lasta spiro, aŭ se la kolektiva ŝanĝo de centraj gvidantoj – kiuj ŝanĝiĝis dufoje post kiam li mortis – neniam estus okazinta, ĉu la efiko de la reformo kaj malfermiĝo estus same granda kiel ĝi hodiaŭ videblas?

5.3 Retrorigardo kaj perspektivoj

Sub la unupartia gvidado, la sistemo de fiksita servotempo de kadruloj estas formo de politika sistemo, kiu adaptiĝis al la ĉina transiro de tradicia socio al moderna socio. Ĝi estas alĝustigebla ene de la procezo de modernigo.

Antaŭ la reformo kaj malfermiĝo, Ĉinujo starigis kompletan kaj efikan operaci-sistemon de la centra registaro ĝis vilaĝoj, entreprenoj, institucioj kaj armeaj kompanioj. Tiu sistemo estis malsama ol ĉiuj sistemoj en la tradicia socio, kiuj baziĝis sur kampkultura civilizacio. Tamen, la ekzisto de dumviva servodaŭro de kadruloj faris la potencsistemon, kiu ekzistis antaŭ la reformo kaj malfermiĝo simila al la metodo en tradicia socio. En tradicia socio la sinsekvo en la potenco, kiel socia metabolismo, estis determinata de la socia metabolismo. Per aliaj vortoj, ĝi estis determinata de kiom longe la gvidanto povis vivi. Kontraste al tio, moderna socio uzas la leĝon por difini la manieron de potenc-transigo por mildigi la negativan efikon de natura hazardo pri politiko. La konstitucio de 1982 difinas, kiom longe naciaj gvidantoj rajtas okupi siajn postenojn, kio kondukis al kroma trarompo en la transformado de la ĉina potencsistemo. Ĉar la limigita servodaŭro estis skribita en leĝojn, la ĉina potenc-operacia sistemo ne nur fariĝis ampleksa kaj efika, sed ankaŭ atingis stabilan socian, metabolan meĥanismon kaj fonton de vigleco, ĉe tio formante institucian garantion de la reformo kaj malfermiĝo.

Kun la realigo de la fiksita servotempo de kadruloj, speciale en la lastaj dudek jaroj, Ĉinujo disvolvis sanan politikan ritmon. Malgranda reeleko okazas ĉiujn kvin jarojn en la centraj organoj de la registaro, kaj ĝenerala elekto okazas ĉiujn dek jarojn. Lokaj reelektoj kaj tiuj en entreprenoj kaj institucioj okazas ĉiujn tri ĝis kvin jaroj. Naciaj gvidantoj do ne servas pli longe ol dum du mandatoj, kaj estas limo pri aliaj kadrulaj servotempoj. Tia ritmo dominas aliajn politikajn kaj sociajn ritmojn kaj helpas alĝustigi la paŝadon de la reformo kaj malfermiĝo. La ĉinoj nun kutimiĝis pri la ciklo de reelekto.

Alia punkto estas same grava. La ĉina politika sistemo en tio samas[84] kiel tiu en la okcidentaj evoluintaj landoj kaj en la plej multaj evoluantaj landoj kaj regionoj en la mondo. Dum la vojoj, laŭ kiuj tiuj elektoj okazas, estas malsamaj, la elekto-procezo tamen okazas regule. Tia simileco en politikaj ritmoj havas sendube pozitivan gravecon por reciproka agnosko inter Ĉinujo kaj la cetera mondo en la procezo de reformo kaj malfermiĝo.

La sukcesa realigo de la sistemo de fiksita servotempo por kadruloj sub gvidado de la Partio, same kiel aliaj politikoj kaj iniciatoj en la reformo kaj malfermiĝo, estu atribuataj unuavice al ilia konceptado kaj stimulado fare de Deng Xiaoping, sed ankaŭ, pli fundamente, al la fakto, ke tio estis ĝuste tio, kion ĉiuj, la Partio, la armeo kaj la popolo, atendis. Dum proksimume tridek jaroj la realigo de tiu sistemo influis la politikajn perspektivojn de milionoj da individuoj kaj familioj same kiel la sorton de pli ol miliardo da ĉinoj. Sen la popola kompreno, subteno kaj partopreno, kaj sen la profitoj por la absoluta plimulto, tiu sistemo ne daŭrigeblus longan tempon. En la politika postlasaĵo de Deng Xiaoping, kadruloj kaj la popolo same kontribuis tre valoran proporcion, kaj ĉiuj generacioj post li profitis lian postlasaĵon.

Tamen, kompare kun la dumviva servodaŭro de kadruloj, kiu ekzistis en Ĉinujo dum miloj da jaroj, la sistemo de fiksita servodaŭro, praktikata dum la lastaj tridek jaroj, estas ankoraŭ tute nova. En la historio de modernigo fare de homaj estuloj, la precedencoj de

84 Orig.: *synchronizes* = samtempas. -vl

sistemo de fiksita servodaŭro malantaŭen al sistemo de dumviva servodaŭro estas faktoj tro multnombraj por ilin mencii. Eĉ en la Okcidento, escepte de Usono, certe nenia alia lando spertis molan realigon de sistemo de fiksita servodaŭro ekde sia estiĝo. Antaŭ jarcento en Ĉinlando, la bataloj inter la imperiisma sistemo kaj la respubliko, inter konstituciismo kaj restaŭrado, kaj inter paca sinsekvo en la potenco kaj perforta uzurpado de potenco, mortigis unue la ŝancon, per kiu Ĉinujo povintus esti kapabla realigi sian politikan moderniĝon. Pro tio, ju pli da ĉinoj lernas pri tiuj ĉi historiaj spertoj kaj instruoj, des pli alte ili aprezos la politikan heredaĵon de Deng Xiaoping.

Nun la nivelo, kiun la ĉina reformo kaj malfermiĝo atingis, estas rimarkinda. Per tiuj ĉi atingoj aperis pli da defioj. Grandega nombro da tiaj problemoj eble antaŭ dudek jaroj estis jam imagitaj de Deng Xiaoping, kaj nur homoj, kiuj engaĝiĝas en la reformo kaj malfermiĝo, povas ilin nun senti. En tia kompleksa situacio, krome persisti pri la realigo de la sistemo de fiksita servotempo de kadruloj, kiu estis starigita antaŭ pli ol tridek jaroj, la ĉinoj plu ĝisdatigu ĝin. La unuaranga principo por ĝisdatigo estas, ke la konstitucio kaj la aŭtonomeco de la popolo, kiel kondiĉite de la gvidado fare de la Partio, estu pli bone kombinita, kaj la rajto de la popolo parole interveni kaj influi la elekton de kadruloj estu pli ampleksigita.

La antaŭparto de la konstitucio precizigas, ke “Sub la gvidado de la Komunista Partio de Ĉinujo … la ĉina popolo de ĉiuj naciecoj daŭre … ŝanĝos Ĉinujon en socialisman landon, kiu estos prospera, potenca, demokratia kaj kulture progresinta”.[85] La dua artikolo diras:

---

85 [3] http://www.npc.gov.cn/npc/xinwen/node_505.htm. [Translator’s note: with reference to the English version at http://www.npc.gov.cn/englishnpc/Constitution/2007-11/15/content_1372962.htm.]

> "Ĉiu potenco en la Popolrespubliko Ĉinujo apartenas al la popolo. La Nacia Popolkongreso kaj la diversnivelaj lokaj popolkontresoj estas organoj, per kiuj la popolo praktikas ŝtatpotencon.
>
> La popolo mastrumas ŝtat-aferojn kaj ekonomiajn kaj kulturajn entreprenojn kaj socialajn aferojn tra diversaj kanaloj kaj diversaj vojoj kongrue kun la leĝaj kondiĉoj."[86]

Tiel ĝi montras, ke en la konstitucio, la gvidado de la Partio kaj ĉia potenco apartenanta al la popolo estas ambaŭ nemalhaveblaj.

En la praktiko tamen, la dua artikolo estas ankoraŭ realigota. Artikoloj koncernantaj la praktikadon de la potenco fare de la popolo, la rajton je decido en la elekto kaj komisiado de kadruloj estas la plej tikla. Pro tio, kiel certigi la rolon de la Popolkongreso en la elekto kaj komisiado de kadruloj estas ŝlosila aspekto de la demando, ĉu la ŝtatpotenco de la popolo, kiel formulita en la konstitucio, povas esti efike praktikata.

Nur kiam la elekto, komisiado kaj alternado de kadruloj estas decidataj de la popolo, kongrue kun la konstitucio, povas esti garantiata, ke la fundamenta politiko de la nacio kaj la realigo de la kadro-politiko ne devias de la ĝusta direkto: servi la popolon. Nur tiam la principoj de la Partio kaj la unuarangaj celoj vere observeblas kaj realigeblas. Se la sukceso de la reformo kaj malfermiĝo aktuale resumeblas kiel la ĝusta gvidanteco de kadruloj kaj, laŭ tio, la kontento de la popolo, la estonta sukceso estu ligita kun nova kondiĉo – la antaŭa agnosko de la popolo, laŭ antaŭa leĝa difino.

---

86 [4] http://www.npc.gov.cn/npc/xinwen/node_505.htm. [Translator's note: with reference to the English version at http://www.npc.gov.cn/englishnpc/Constitution/2007-11/15/content_1372962.htm.]

Konkrete, en la aktuala sistemo, la Partio dominas la kadrulojn. Tio signifas, ke la Partio faras ambaŭ: la regadon kaj la decidadon. Estontece, tiuj du aspektoj estu institucie dividitaj. Dum la Partio mastrumas la kadrulojn, la popolo estu tiu, kiu decidas pri la kadruloj. Tio signifas ke, tra laŭgrada procezo, la popolo estu pli ofte engaĝita en la decidado pri publikaj aferoj, speciale en la praktikado de ĝia rajto decidi pri la kadruloj surbaze de la konstitucio, kun plena realigo de la bazaj principoj de la konstitucio. Per aliaj vortoj, ne sufiĉas konsideri la sistemon de fiksita servodaŭro de kadruloj sub gvidado de la Partio. Tiu ĉi sistemo estu metenda sub la konstituciajn potencojn de la popolo, kio per tio donus daŭreman garantion por la celoj de la reformo kaj malfermiĝo.

Konklude, kio do estas la plej grava politika postlasaĵo de Deng Xiaoping? Ĝi estas la sistemo de fiksa servodaŭro de kadruloj. Kiel la valoro de tiu ĉi heredaĵo daŭrigeblas kaj eĉ kreskigeblas? La respondo estas, ke la popolo decidu pri la kadruloj.

Referencoj

- Constitution of People's Republic of China at http://www.npc.gov.cn/englishnpc/Constitution/node_2825.htm.
- Deng Xiaoping. 1993. Collection of Deng Xiaoping's Works and Speeches, vol. 3, first edition. Beijing: People's Publishing House.
- Deng Xiaoping. 1994. Collection of Deng Xiaoping's Works and Speeches, vol. 2, second edition. Beijing: People's Publishing House.

- Zhu Xi (annotator). 1985. "Doctrine of the Mean." In Collective Annotations to the Four Books (四书集注), first edition. Changsha: Yuelu Press.

Tiu ĉi artikolo estas tradukita el la ĉina al la angla de Ling Feixia kaj kontrollegita de David McLellan.

6 Kial ni bezonas praktikan saĝon? Ĉina leciono en la procezo de tutmondigo

La termino *shijian zhihui* (实践智慧) estas ĉina traduko de la klasika greka vorto *φρονησις* (*phronesis*). Aristotelo unue difinis ĝin kiel filozofian terminon *praktika saĝo*. Ĝi estas ia saĝo en la kampo de *praktiko*, kiu estas alia ol teoria saĝo (*sophia*) en la kampo de teorio (*theoria*) kaj produkta saĝo (*techne*) en la kampo de produktado (*poiesis*). Tiu ĉi artikolo klarigas, ke praktika saĝo havas du bazajn elementojn. Unu estas, ke praktiko antaŭas teorion, kio signifas, ke praktika saĝo prenas ĝin kiel deirpunkton por solvi praktikajn problemojn; ĝi celas bonan agadon per integrado de diversaj teorioj. Krome, ĝi rigardas kiom eble plej grandajn profitojn kiel kriterion de taksado. La alia estas ke ĉiuj partoprenantoj en praktiko havu la saman rajton paroli, kio signifas, ke ĉar ĉiuj havas praktikan saĝon, ili komune agadas por situacio de reciproka gajno (*win-win*). Nur tra praktika saĝo, pli ol teoria saĝo, praktikaj problemoj solveblas. En la lastaj du jardekoj, ĉinaj kleruloj komencis rigardi la koncepton de praktika saĝo kiel gravan temon. La nuntempa Ĉinujo aparte bezonas praktikan saĝon. Tio estas, ĉar ni iam faris la teorian saĝon de la marksismo perfekta fetiĉo, kio rezultis en la fiasko de la nacia disvolvado kaj de la vivo de la popolo. Tio estis amara instruo. Samtempe, praktika saĝo necesas sur tutmonda nivelo, ĉar la okcidentaj hegemoniaj potencoj provas remodli la tutan mondon kongrue kun la teoria superstiĉo de liberalismo, kiu nun estas la radika kaŭzo de multaj internaciaj tumultoj. La emfazo sur praktika saĝo povas signifi, ke homa praktiko en la epoko de tutmondiĝo povas rompi ĉiajn teoriajn mitojn kaj povus direkti siajn energiojn al la realaj bezonoj de la homaro kaj al ties praktika juĝo.

6.1 Enkonduko: Praktika saĝo kaj ĝia ĉina esplorado

Striktasence, praktika saĝo estas okcidenta termino kaj traduko de la antikva greka termino *φρονησις* (*phronesis*). Per Aristotelo tiu termino fariĝis filozofia termino pri saĝo en la kampo de praktiko (*praxis*, ankaŭ tradukita kiel ago aŭ farado), alia ol la teoria saĝo (*sophia*) en la kampo de teorio (*theoria*) kaj produkta saĝo (*techne*) en la kampo de produktado (*poiesis*). Laŭ Aristotelo, teorio estas la agado de konado de universala vero, produktado estas la agado de produktado de havaĵoj kaj praktiko estas la agado de persona kulturado kaj interpersona komunikado (1139a1 – b15) (vidu Aristotle 2001: 1023-24). Pro tio, praktika saĝo estas la speco de saĝo uzata por kulturi sin mem kaj por komuniki kun la aliaj.

Ĉar la tradicia ĉina pensado ne havas la saman distingon kiel tiun, kiun Aristotelo faras inter teorio, praktiko kaj produktado, ne estas koncepto de praktika saĝo distingita de teoria saĝo kaj produkta saĝo (arto). Pli precize, la saĝo, kiun tradiciaj ĉinoj pensis aprezi, estas precipe praktika saĝo, kvankam ĝi ankaŭ entenas kelkajn teoriajn kaj produktajn elementojn. Tamen, kiam ni nomas la tradician ĉinan saĝon *praktika saĝo*, ni kutime celas tion en la senco de aristotela kadro, kiu implicas, ke la ĉina saĝo havas strukturan mankon de sendependa teoria kaj produkta saĝo. Pro tio, kiam modernaj ĉinaj kleruloj parolas pri praktika saĝo, la retoriko estas neeviteble okcidentigita aŭ aristotelizita.

En la lastaj du jardekoj la aristotela koncepto de praktika saĝo atentigis la ĉinajn klerulojn kaj fariĝis grava esplortemo en Ĉinujo, eĉ kvankam Aristotelo prilumis tiun koncepton jam antaŭ du mil jaroj.

En la jaro 1933, la *Komerca Gazeto* aperigis ĉinan tradukon de la aristotela Etiko, tradukita de Xiang Da el la angla. Tiu libro enhavas la *Nikomaĥe-an etikon* kaj aldonaĵon, La resumo de la aristotela filozofio (The Outline of Aristotle's Philosophy) estas aparte tradukita de Tang Yongtong. Tiu estis la unua ĉina traduko de la aristotela praktika filozofio, en kiu praktika saĝo estas tradukita kiel *chenlü (深虑)* el la angla termino *prudence* (vidu Aristotle 1933: 3, 128). Samjare la *Komerca Gazeto* aperigis ankaŭ la unuan libron verkitan de ĉinaj kleruloj, kiu sisteme enkondukas la etikon de Aristotelo: *La etika pensado de Aristotelo*, verkita de Yan Qun. En tiu libro praktika saĝo estas nomata ankaŭ *shenlü* (深虑), kun noto de la angla termino *prudence*, difinita kiel "diskutante pri la fino de la vivo kaj serĉante la rimedojn por ĝin atingi" (vidu Yan 2003: 59). En 1964, la *Komerca Gazeto* aperigis la libron *Elektitaj majstroverkoj de okcidenta etiko*, eldonita de Zhou Fucheng; ĝi inkludas la tradukon de parto de la ses libroj de la Nikomaĥea etiko, en kiu la ĉina termino *shijian zhihui (实践智慧)* kaj *shijian de zhihui (实践的智慧)* aperas sen ajna noto pri iliaj ekvivalentoj en okcidentaj lingvoj (vidu Zhou 1964: 313-319). En 1965 la *Komerca Gazeto* aperigis ĉinan tradukon de *Politiko* de Aristotelo, tradukita de Wu Shoupeng. Tio estis la unua kompleta traduko de la aristotelaj verkoj pri praktika filozofio el la greka al la ĉina. La tradukinto donas la grekan terminon *φρονησις* en la indekso, la latinan elparolon *phronesis* kaj la anglan tradukon *prudence* kaj *moral wisdom*. Li uzas la ĉinajn terminojn *mingzhe duanjin (明哲端谨)* kaj *zhilü (智虑)* por traduki *phronesis* (vidu Aristotle 1965: 505). Por la unua fojo la koncepto de praktika saĝo aperis en la ĉina traduko de la aristotelaj verkoj en la greka, angla kaj ĉina.

Kvankam kelkaj aristotelaj terminoj kaj ideoj jam troviĝis en la ĉina literaturo per la supre menciitaj tradukoj, la ĉinaj kleruloj ne rimarkis ilin ĝis la 1980-aj jaroj, kiam ili komencis atenti pri filozofia hermeneŭtiko. La gazeto *Zhexue Yicong* (*Filozofiaj tradukserioj*, eldono n-ro 4, 1985) publikigis resumon de artikolo en traduko. Tiu resumo enkondukis la hermeneŭtikon de Gadamer, laŭspuris ĝin ĝis la aristotela pensado pri praktika saĝo kaj emfazis la rektan rilaton inter Aristotelo kaj Gadamer. Tiu ĉi teksto tradukis *phronesis* kiel *shiji de zhihui (实际的智慧)* (vidu Chen 1985: 58). En la jaro 1990 Miao Litian tradukis la *Nikomaĥean etikon*. Tiu estis la unua kompleta traduko de la aristotelaj etikaj verkoj el la greka al la ĉina. La traduko de Mao Litian estis tre helpa por ĉinaj legantoj, ĉar ĝi ebligas ilin akiri pli zorgeman komprenon de la aristotelaj pensoj pri praktika saĝo. En lia traduko, *phronesis* estas *mingzhi (明智)* (vidu Aritotle 1990: 119). Kiel ni povas vidi, la koncepto de praktika saĝo havas diversajn ĉinajn terminojn en sia traduko; tiel estas por legantoj malfacila trovi la respektivan rilaton inter tiuj terminoj kaj la aristotela.

En la jaro 1997, Hong Handing publikigis sian artikolon "Pri praktika saĝo". En tiu artikolo li ligas la aristotelajn ideojn pri praktika saĝo kun la ideoj de Deng Xiapoping pri reformo kaj malfermiĝo, per kio li speciale prilumas la valoron de praktika saĝo por la nuntempa Ĉinlando (vidu Hong 1997). Tiu estas la unua peco de ĉina literaturo, kiu seciale esploras praktikan saĝon, kiu distingas sin mem de la tradukoj kaj nuraj enkondukoj de la pensoj de Aristotelo aŭ de Gadamer pri praktika saĝo.

En tiu ĉi jarcento, *praktika saĝo* fariĝis nova universitata temo kaj trovis pli kaj pli da atento en diversaj ĉinaj esplorkampoj, inkluzive de filozofio, edukado kaj tiel plu. En 1008 mi aperigis libron titolitan *Survoje al praktika saĝo: Nova aliro al praktika filozofio* [*Towards Practical Wisdom: a New Approach to Practical Philosophy*], kiu estis la unua ĉina kolektaĵo de eseoj pri praktika saĝo. Tiu libro evoluigas la komprenon de praktika saĝo kaj ĝian signifon. Pli grave ĝi proponas aron da teoriaj projektoj pri praktika saĝo, kiu estas alia ol la tradicia perspektivo de etiko (vidu Xu 2008). En 2013, Liu Yu aperigis sian libron *Studaĵo pri la historio de la koncepto de praktika saĝo*. Tiu libro temas pri la evoluo de la koncepto de praktika saĝo en la historio de okcidenta filozofio, kiun ĝi priskribas kiel procezo ekde ĝia apero ĝis ripetado (*molding*), malkresko kaj fine ĝis ĝia reviviĝo. Ĉar ĝi entenas riĉan materialon kaj profundan komprenon de la ideoj pri praktika saĝo en la okcidenta historio de filozofio, tiu libro bone kompletigas, por tiel diri, tiun ĉi specon de ĉina esplorado (vidu Liu 2013).

Ĝenerale ekzistas kvar specoj de ĉina esplorado pri praktika saĝo. 1-e *Tradukado kaj enkonduko*: Tio inkludas tradukadon, enkondukadon kaj klarigadon de okcidentaj esploro-atingoj pri praktika saĝo. Tiu speco de esplorado estas tre substanca kaj tiel donas bazajn fontojn por aliaj esplor-specoj.[87] 2-e *Aplikata esplorado*: Tio enhavas precipe empiriajn studaĵojn, speciale en eduka scienco, kaj uzas la ideon de praktika saĝo.[88] 3-e *Reflekta esplorado*: Tiu ĉi entenas teorian rekonstruadon per dialektika kritikado de praktika filozofio de la pasinteco kaj nuntempo,[89] kaj kulturan interpreton bazitan sur komparoj inter ĉina kaj okcidenta pensado pri praktika saĝo.[90] 4-e Originala pensado: Bazita sur ĉinaj historiaj kaj praktikaj problemoj kaj ĉerpante el okcidentaj teoriaj fontoj, ĝi

87 [1] Vidu Zhang 1995; Hont 2001; Zhang 2002; Pan 2003; Wang et al. 2003; Han 2007; Li 2012. Du novaj tradukoj kaj komentoj de la aristotela Nikomaĥa Etiko aperis. Ili estas Nikomaĥa Etiko, tradukita kaj komentita de Liao Shenbai (2003), kaj Nikomaĥa Etiko, tradukita kaj enkondukita de Deng Anqing (2010). Ambaŭ tradukas *phronesis* per ming-zhi (明智).

88 [2] Ekzemple Deng Youchao (2007) kaj Liu Dongyan (2009).

89 [3] Vidu Wang 2011.

90 [4] Vidu Yu 2009; Yang 2012.

estas dediĉita al esplorado de novaj principoj de praktika saĝo por solvi la praktikajn problemon de tiu ĉi epoko.[91]

Por la pasinta jardeko tamen mi laboris pri esplorado en la tri unuaj specoj, mia plej grava projekto koncernas la kvaran specon, originalan pensadon. Por prepara komunikado kun miaj esploristaj kolegoj, en tiu ĉi artikolo, mi speciale enfokusigos la praktikan saĝon. Por mia pure teoria esplorado pri praktika saĝo, bonvole rigardu miajn aliajn tiurilatajn verkojn. La centra demando de tiu ĉi artikolo estas, kial ni bezonas praktikan saĝon. La "ni" ĉi tie signifas unuavice la ĉinojn kaj duavice ĉiujn homojn. Per analizado de la moderna ĉina fetiĉisma sinteno pri teorioj kaj ĝiajn katastrofajn konsekvencojn, mi respondas la demandon kaj nomas la respondon "ĉina instruo". Krome, mi esperas, ke mia pensado povas klariĝi al ĉiuj kaj helpi solvi la krizon de tutmondiĝa praktiko.

6.2 La aristotela koncepto de praktika saĝo kaj ĝia rekonstrua interpreto

Necesas kompreni la aristotelan koncepton de praktika saĝo por scii, kial ni bezonas praktikan saĝon.

Por Aristotelo, teoria scio ekzamenas la demandon de estado, sed ne de fariĝo aŭ estiĝo (1143b19) (vidu Aristotle2001: 1033). La lasta demando koncernas praktikan kaj produktan scion; "ĉar agoj estas en la klaso de apartuloj privatuloj (*particulars*), kaj la apartulaj agoj ĉi tie estas libervolaj. Kiaj aĵoj elektendas, kaj siavice por kio, tio ne facile aserteblas, ĉar ekzistas multaj diferencoj en la apartaj kazoj" (1110b8 – 10) (Aristotle 2001: 965). Multaj agoj "estas miksaj" kaj entenas multajn komplikajn faktorojn (1110a11 – 13) (vidu Aristotle

91 [5] Vidu Xu 2002, 2012a, kaj Yang 2013.

2001: 965). La bono ofte "entenas multan variecon" (1094b15 – 17) (vidu Aristotle 2001: 936), kaj "tiaj aferoj dependas de apartaj (*particular*) faktoj", do "ne facilas decidi per rezonado" (1109b20 – 23) (vidu Aristotle 2001: 964).

Pro tio, Aristotelo eksplicite proponas la koncepton de *praktikes logos* (praktika rezonado) (1103b32) (vidu Aristotle 2001: 953). Li diras, "Ĉar la ĝenerala kalkulado (*account*) estas de tiu ĉi naturo, la kalkulado de apartaj (*particular*) kazoj estas eĉ pli malpreciza, ĉar ili troviĝas sub nenia arto aŭ obeenda regulo[92], sed la agantoj mem devas ĉiukaze konsideri tion, kio estas taŭga por la okazo, same kiel okazas en la arto de medicino aŭ de navigado" (1104a5 – 11) (Aristotle 2001: 953). La teoria *logos* mastrumas ĝeneralan scion, sed la praktika *logos* kaptas dispoziciojn en praktikaj situacioj. Praktika saĝo (*phronesis*) estas intelekta virto, kiam praktika rezonado (*reason*) elstare bone funkcias; ĝi ne nur provas kapti la tutan bonon de homa vivo, sed ankaŭ diskutas pri kiel ĉiu aparta bono estas realigata. Aldone ĝi provizas dispoziciojn kun certa grado de ĝeneraleco same kiel konkrete analizas tiujn apartajn problemojn (vidu Aristotle 2001: 1026 – 27, 1033 – 36).

Estas novkreado en la okcidenta historio de filozofio, ke Aristotelo strikte distingas praktikan saĝon disde teoria saĝo.

Miaopinie, tamen, la aristotela koncepto de praktika saĝo havas evidentan difekton: ĝi estas komplete malkonektita de la teoria saĝo. Fakte, nenia praktiko povas esti komplete libera de ia ajn teorio en tiu ĉi epoko, kiam la scienco alte progresis. Male, hodiaŭ, ĉia praktika kazo devas enteni multan teorian scion kaj estas sekvenda multajn ĝeneralajn regulojn kaj normojn. Vere gravas noti, ke tia teoria scio estas ne kunmezurebla; tio signifas, ke la ĝeneralaj

92 Angle: *precept* – en fremdvorta Esperanto: *precepto* – obeenda religia aŭ alispeca ordono aŭ regulo (laŭ PIV). -vl

reguloj kaj normoj entenataj en ĉiu kazo estas malhomogenaj. Pro tio, la praktika saĝo, kiun ni hodiaŭ bezonas, ne estas saĝo, kiu ekskludas teoriojn, sed saĝo, kiu uzas diversajn teoriajn fontojn por solvi praktikajn problemojn kongrue kun la apartaj cirkonstancoj.

Malsame ol multaj el la supre menciitaj kleruloj, kiuj intencas revivigi la aristotelan koncepton de praktika saĝo, mia intenco estas uzi la koncepton por kontraŭi la metodon, en kiu teorio dominus ĉiujn praktikojn ekskluzive, kiel okazis en kelkaj agadoj en la moderna ĉina historio.

6.3 La krizo de Ĉinlando ekde la 1840-aj jaroj: De regioniga praktiko al tutmondiga praktiko

Laŭ The Cambridge History of China,

> "La moderna historio de Ĉinujo memorigas pri du grandaj dramoj – unue, la kultura alfrontiĝo inter la etendiĝanta okcidenta civilizacio de internacia komerco kaj militado kaj la persistanta ĉina civilizacio de kampkulturo kaj burokrateco; kaj due, leviĝante el la unua, la fundamenta transformiĝo de Ĉinujo en la plej granda el ĉiuj revolucioj" (Fairbank 1978: 1 – 2).

Krome, la libro klarigas, ke "la renkontiĝo inter Ĉinujo kaj la Okcidento estis kultura konflikto" (vidu Fairbank 1980: 153). Efektive, ŝajnas ne evitebla uzi la esprimon "Ĉinlando kaj la

Okcidento" por kompreni la modernan ĉinan historion, kvankam iliaj internaj situacioj estis ekstreme kompleksaj.[93]

Antaŭ la 1840-aj jaroj Ĉinujo estis la centro de relative sendependa regiona civilizacio. "Simile identigebla estas la vidpunkto de la malnova ĉina reganta klaso pri la mondo, kiu kredis je la klasikaj konfuceaj instruoj kaj je la universala supereco de la Filo de la Ĉielo" (Fairbank 1978: 2). Ĉinujo estis memsufiĉa sistemo, inkluzive de siaj regiono, cirkonstanco, resursoj, produktoj, loĝantaro, produktadmaniero, politika sistemo, kutimoj, kulturaj ideoj sistemo de pensoj, religiaj kredoj kaj tiel plu. Spite al statoj de struktura malekvilibro kaj ripetiĝemaj kolapsoj, tiu sistemo havis konstantan meĥanismon de renoviĝo kaj rekonstruado same kiel la naturo kun la alternado de sezonoj. Pro tio la plej multaj antikvaj ĉinoj kredis je la tradicio kaj praktikis laŭ ĝi.

Ekde 1840 tamen, Ĉinujo estis tirita en la historian procezon de tutmondiĝo per la malmultekostaj produktoj, inkluzive de opio, kaj la potencaj armiloj el Britujo. La ĉinoj bezonis proksimume 150 jarojn por kompreni, ke konkuro per varoj povas fari la mondon unueca merkato kaj ke neniu lando povas bloki tion aŭ resti ekster la antaŭenmarŝado de la tutmondiĝo. Fakte, Markso kaj Engelso, en sia fama *Manifesto de la Komunista Partio*, malkaŝis la tendencon kaj montris, ke "la malaltaj prezoj de ĝiaj varoj estas la peza artilerio per kiu ĝi disbatas la ĉinajn muregojn" (Marx and Engels 1959: 11).[94] La reganta grupo kaj la socia publiko de la moderna Ĉinujo

---

93 Vidu, en Esperanto, ekz-e: François Jullien: Ĉinscienco en sakstrato – Ĉionio en la spegulo de Okcidento. En: Div.: Kien Ĉinio? (MAS-libro n-ro 16,1, p. 12-21. -vl

94 Jen la plena paragrafo: "Per la rapida plibonigo de ĉiuj produktad-instrumentoj, per la senfine plifaciligita komunikado, la burĝaro tiras ĉiujn, ankaŭ la plej barbarajn naciojn, en la civilizacion. La malaltaj prezoj de ĝiaj varoj estas la peza artilerio, per kiu ĝi dispafas ĉiajn

ankoraŭ ne vere konis tiun vidpunkton ĝis 1992, kiam Deng Xiaoping parolis pri la neceso de merkatekonomio en la suda Ĉinujo (vidu Dent 1993b: 373), eĉ kvankam post 1949 la marksismo fariĝis la dominanta ideologio de Ĉinujo.

La ĉina praktiko antaŭ 1840 estis regiona, kaj ekde tiam ĝi fariĝis tutmonda. Tamen, la procezo de transformiĝo estis konstante plena de krizoj. La krizoj havis tri nivelojn La unua nivelo de krizoj estis la danĝero de nacia subjugiĝo kaj popolekstermo; tiu estis la krizo ĉe la baza linio, kiu komenciĝis per la opi-milito en 1840 kaj finiĝis post la ĉina venko kontraŭ Japanujo en 1945. La dua nivelo de krizoj estis la krizoj de elekto de politikaj kaj sociaj sistemoj. Tiu estis krizo ĉe la meza nivelo, kiu komenciĝis per la interna milito post la kontraŭjapana milito; en tiu ĝi estis solvita. La tria estas la krizo de rekonstruado de la ĉina identeco, kiu entenas nacian politikan reformon kaj la internacian agnoskon de Ĉinujo. Tio estas krizo ĉe la supra nivelo, kiu certe ankoraŭ daŭros dum jardekoj.

La krizo ĉe la unua nivelo ene de la moderna Ĉinujo komenciĝis, kiam Ĉinujo estis venkita de aliaj potencaj landoj en internacia konkurado en la frua tutmondiĝo kaj kondukis al tio, ke Ĉinujo kunlaboris kun kelkaj landoj por venki la potencan Japanujon. Kompreneble, la problemo de praktika saĝo ne estis rekte koncernata en tiu ĉi krizo.

Foriginte la unuan krizon, Ĉinujo komencis alfronti la problemon, kian nacian sistemon ĝi havu kaj kiel ĝin disvolvi; per tio

ĉinajn muregojn, per kiu ĝi devigas kapitulaci la plej obstinan fremdulmalamon de la barbaroj. Ĝi devigas ĉiujn naciojn alproprigi al si la produktadmanieron de la burĝaro, se ili ne volas perei; ĝi devigas ilin enkonduki la tiel nomatan civilizacion ĉe si mem, t.e. fariĝi burĝoj. Per unu vorto, ĝi kreas al si mondon laŭ sia propra imago.” (Karlo Markso kaj Frederiko Engelso: Manifesto de la Komunista Partio. Kun enkonduko de Eric Hobsbawm (MAS-libro n-ro 100), p. 70.) -vl

okazis la duanivela krizo. Ĉar Ĉinujo ne havis tradiciajn resursojn de manieroj pensi kiel rilati kun la novaj ŝanĝoj en la mondo kaj gvidi la disvolvadon de la lando, ĝi devis turni sin al la Okcidento por trovi solvojn. Ekzistis du proponoj: la Tri Principoj de la Popolo (vidu Sun 1981: 326-51) kaj la ĉina komunismo aŭ marksismo-leninismo de la Komunista Partio de Ĉinujo (KPĈ). La konkuro inter la Guomindango[95] kaj la KPĈ estis konkurado de doktrinoj same kiel por la ŝtatpotenco. La rezulto de tiu konkuro estis, ke la KPĈ gajnis la regadon kaj prenis la marksismon-leninismon kiel nacian ideologion. Kiel Mao Zedong (Mao Tse-Tung) diris, "Sekvu la vojon de la rusoj – tio estis ilia konkludo" (Mao 1969: 413).

Kiel ideologio, la marksismo-leninismo entenas du partojn: unu parton marksismo kaj la alian parton leninismo, en kiu la unua estas la fundamenta teorio kaj la lasta ties aplikado. Marksismo, kiu pretendas esti sciencismaj mondrigardo kaj rigardo al la historio, kredigis al kelkaj ĉinoj, ke ekzistas unu sola leĝo de historio sendepende de ajna homa volo (vidu Marx and Engels 1959: 20).[96] Laŭ tia leĝo, socialismo neeviteble venkos la kapitalismon, kaj komunismo aperos per tiu ĉi dialektika procezo. (Marx and Engels 1959: 20) Krome ekzistas nur unu racia socia sistemo, kiu estas karakterizita per publika proprieto kun centre planata ekonomio (vidu Engels 1969) La leninismo asertas, ke por realigi la celon de la marksismo necesas transpreni la potencon perforte, starigi la diktatorecon de la proletaro, havi la dominadon de unu partio kaj unuigi la pensojn de la popolo (vidu Lenin 1919: 154-5). Pro la venko de la Oktobra Revolucio, la leninismo gajnis la fidon de la

95 Ofte ankaŭ skribita Kuomintango, kvankam la ĉina originalo estas (en pinyin): *Guómíndǎng*. -vl

96 Ŝajnas, ke ĉi tie temas pri tro malpreciza formulado aŭ pri miskompreno: Ne la marksismo, sed ja la stalinismo aŭ ties ĉina adaptiĝo povis kredigi tion. -vl

plej radikala partio de la ĉinaj revoluciuloj. "Nur en la mezo de la dudeka jarcento nova historia ortodokseco establiĝis tra la aplikado de la marksismo-leninismo al Ĉinujo en la pensado de Mao Zedong" (Fairbank 1978: 2). Tiu procezo estas nomata "la ĉinigo de la marksismo" (vidu MacFarquhar and Fairbank 1991: 2).

La pretendata teoria ĝusteco de la doktrinoj tamen rezultigis neatenditan misfunkcion en la praktiko. Laŭ la marksisma teorio, publika proprieto kaj planekonomio povas alporti altan disvolvadon de la produktivo kaj universalan egalecon.[97] Male, tiu sistemo kreis privilegian klason kaj kondukis al universala malriĉeco de la popolo. Laŭ la leninisma deklaro, la totalisma sistemo estas la plej demokratia kaj povas certigi la plej grandan profiton por la popolo (vidu Lenin 1969: 47-8), sed fakte ĝi montriĝis esti la ĝusta malo – la sistemo kaŭzis, ke la homoj estis ne nur manipulataj de la gvidanto en sia publika vivo, sed ankaŭ ke ili havis malmultan aŭtonomecon en siaj privataj vivoj. La praktiko sub tiu sistemo kondukis en la Grandan Salton Antaŭen kaj per tio kaŭzis dekmilojn da ĉinaj malsatmortintoj;[98] krome, en la Grandan Kulturrevolucion, kiu malutilis al centmilionoj da homoj (vidu Wang 1988: 623). La sinsekvaj politikaj movadoj por preskaŭ tridek jaroj puŝis la landon al la rando de kolapso.

---

97 [6] Vidu la respondon de Engelso al la dudek dua demando en lia *Principoj de komunismo*, en: MAS-libro n-ro 25, p. 55. Tamen la 22-a demando estas unu el la du, al kiuj Engelso ne donis respondon, en la manuskripto staras: "Restas" [por respondi poste]. La demando tekstas: "22. Demando: Kiel la komunisma organizaĵo rilatos al la ekzistantaj naciecoj?"-vl

98 [7] Laŭ diversaj esploraĵoj, dum la Granda Salto Antaŭen la nombro de malnormalaj mortoj en Ĉinujo estas taksata kiel inter tridek milionoj ĝis kvindek kvin milionoj aŭ pli. Vidu Dikötter 2010: 324-34.

Post 1978 Ĉinujo ŝanĝis siajn politikan kaj ekonomian sistemojn. Pura publika proprieto estis transformita en miksitan proprieton, kiu permesis diversajn ekonomiajn komponaĵojn, kaj la planekonomio ŝoviĝis al merkatekonomio. La politiko fariĝis pli demokratia, kaj la modelo de pensado kaj kulturo fariĝis pli plurisma. Speciale ekde la aliĝo al la Monda Komerca Organizaĵo (MOK), Ĉinujo profunde integriĝis en la procezo de tutmondiĝo. Ĝia evoluo en la lastaj tri jardekoj konsciigas la plej multajn ĉinojn, ke la direkto, en kiu ni nun iras, estas la sola vojo por certigi la popolan bonstaton kaj la landan prosperon, dum la antaŭa vojo kondukas al katastrofo. Tiu ĉi historio kredigas min, ke la duanivela krizo de la moderna Ĉinujo, la problemo de kian nacian sistemon ni konstruu kaj en kiun direkton nia lando iru, estis komence forigita, kvankam ne komplete, ĝis hodiaŭ.

La trianivela krizo tamen aperis. La problemo, kiu kondukis al tiu ĉi krizo, estas ke por Ĉinujo, ĉu nacie aŭ internacie, ĝia ekzistanta identeco kolapsis, kaj samtempe nova identeco estas ankoraŭ starigenda. Nacie, la plej granda krizo estas la problemo de la identeco de la politika sistemo. La aktuala politika sistemo ŝajnas esti pli kaj pli maltaŭga por la evoluantaj ekonomia kaj socia sistemoj kaj evidente grandparte baras la evoluon de la ekonomio kaj de la socio. Tio objektive kondukas al la sekva grava demando: Kian politikan sistemon ni konstruu por certigi daŭremajn nacian stabilecon kaj pacon? Kiel politika reformo procedos por certigi la plej grandajn efikojn je minimumaj kostoj? Krome, kian politikan sistemon kaj reformon la homoj povas agnoski?

Internacie, la krizo, kiun Ĉinujo alfrontas, estas, kiel ĝi kaj la internacia socio reciproke identigas sin. Antaŭ la reformo kaj malfermiĝo Ĉinujo ne agnoskis la reviziisman Sovetunion (vidu MacFarquhar and Fairbank 1987: 520) nek la okcidentajn imperiistojn kaj inverse. Poste, Ĉinujo sekvis sendependan eksteran politikon kaj pacon kaj aktive aliĝis al la tutmonda ekonomio; sur ties bazo Ĉinujo havas komencan identecon ene de la internacia socio.

Tamen la komenca akcepto estas tre limigita kaj malcerta. Unue, koncerne la identecon de la politika sistemo, la KPĈ ne volas akcepti demokration kun ĝia trajto de universala voĉdonado. Samtempe multaj landoj en la mondo havas malfacilon agnoski la ĉinan politikan sistemon, kiu en sia esenco estas daŭre leninisma. Due, post la Malvarma Milito, la hegemoniaj potencoj en la Okcidento, speciale en Usono, trudis la okcidentan politikan sistemon al certaj landoj kiaj Afganujo, Irako kaj Libio por konservi sian superecon, kio estas ne akceptebla por Ĉinujo. Samtempe kreskanta Ĉinujo neeviteble influas la ekzistantan internacian ordon, kio estas ne akceptebla por tiuj potencoj kun iliaj propraj interesoj. Do, la kerna problemo de internacia agnosko de Ĉinujo estas, kiel Ĉinujo povas esti bonvenigata en la internacia socio kaj kia internacia ordo estus akceptebla por Ĉinujo. Laŭ mia opinio, la krizo de la ĉina rekonstruado de sia identeco ĵus komenciĝis, kaj se ĝi deziras estontece superi la krizon, tiam necesas praktika saĝo.

6.4 Ĉina instruo: Fetiĉigi teorian saĝon en ĝeneralan praktikon

La plej granda instruo akirebla el la ĉina historio estas: observi, ke transformado de regioniga praktiko al ĝenerala praktiko estigas perfektan fetiĉon de la okcidenta teoria saĝo.

Teoriigo por serĉi universalan kaj necesan scion estas propra al la Okcidento, ĉe kiu la virto estas teoria saĝo. Tia scio evoluis en modernajn sciencojn, kiu havas grandegan kapablon ŝanĝi la tutan mondon, kaj fine rezultas en tutmondigon. Ni povas diri, ke la moderna scienco zorgeme enkorpigas okcidentan teorian saĝon.

La sukcesa evoluo de la Okcidento tamen atribueblas ne nur al la fakto, ke ĝi havas teorian saĝon, sed ankaŭ al tio, ke ĝi havas praktikan saĝon. Tiom, kiom ekzistas multaj specoj de teorioj kaj eble konfliktantaj unu kun la alia, maleblas ke unu sola teorio logike povas enteni la diversajn. Tio estas, kion John Rawls nomas "la fakto de senchava plurismo" (Rawls 1993: Viii). Praktika saĝo, ne teoria saĝo, povas senchave apliki tiujn teoriojn en la praktiko. Ĝis certa grado la sukceso de la Okcidento troviĝas en la uzado de praktika saĝo por konservi ekvilibron de diverĝantaj teorioj kaj praktikoj kaj por maksimumigi ampleksajn profitojn en la praktiko pli ol krei specifan perfektan teorion kaj apliki tiun en praktiko.

Kvankam modernaj ĉinoj enviis la okcidentan teĥnikan forton, ili unue ne tre interesiĝis pri la scienca teorio malantaŭ tiu forto. Nur en la frua dudeka jarcento ĉinaj kleruloj komencis atenti la okcidentajn natur- kaj soci-sciencojn. Tamen, surprize, en malpli ol du jardekoj, tiu atento fariĝis fetiĉo de certa teorio (vidu Kang 2007: 325-6). Tiu estis la marksismo-leninismo aŭ la rusigita marksismo, kiu ekde tiu punkto profunde influis la estontecon de la ĉina nacio.

Miaopinie, estas tri kaŭzoj pro kiuj kelkaj ĉinoj akceptis la marksismon-leninismon. Unue, la marksismo estas riĉa je teoria saĝo; ĝi enhavas certan komprenon en la ennaskitaj meĥanismo kaj kontraŭdiroj de la kapitalismo kaj montras al la laborista klaso la vojon al memliberigo. Due, la bolŝevistoj, kiuj kredis je la marksismo, estis venkaj en sia revolucio kaj starigis komunisman reĝimon en Ruslando en la jaro 1917; tio efikis ne nur kiel modelo por kelkaj radikalaj revoluciuloj en Ĉinujo, sed ankaŭ helpis ilin fondi komunistan partion. Trie, la esenca kaŭzo estis, ke la fakto, ke tiuj revolucioj adoptis la marksismon kaj kredis je ĝi, okazis pro praktika urĝo pli ol pro teoria takso. Tio estas praktika sinteno, tio estas sinteno de fidismo[99] (vidu Xu 2012b). Malantaŭ tiu kredo troviĝas antaŭsupozo, ke spite al la komplekseco de la mondo ekzistas nur unu sola vero. Nun, kiam marksismo estas la vero, ĉiuj ceteraj teorioj estas certe eraraj.

La kredo en la marksisma teoria saĝo estis fakte moderna kaj ideologia superstiĉo. Ĝi donis al la marksismo statuson kiel ŝtatan religion,[100] blindigis homojn je ĝiaj limoj kaj tiel ekskludis aliajn teoriojn. La superstiĉa sinteno al la marksismo signifis, ke neniuj aliaj teorioj rajtis gvidi la ĉinan praktikon. Ĉiuj individuaj praktikoj kaj ĉiuj formoj de praktiko devas esti gvidataj de la marksisma teorio, tiel ke aŭtonomeco de la individuo kiel praktika subjekto estis forigita. Tiel, la malhomogeneco de variaj praktikoj estis ignorata. Tiu sinteno havis du karakterizajn trajtojn: unu estis la multspeca perioda kaj amasa klasbatalo, kiu okazis en hejmaj arenoj, kaj la alia estis la eksportado de la revolucio al aliaj landoj en internaciaj aferoj (vidu MacFarquhar and Fairbank 1991: 241).

Tio estas kutime nomata dogmismo, sed nomi ĝin dogmismo ne vere trafas. Mao Zedong mem klare oponis dogmismon. Li ĉiam

99 "Fidismo: filozofia instruo, kiu rangigas la religian kredon super la sciencan ekkonon kaj uzas la sciencon por argumenti por la kredo kaj defendi ĝin. En diversaj formoj de la ideisma nuntempa filozofio la fidismo estas specifa formo de agnostikismo. "La moderna fidismo tute ne malakceptas la sciencon; ĝi malakceptas nur la troajn pretendojn de la scienco, nome la pretendon je objektiva vero." (LW 14, p. 120)." (Alfredo Kozingo k.a.: Marksisma vortaro de filozofio (MAS-libro n-ro 280). -vl

100 [8] Karlo Kaŭcko akuzis Sovetion ke ĝi faras la marksismon ŝtatreligio. Tiu kritiko aplikeblas ankaŭ al Ĉinujo. Vidu Kautsky 1946: 29.

insistis pri la unueco de la universala vero kaj aparta realo (vidu Mao 1967: 189), sed lia eraro estis, ke li kredis en unusolan teorion kaj rifuzis ĉian alian teorion. Ekzemple, li prenis la marksismon-leninismon kiel "la universale aplikeblan veron" (vidu Mao 1969: 413).

La eraro ĉefe konsistis el du aspektoj: ĝi traktis praktikajn problemojn per teoria, sed ne praktika sinteno kaj ĝi traktis teoriajn problemojn per praktika, sed ne teoria sinteno. Tio, tiel, misgvidis la rilaton inter teorio kaj praktiko same kiel la teorian kaj praktikan sintenojn. La rezulto estis, ke la marksisma teoria saĝo ne rezultis je ĝia avantaĝo, sed anstataŭ tio estis misaplikata kaj ĉe tio fariĝis malproduktiva. Samtempe la bezonata praktika saĝo en la praktiko dum longa tempo mankis kaj ĉe tio fuŝis la praktikon.

Retrorigardante pri la jaroj, ni scias, ke ne nur la marksismo havas teorian saĝon, kaj praktikaj problemoj solveblas ne nur pere de teoria saĝo. Fakte, en la Okcidento, de kiu la marksismo venis, la marksismo estas nur unu doktrino inter multaj aliaj doktrinoj. La konkurado povas antaŭenigi socian memkompreniĝon kaj provizi per homa praktiko kun multaj eblecoj. Laŭ tio, la praktiko ne dependas de certa teorio, sed pli ĝuste de la praktika saĝo de ĉiuj sociaj membroj, per kio la homoj aplikas multspecajn teoriojn por siaj praktikaj bezonoj en kunigita maniero. Malantaŭ tiu ĉi evoluo troviĝas la ideo, ke en kompleksa mondo ekzistas multaj specoj de homaj praktikoj, tiel ke la tiel nomataj veroj devas esti pluralaj anstataŭ singulara. Pro tio estas saĝe por homa praktiko respekti la aŭtonomecon de la homoj kaj rekoni la diferencojn de diversaj teorioj. Tiurilate, praktika saĝo ne estu anstataŭigota kaj ne povas esti anstataŭigota per teoria saĝo.

La praktiko en Ĉinujo tra la lastaj tridek jaroj montras, ke ambaŭ, la Partio kaj la popolo, certagrade lernis la instruon el la pasintaj eraroj, speciale en ekonomio. Laŭ la marksisma ekonomia teorio, privata posedo kaj merkatekonomio estas kapitalismaj, kiuj katenas la produktadfortojn kaj kreas abismon inter riĉuloj kaj malriĉuloj, dum publika posedo kaj planekonomio estas socialismaj kaj antaŭenigas la disvolvadon de la produktadfortoj kaj kondukas al egaleca distribuado. Efektive, la marksa argumento estas plena de teoria saĝo, kaj ĉe tio fascinas siajn sekvantojn, sed la efiko de ĝia aplikado ne estas same pura kiel ĝia teoria interveno.[101] La historia fakto estas, ke unuflanke, la socialisma ekonomia sistemo estis vere egaleca en distribuado, sed aliflanke ĝi katenis la produktadfortojn; tiel, la ĝenerala rezulto estis disvastiĝinta malriĉeco de la tuta socio. Fronte al tia realo, la aŭtoritatoj antaŭ la reformo kaj malfermiĝo firme kredis je la ĝusteco de la marksa teorio, tiel ke ili asertis, ke ili "preferas socialismajn trudherbojn ol kapitalismajn plantidojn"[102], dum ekde la reformo kaj malfermiĝo, la aŭtoritatoj lernis direkte al la malo: ekonomia teorio, sendepende ĉu socialisma aŭ kapitalisma, povas adoptiĝi tiom longe, kiom ĝi profitas al la ekonomia disvolvado.[103] Tipa ekzemplo estas ilia sinteno al liberkomerco. La reformo kaj malfermiĝo transformis Ĉinujon el ekstrema

101 La problemo estas, al kiu evolustato de la ekonomio la teorio aplikeblas. La marksa teorio parolas pri la industrie plej evoluinta stato de la kapitalisma produktadmaniero, kiu ebligas la transiron al socialismo kaj do al komuna, laŭplana produktado, dum la socio en Ĉinlando dum la Mao-erao estis eĉ ne industria, sed profunde kampkultura socio. La supra rezonado estas abstrakta, ĉar ĝi tute ne konsideras la respektivajn statojn de la konkreta evoluo same en Ĉinlando kiel en la Okcidento. -vl

102 [9] Oni diris, ke Zhang Chunqiao, unu el la Kvaropa Bando, estas la aŭtoro de tiu propono. Vidu la *Mass Criticism Group* de la Ministrejo pri Edukado 1976.

103 [10] Deng Xiaoping uzis bone konatan diron, nome ke "Ne gravas ĉu kato estas flava aŭ nigra, tiom longe, kiom ĝi kaptas musojn". Vidu Deng 1993a: 323. Pri la opinioj de Deng Xiaoping pri merkatekonomio vidu Deng 1993b: 372-5.

kontestanto al la liberkomerco en ties fervoran advokaton (vidu Hu 2012: 42).[104] Pli grave, antaŭ la reformo, nur malmultaj homoj determinis la manieron, laŭ kiu ĉiuj homoj vivu, sed poste, multaj homoj povas fari sian propran decidon, almenaŭ en sia privata sfero. Pro tio ni povas diri, ke rompinta kun la fetiĉo de teoria saĝo, iasence, pli kaj pli da ĉinoj komencis posedi praktikan saĝon.

6.5 La dudekunua jarcento: epoko iranta al praktika saĝo

El la instruo de Ĉinujo en tutmondiĝo ni povas lerni, ke la dudekunua jarcento, jarcento de tutmondiĝo, estu epoko por ni por moviĝi al praktika saĝo. Kiam Konfuceo diris, “La noblulo[105] harmoniigas (he 和) kaj ne nur konsentas (tong 同). La belulo konsentas, sed ne harmoniigas” (Confucius 2003: 149).[106] Ni povas diri, ke se la dudeka jarcento estis epoko de belulo karakterizita de nura konsento, ne harmonio, tiam la dudekunua jarcento estas epoko de noblulo karakterizita de harmonio, ne nura konsento.

104 Ĉi tie denove la argumentado estas sen konsidero de la respektiva evolustato. Ĝuste pri la demando de liberkomerco Markso faris sian faman prelegon, en kiu li respondis al la demando per diferencigo de la ekonomia evolustato de la koncerna lando. Resume: Lando, kiu devas ekkonstrui sian industrion, bezonas protekti sian ĝermantan industrion per doganaj baroj, dum alte evoluintaj industrilandoj profitas per liberkomerco. Vidu Karlo Markso: Pri liberkomerco (MAS-libro n-ro 12). -vl

105 La aŭtoro citas el la angla versio de Konfuceo, uzante la anglan esprimon *gentleman*. -vl

106 Konfuceo: Eldiroj de Konfuceo. Elĉinigis WANG Chongfang. MAS-libro n-ro 274), aperonta fine de 2022. -vl

En la dudeka jarcento, la du Mondmilitoj kaj la Malvarma Milito puŝis la homaron al la rando de ruiniĝo. Aparte dum la Malvarma Milito, la Sovetunio kredis je la marksismo, dum Usono kredis en liberalismo, kaj ambaŭ flankoj deziris trudi sian respektivan ideologion al la alia. Post la Malvarma Milito, multaj okcidentaj teoriuloj prenis la sorton de la Sovetunio kiel refuton de marksismo kaj la venkon de Usono kiel ver-pruvon de la liberalismo (vidu Fukuyama 1992: 65-6). Pli grave, kelkaj okcidentaj hegemoniaj potencoj provis ĉion eblan por eksporti liberalismajn ideojn kaj sistemojn tra la tuta mondo, kaj tia agado altgrade daŭrigas la historion de la Malvarma Milito. Antaŭ tia fono necesas lerni el la eraro fari perfektan fetiĉon el la teoria saĝo de certa teorio kaj ke estas vane provai regi ĉiujn praktikojn nur per la dirita teorio.

Nuntempe, homaj komunumoj neniam estis pli dense interkonektitaj, kaj samtempe iliaj diferencoj estis neniam tiom evidentaj. Inter ili la plej granda kontrasto estas inter la evoluintaj okcidentaj landoj kaj multaj evolulandoj.[107]La fakto, ke evoluintaj landoj bone evoluis en la historio, okazis pro multaj faktoroj, inkluzive de ilia teoria kaj praktika saĝo. Kvankam la liberalismo sendube ludis tre elstaran rolon en la Okcidento, ĝi ne rigardeblas kiel la sola grava faktoro por la sukceso de la Okcidento, kaj el ĝi aparte ne konkludeblas, ke ajna lando, kia ajn ĝi estu, povas progresi tiom longe kiom ĝi praktikas la liberalismon, eĉ per politika punado kaj milita konkero. Liberalismo, kiel fakto, estas ĝuste unu el multaj teorioj en la hejma kunteksto de la okcidentaj landoj kaj neniam estis ekskluzive adorata nek perforte trudata al popoloj. Laŭ nia scio, neniu el la okcidentaj landoj konsideras la liberalisman teorion kiel la sole aŭtoritatan ideologion. Iliaj socioj gastigas multajn teoriojn,

107 [11] Samir Amin nomas tiun situacion polusigo, kvankam li ne distingas inter liberalismo kiel teoria principaro kaj liberalismo kiel ideologio. Vidu Amin 2003: 93.

inkluzive de la marksismo, kiuj konkuras unu kun la alia, do harmoniigante, sed ne nur konsentante. Ĉar la okcidentaj landoj grande profitis el la teoria plurismo, eĉ el radikala marksisma kritiko, ni ne povas simpligi la kaŭzojn, por kiuj la evolulandoj estas postrestantaj, kaj speciale ne povas atribui ilian postrestecon al manko de liberalismo. Plie, en internaciaj aferoj necesas eviti turni teorian simpligon en praktikan simpligon, do, ideologiigon (ideologization).[108]

Tamen la hegemoniaj potencoj en la Okcidento provas ĉiarimede trudi liberalisman ideologion al aliaj landoj kiel la sole ĝustan teorion spite al la multecaj kaj kompleksaj praktikaj kondiĉoj en tiuj landoj. Kiam tiuj potencoj, speciale potencoj en Usono, aliras postrestantajn landojn, ili ĉiam perforte transplantas la sistemon de ĝeneralaj elektoj al la celata lando. Klare, tio estas la agmaniero de etanimuloj – nur konsenti sed ne harmoniigi – kiu estas tute alia ol ilia agmaniero en hejmaj aferoj, nome, la noblula maniero – harmoniiigi, sed ne nur konsenti. En tiu ĉi procezo la liberalismo donas la solan kaj finan kialon, dum tiuj diverĝaj kaj komplikaj kialoj, kiujn la indiĝenaj popoloj kiel praktikaj subjektoj havas, estas kutime ignorataj. Pli grave, la motivo por tiaj agoj estas neniam same pura kiel la okcidenta potenco asertas. Ĉiu scias, ke por tiuj hegemoniaj potencoj, iliaj propraj naciaj interesoj, el kiuj ĉiuj civitanoj en tiuj potencaj landoj profitas, eĉ se ne intence, estas la unuaranga konsidero. Koncerne bonaĵojn, kiel demokration kaj prosperon, kiujn ili promesis al la popoloj en evolulandoj, ili ne estas reale koncernataj pri ili kaj ne kapablas realigi ilin. Supoze ke anstataŭ faligi bombojn en Afganujo kaj Irako, Usono faligus monon en la prez-ekvivalento de la bomboj, Usono estus pli bonvenigita de la afganoj kaj irakanoj, kaj la homoj tie povus vivi pli feliĉe ol nun.

108 [12] Francis Fukuyama reale dissemis la liberalismon kiel ideologion. Vidu Fukuyama 1992: XI.

Ni devas kompreni, ke tutmondiĝo neniel signifas liberaligon aŭ ideologiigon de la liberalismo [*by no means the liberalization or ideologization of liberalism* -vl]; tutmondiga praktiko neniel estas rimedo por esti uzata de okcidentaj hegemoniaj potencoj por subigi kaj remodli neokcidentajn landojn per liberalismo. Se la liberaliga praktiko de okcidentaj hegemoniaj potencoj estas ekster ilia teoria kredo, ĝi nur kaŭzos pli da sklavigo. Se ĝi estas nur preteksto por antaŭenigi iliajn interesojn, la potencoj devas akiri iom da leviĝemo (*comeuppance*) Tiukaze ĝi tre verŝajne kondukos al tutmondigo de etmensulo de nura konsento, sed ne al harmonio. Male, dezirinda tutmondigo estu noblula tutmondigo de harmonio, sed ne de nura konsento. Por plenumi tion, ni bezonas praktikan saĝon por trakti eventualaĵojn, krizojn kaj konfliktojn kaj por serĉi interkonsenton ĉe konservado de diferencoj.

Kiel leviĝanta potenco, kiu iam ege suferis dum la tutmondiĝo, Ĉinujo nek komplete rompis kun la malnova teoria fetiĉo nek eniris novan. Estas necesa por la ĉina popolo uzi praktikan saĝon por majstri siajn proprajn destinojn kaj kune krei la estontecon de ĉiuj homaj estuloj en la mondo. Ĉiuj bonaj teorioj, inkluzive de la marksismo, liberalismo kaj aliaj, estas valoraj resursoj de pensado por la disvolvado de Ĉinujo. Ili dum certa tempo povas esti en konflikto inter si, sed ĉiu havas siajn meritojn kaj ne estas anstataŭebla de alia. Sub tiu kondiĉo, la plej bona metodo por ilin rigardi, estas por la homoj pensi libere, praktiki aŭtonome, procedi el la realo kaj lerni de aliuloj, kaj farante tion, plejmultigi la ĝeneralajn profitojn.

Kiel ni scias, Ĉinlando aktuale havas certe multajn problemojn, kies solvado bezonas multajn diversajn teoriojn kaj metodojn, kiuj laboru kune en diversaj manieroj. Ekzemple, ĉar la liberalismo estas bona por konstrui demokratiajn politikojn, necesas adopti ĝiajn raciajn ideojn kaj efektivajn politikojn por la ĉina politika reformo, ankaŭ por batali kontraŭ korupto. Ĉar la marksismo plej zorgas pri ekonomia egaleco, necesas uzi ĝin por solvi la gigantajn malegalecojn de enspezo. Surprizas, ke Ĉinujo, kiu daŭre alte tenas la flagon de la marksismo, evoluis el unu el la landoj kun la plej malgranda enspez-diferenco[109] de la mondo al unu el la landoj kun la plej grandaj malegalecoj,[110] tiel almenaŭ tiusence la marksismo ankoraŭ ne estas arĥaiĝinta en Ĉinujo. Pro tio ekstreme gravas, ke ni ne konsideru unu teorion por ekskludi aliajn; nome, ni ne uzu unusolan ideologian teorion en fetiĉa maniero. Anstataŭe ni devas lerni kiel apliki diversajn teoriojn por taŭge praktiki. Nur praktika saĝo povas servi por tiu funkcio.[111]

Por uzi praktikan saĝon por solvi la problemojn, kiujn Ĉinujo alfrontas, estas esenca rigardi ĉiun scianon kiel subjekton de praktiko. Tio signifas, ke ordinaraj homoj havu la rajton decidi ne nur pri siaj propraj privataj aferoj, sed ankaŭ pri siaj publikaj aferoj. Krome, la antaŭkondiĉo por ke praktika saĝo funkciu bone, estas kompreni, ke ĉiu persono ne estas atomo, sed sendependa subjekto kun apartaj interesoj, ideoj kaj bezonoj. Kontraste al tio, en la cirkonstanco de teoria fetiĉo, la teorio pli ol la homoj regas la praktikojn. Tio signifas, ke publikaj aferoj ne bezonas la konsenton de la publiko, tiel ke aŭtokrata centralizado de la ŝtatpotenco fariĝas io natura. Nur se la homoj mem regas la praktikon, pli ol havi

109 [13] Laŭ la datumoj en la oficiala retpaĝo de la Shanghaja Statistika Oficejo, la ginikoeficiento de Ĉinujo en la jaro 1878 estis nur 0,202. Vidu la *Shanghai Statistiics Bureau* 2014.

110 [14] La Nacia Oficejo pri Statistiko de Ĉinujo (2013) la 18-an de Januaro 2013 anoncis, ke la Gini-koeficiento de Ĉinujo en la lasta jardeko estas la jena: 2003: 0,479; 2004. 0,473; 2005: 0,485; 2006: 0,487; 2007: 0,484; 2008: 0,491; 2009: 0,490; 2010: 0,481; 2011: 0,477; 2012: 0,474.

111 Ŝajnas, ke la teoria eklektikismo de la aŭtoro ĉi tie miksas la nociojn teorio, teĥniko, rimedo, praktiko kaj saĝo. -vl

teorion kiu regas la praktikon, ĉiu havas la rajton kaj respondecon uzi sian praktikan saĝon. Tiam estas nature, ke demokratio kaj la regado de la leĝo realiĝos en Ĉinlando.

Praktika saĝo premisas nur la aŭtonoman statuson de la praktikanto, sed ne substancan enhavon de sistema modelo aŭ de reformo. Se ĉiu havas la rajton esprimi siajn interesojn kaj opiniojn pri publikaj aferoj, ĉies praktika saĝo iom post iom evoluos. Tiel, plurecaj praktikaj subjektoj uzos plurecajn teoriajn resursojn por agi kune, kaj iliaj vidmanieroj kaj klopodoj kuniĝos en racian potencon por decidi pri la estonteco de tiu ĉi lando. Ni kredu, ke la praktika saĝo de 1,3 miliardoj da ĉinoj certe povus solvi la tiranivelan krizon.

6.6 Konkludo: La difino kaj signifo de praktika saĝo

Resume, praktika saĝo estas speco de saĝo, kiu sinteze uzas malhomogenajn teoriojn por solvi apartajn problemojn. La distingo inter praktika saĝo kaj teoria saĝo estas: kie la lasta scias universalecon, la unua kaptas apartecon. Certe, kvankam tiu ĉi estas ĝenerala aserto de praktika saĝo, la aserto ne kontraŭdiras la apartecon de praktika saĝo, ĉar praktika saĝo kaj ĝia teoria klarigo estas sur malsamaj lingvaj niveloj.[112]

Praktika saĝo enhavas du bazajn difinojn: unu estas, ke praktiko estas antaŭa al teorio, kaj la alia estas, ke ajna persono implikita en praktiko havas la rajton paroli.

112 [15] Alfred Tarski faris distingon inter objektlingvo kaj metalingvo. Pri ĝia interpreto vidu Miller 2007: 278-9.

Por la unua difino praktika saĝo rigardas la solvadon de praktikaj problemoj kiel la deirpunkton, praktikon kiel la celojn kaj teorion kiel la rimedojn; ĝi estas karakterizita per enprenado de diversaj teorioj por servi apartan projekton, ekzemple por plejmultigi praktikajn profitojn. Kompare kun praktika saĝo, teoria saĝo rigardas la serĉadon de universalaj kaj necesaj principoj kiel la celojn, eksperimentan praktikon kiel la rimedojn kaj ekkonteorian faktecon (epistemic factuality) kaj logikan striktecon kiel la kriteriojn por taksado. Teoria kaj praktika saĝo respektive celas siajn problemojn kaj ne penetru en siajn respektivajn sferojn, sed nur ekstere kompletigu unu la alian.

Por la dua difino, praktika saĝo estas la saĝo de ĉiuj praktikaj agantoj kaj tiel estas la plej vasta saĝo. Nur malmultaj homoj engaĝiĝas en teorian laboron kaj havas teorian saĝon, sed ĉiuj homoj engaĝiĝas en praktikon kaj ĉiu havas la kapablon engaĝiĝi en praktika saĝo. Kie teorio nur celas la veron sendepende de kiom da homo konsentas kun ĝi, la praktiko estas ĉiam implikita en pluraj partoj, tiel ĉiu partio, kiu ignoras aŭ eĉ ekskludas la poziciojn kaj vidmanierojn de aliaj partioj en la praktiko, ne povas akiri tion, kion ĝi deziras. Kie la plej alta atingo de teorio estas malkovri la veron, tie teoriuloj devas iri trans la opiniojn de ordinaruloj. La ideala situacio de praktiko estas profitigi ĉiujn partoprenantojn, tiel ĉiu partoprenanto devas havi voĉon.

Ni ĉinoj specife bezonas praktikan saĝon, ĉar ni faris la eraron dum longa tempo fetiĉigi teorian saĝon. Ni iam rigardis la marksismon kiel la solan veron kaj esperis krei paradizon pere de ĝi, sed ne atendis, ke ĝi forlogos la nacion. La insisto pri praktika saĝo estas por atingi la mondecon de praktiko. Ĉiu persono devus aŭtonome praktiki laŭ siaj propraj bezonoj kaj egalece komuniki kaj kunece agi kun aliaj. Praktiko devus ricevi gvidantecon el la komuna spirito, dum ĉia teorio estu konsiderata kiel nura rimedo por praktiko kaj ne kiel preteksto por sklavigi homojn.

La kaŭzo, pro kiu la tuta homaro hodiaŭ bezonas praktikan saĝon estas, ĉar tie ekzistas fetiĉo de teorio, la fetiĉo de liberalismo en la mondo. Kune kun tiu fetiĉo la hegemoniaj potencoj en la Okcidento fariĝis la ĉefa radiko de monda malpaco post la Malvarma Milito. Fakte, la plej granda helpo, kiun evoluintaj landoj povas doni por la evolulandoj, estas ne eksporti demokration, sed kontribui al tio, kion malriĉuloj mem reale deziras, helpi ilin plibonigi siajn ĉiutagajn vivojn kaj lasi ilin partopreni en la ekonomiaj atingoj de la Okcidento. Emfazi la praktikan saĝon estas liberigi la tutmondiĝon el la dogmo de liberalismo kaj servi la bazajn bezonojn de la homoj en evolulandoj. Malriĉuloj havas sian rajton praktiki laŭ sia propra prudento, kompreno kaj juĝo kaj al ili ne estu trudata ia ajn teorio, ĉu marksismo aŭ liberalismo. Nur per tiu ĉi vojo tutmondiĝo povas eviti polusiĝon kaj liberalismo povas eviti turniĝi en sian malon.

Referencoj

- Amin, Samir. 2003. Les défis de la mondialization, trans. Ren Youqiong, Jin Yan, Wang Xinxia and Han Jincao. Beijing: Social Sciences Academic Press.
- Aristotle. 1933. Nicomachean Ethics, trans. Xiang Da. Shanghai: The Commercial Press.
- Aristotle. 1965. Politics, trans. Wu Shoupeng. Beijing: the Commercial Press.
- Aristotle. 1990. Nicomachean Ethics, trans. Miao Litian. Beijing: China Social Sciences Press.

- Aristotle. 2001. Nicomachean Ethics, trans. W. D. Ross, in The Basic Works of Aristotle. New York: The Modern Library.
- Aristotle. 2003. Nicomachean Ethics, trans. Liao Shenbai. Beijing: The Commercial Press.
- Aristotle. 2010. Nicomachean Ethics, trans. Deng Anqing. Beijing: The People's Publishing House.
- Chen Ailun. 1985. "Gadamer's Hermeneutic and Its Understanding of Tradition," trans. Meng Qingshi, in Philosophical Series of Translation, vol. 4, 1985.
- Confucius. 2003. Analects, with Selections from Traditional Commentaries, trans. Edward Slingerland. Indianapolis/Cambridge: Hackett Publishing Company.
- Deng Xiaoping. 1993a. Selected Works of Deng Xiaoping, vol. 1. Beijing: People's Publishing House.
- Deng Xiaoping. 1993b. Selected Works of Deng Xiaoping, vol. 3. Beijing: People's Publishing House.
- Deng Youchao. 2007. Teacher's Practical Wisdom and Its Cultivation. Beijing: Educational Science Publishing House.
- Dikötter, Frank. 2010. Mao's Great Famine. New York: Walker & Co..
- Engels, Friedrich. 1969. "The Principles of Communism" at https://www.marxists.org/archive/marx/works/1847/11/prin-com.htm.

- Fairbank, John K. 1978. The Cambridge History of China, vol. 10, Late Ch'ing, 1800–1911, part I, ed. John Fairbank. Cambridge: Cambridge University Press.
- Fairbank, John K., and Kwang-ching Liu. 1980. The Cambridge History of China, vol. 11, Late Ch'ing, 1800–1911, part 2, ed. John K. Fairbank and Kwang-ching Liu. Cambridge: Cambridge University Press.
- Fukuyama, Francis. 1992. The End of History and the Last Man. New York: Free Press.
- Han Chao. 2007. Heidegger and the Problem of Ethics. Shanghai: Tongji University Press.
- Hong Handing. 1997. "On Practical Wisdom." In Social Sciences of Beijing,mvol. 3, 1997.
- Hong Handing. 2001. Hermeneutic: Its History and Contemporary Development. Beijing: People's Publishing House.
- Hu Jintao. 2012. "The Political Report to the 18th National Congress of the CPC" at http://www.china.org.cn/chinese/18da/2012-11/19/content_27152706.htm.
- Kang You-wei. 2007. "An Answer to North and South American Chinese Businessmen: Why China Can Only Have A Constitution But Cannot Revolutionize." In Complete Works of Kang You-wei, vol. 6, ed. Jiang Yihua and Zhang Ronghua. Beijing: China Renmin University Press.

- Kautsky, Karl. 1946. Social Democracy versus Communism, ed. and trans. David Shub. New York: The Rand School.
- Lenin. 1929. Collected Works of V.I. Lenin, vol. XX, The Revolution of 1917 (From the March Revolution to the July days), Book I, ed. Alexander Trachtenberg. New York: International Publishers.
- Lenin. 1969. Collected Works of V. I. Lenin, vol. 42, Supplementary Material, October 1917-March 1923, trans. Bernard Isaacs. Moscow: Progress Publishers.
- Li Yitian. 2012. Virtue Ethics and Moral Diversity. Beijing: Central Compilation & Translation Press.
- Liu Dongyan. 2009. Practical Wisdom: A Possible Value of Teaching. Nanjing: Nanjing Normal University Press.
- Liu Yu. 2013. A Study on the History of Concept of Practical Wisdom. Chongqing: Chongqing Press.
- MacFarquhar, Roderick, and John K. Fairbank. 1987. The Cambridge History of China, vol. 14, The People's Republic, part 1: The Emergence of Revolutionary China, 1949−1965, ed. Roderick MacFarquhar and John K. Fairbank. Cambridge: Cambridge University Press.
- MacFarquhar, Roderick, and John K. Fairbank. 1991. The Cambridge History of China, vol. 15, The People's Republic, part 2: Revolutions within the Chinese Revolution, 1966−1982, ed. Roderick MacFarquhar and John K. Fairbank. Cambridge: Cambridge University Press.

- Mao Tse-tung. 1967. "Oppose Stereotyped Party Writing." In Selected Readings from the Works of Mao Tse-tung. Peking: Foreign Languages Press.
- Mao Tse-tung. 1969. "On the People's Democratic Dictatorship." In Selected Works of Mao Tse-tung, vol. 4. Peking: Foreign Language Press.
- Marx, Karl, and Friedrich Engels. 1959. Basic Writings on Politics and Philosophy, ed. Lewis S. Feuer. New York: Doubleday & Company.
- Miller, Alexander. 2007. Philosophy of Language, second edition. Ithaca: McGill-Queen's University Press.
- Pan Xiaohui. 2003. Virtue and Ethics: Thomas Aquinas' Virtue Ethics. Taipei: Philosophy and Culture Journal Press.
- Rawls, John. 1993. Political Liberalism. New York: Columbia University Press.
- Shanghai Statistics Bureau. 2014.
- http://www.stats-sh.gov.cn/xwdt/201103/94950.html.
- Sun Yat-sen. 1981. "The Three Principles of People." In Complete Works of Sun Yat-sen, vol. 9. Beijing: Zhonghua Book Company.
- The Mass Criticism Group of the Ministry of Education. 1976. "Chairman Mao's Policy of Education Admits of No Falsification." In Guangming Daily, November 23, 1976.
- The National Bureau of Statistics of China. 2013. http://www.todayonhistory.com/1/18/ZhongGuoShouCiGongBuQuanGuoJiNiXiShu.html.

- Wang Nianyi. 1988. The Age of Great Disorder. Zhengzhou: Henan People's Press.
- Wang Nanshi. 2011. Dialectics: From Theoretical Logic to Practical Wisdom. Wuhan: Wuhan University Press.
- Wang Zisong, Fan Mingsheng, Chen Cunfu, and Yao Jiehou. 2003. The History of Greek Philosophy, vol. 3. Beijing: People's Publishing House.
- Xu Changfu. 2002. Theory-thinking and Engineering-thinking: Arrogation and Demarcation of Two Thinking Modes. Shanghai: Shanghai People's Publishing House.
- Xu Changfu. 2008. Towards Practical Wisdom: A New Approach of Practical Philosophy. Beijing: Social Sciences Academic Press.
- Xu Changfu. 2012a. Saving Practice, vol. 1. Chongqing: Chongqing Press.
- Xu Changfu. 2012b. "The Incomplete Transformation of Sinicized Marxism." In Socialism and Democracy, vol.26, No.1, March 2012.
- Yan Qun. 2003. Aristotle's Ethical Thought. Beijing: The Commercial Press.
- Yang Guorong. 2012. "On Practical Wisdom." In Social Sciences in China, vol. 4, 2012.
- Yang Guorong. 2013. Human Action and Practical Wisdom. Beijing: SDX Joint Publishing Company.

- Yu Jiyuan. 2009. The Ethics of Confucius and Aristotle: Mirrors of Virtue, trans. Lin Hang. Beijing: China Renmin University Press.
- Zhang Nengwei. 2002. Practice of Understanding. Beijing: People's Publishing House.
- Zhang Rulun. 1995. History and Practice. Shanghai: Shanghai People's Publishing House.
- Zhou Fucheng. 1964. The Sellected Masterwork of the Western Ethics, vol. 1, ed. Zhou Fucheng. Beijing: The Commercial Press.

La angla versio de tiu ĉi artikolo estas tradukita el la ĉina de Liu Yu, reviziita de la aŭtoro kaj kontrollegita de Mario Wenning.

7 Pri la tutmondigo de laboro: Argumento de marksisto kaj ĉina perspektivo

Ni vivas en epoko de tutmondiĝo, kiu suferas konsiderindan malekvilibron. La malekvilibro aperas en diversaj aspektoj, el kiuj grava estas la malekvilibro inter la tutmondiĝo de kapitalo kaj la tutmondiĝo de laboro. Tiu aspekto de malekvilibro estis ignorata, ĉar la plej multaj homoj neglektis la marksan teorion kaj ne multe atentis la starpunkton de evolulandoj kiel Ĉinujo. Jen argumento, samtempe de marksisto kaj de ĉina perspektivo, kiu verŝajne povas helpi ĝin remalkovri.

(1) En la teorio de Markso, laboro, produkta agado, produkta vivo mem, estas la karaktero de la specio homo, kaj kreante mondon de objektoj kaj laborante pri neorganeca naturo, la homo disvolvas kaj konfirmas sian speci-karakteron;

(2) en kapitalisma socio, la laborproduktoj estas fremdigitaj kiel kapitalo, kiu regas la laboron, nome kiel universaligita kaj objektigita ekonomia potenco kaj kiel socia rilataro, ĉar kapitalo fariĝas la celo kaj laboro fariĝas la rimedo;

(3) burĝaj homaj rajtoj, tiom kiom ili ne povas permesi la laboron reveni al sia libera kaj konscia esenco, estas nur la privilegio de kapitalo, kaj tia socio ankoraŭ ne estas vere homa socio;

(4) kapitalo, kiel la subjekto de interŝanĝvaloro, kapablas krei universalan asocion de individuoj kaj ege disvolvi la produktad-fortojn, kio rezultas en mondmerkato kaj en monda historio kaj kiu eventuale preparas la kondiĉojn por redukti aŭ forigi[113] la fremdiĝon de laboro;

(5) komunisma socio estas asocio de liberaj homoj, en kiu la libera evoluo de ĉiu individuo estas la kondiĉo por la libera evoluo

113 En la originalo tamen: “*to suspend*”, “provizore haltigi”. -vl

de ĉiuj, kaj ĉiu realigos sian karakteron de la specio – liberan kaj konscian laboron.

Laŭ la supre menciita teorio, la tutmondigo povas daŭre perceptiĝi kiel fazo en la evoluo de la kapitalismaj produktadrilatoj, kiam la kapitalo trarompas la baron inter la nacioj, kaj fariĝante pli kaj pli kosmopolita, ĝi realigas sian kompletan universaliĝon. Ke la tutmonidiĝo de la kapitalo postulas la tutmondigon de la laboro, estas eneca implico de la kapitalo en la plenumado de sia logiko. Per aliaj vortoj, maleblas ke la kapitalo tutmondiĝis, dum la laboro restas loke fiksita, ke la kapitalo estas internacia, dum la laboro restas nacia. Tamen aktuale, en la nuna tempo, la tutmondiĝo estas unuflanka tutmondiĝo nur de la kapitalo, dum la laboro restas barita en naciaj limoj. Tiu ĉi kondiĉo kaŭzas la kontraŭecon inter evoluintaj kapital-nacioj kaj evoluantaj labor-nacioj, kaj estas fonto de diversaj konfliktoj inter riĉaj kaj malriĉaj nacioj. La punkto de malekvilibro ene de la tutmondiĝo estas, ke la kontraŭdiro inter kapitalo kaj laboro translokiĝis el tiu inter kapital-klaso (burĝoj) kaj labor-klaso (proletaro), kiel Markso vidis tion, en tiun inter kapital-nacioj kaj labor-nacioj.

La kapitalo havas la rajton tutmondiĝi. Tiu estas la objektiva rajto aŭ povo de io, simile la laboro havas la rajton tutmondiĝi. Tio estas la subjektiva rajto de la homo. Tiu rajto, kiu estas postulata responde al la kapitalo por ĝia propra tutmondiĝo, ekde nun estas postulata de la laboristo por la estonta evoluo de lia homrajto kaj por la plenumado de lia homeco. Nur se la du specoj de tutmondiĝo estas realigitaj ĝis la sama grado, tiam tia ideala fazo aperos, ĉe kiu la tutmondiĝinta laboro supreniras kiel celo, dum la tutmondiĝinta kapitalo malsupreniras kiel rimedo, kio ĉe tio kondukas al la tutmondiĝinta homo, kiu regas la tutmondecon. Se la tutmondiĝo de la laboro estas objektive necesa kaj konforma kun la homaj bezonoj, la enhavoj de la homrajtoj estu reviziitaj por la labor-nacio, t.e. la rajto labori ie ajn en la mondo estu antaŭenigota almenaŭ ĝis la sama nivelo kiel la rajto investi ie ajn sur nia planedo. Do, tute klare, la historio ne finiĝis.

Ĉinlando estas evolulando, granda labor-nacio. Ĝi disponigis la plej grandan spacon por la tutmondiĝo de la kapitalo kaj tiel nature devus atendi pli da spaco por la tutmondigo de la laboro.

7.1 Enkonduko: malekvilibra tutmondiĝo

Nia nuntempo estas epoko de tutmondiĝo kiu, malfeliĉe, suferas konsiderindan malekvilibron. La malekvilibro aperas en diversaj dimensioj, el kiuj grava estas la malekvilibro inter la tutmondiĝo de la kapitalo kaj la tutmondiĝo de la laboro, nome, ke la kapitalo estas tutmondiĝinta, dum la labobro restas fiksita loke; la kapitalo estas kosmopolito, dum la laboro estas civitano.

La tiel nomata tutmondiĝo de la kapitalo signifas tendencon, en kiu la kapitalo konstante trarompas la limojn inter regionoj, speciale inter landoj, kaj libere moviĝas tra la terglobo por serĉi profiton. Ĝi esprimas sin ĉefe laŭ la lasi-fari-principo de komerco kaj investo. La lasi-fari-principo de komerco signifas, ke la kapitalo vendas siajn produktojn libere tra la mondo. La lasi-fari-principo de investo signifas, ke la kapitalo mem ekagas por investi sin libere tra la mondo. Tiu tendenco aperis jam tempe de Markso, sed nun fariĝis grandega, pli profunda kaj ne estas haltigebla. Kvankam la kapitalo ankoraŭ ne kompletigis sian tutmondiĝon, do ĝi daŭre havas sian hejmurbon kaj hejmlandon, ĝi akiris senkomparan liberecon vojaĝi internacie. Inter diversaj elementoj de la nuntempa homa vivo, la kapitalo estas la plej libera, la favorita ido de libereco. La kapitalisma libereco estas unuavice la libereco de kapitalo. Ĉar la libereco de kapitalo estas esence la libereco de aĵoj, la tutmondiĝo de la kapitalo estas ĝuste la tutmondiĝo de aĵoj.

En akra kontrasto al la tutmondiĝo de kapitalo estas la loka fikseco aŭ nacieco de la laboro. Per aliaj vortoj, kompare kun la tutmondiĝo de kapitalo, la laboro ne atingis ekvivalentan aŭ samgradan tutmondiĝon, kaj ĝi estas daŭre limigita ene de naci-ŝtatoj per diversaj tavoloj da baroj. La transnacia moviĝo de laboro estas centoble pli malfacila kompare kun la transnacia moviĝo de kapitalo. Tiuj transnaciaj migruloj, kiuj migras pro la deziro je laboro, puŝiĝas ĉie kontraŭ ruĝaj lumoj, same en siaj hejmlandoj kiel en siaj cellandoj, kaj ofte estas kondamnitaj kiel kontraŭleĝaj kaj eĉ morale riproĉeblaj. Kontraste al tio, la kapitalo estas ĉie bonvena, kvankam ĝi baziĝas nur sur la memintereso kaj ofte kaŭzas perturbojn. La hejmurbo aŭ hejmlando estas la bazo por la kapitalo por libere vojaĝi, dum por la laboro ĝi estas sojlo malfacile transpaŝebla; tial la limo inter naci-ŝtatoj havas komplete malsaman signifon por kapitalo ol por laboro. En la rilato inter kapitalo kaj laboro, kapitalo estas denaske ĉe la forta flanko, dum laboro estas ĉe la malforta flanko, kaj en tiu ĉi epoko de tutmondiĝo, tiu ĉi situacio estas pli ol evidenta. La laboro estas "trovita bebo" de la tutmondiĝo. Tamen la tutmondiĝo de laboro estas ankaŭ la foresto de tutmondiĝo de la homa estulo.

Ĉar ekzistas nur la tutmondiĝo de kapitalo, sed ne la tutmondiĝo de laboro, kaj nur la tutmondiĝo de aĵoj, sed ne la tutmondiĝo de homaj estuloj, la tutmondiĝo tiel estas en malekvilibro, kaj certe ne en kompleta stato de tutmondiĝo. Multaj konfliktoj en la nuntempa mondo rilatas kun tiu ĉi malekvilibro.

La malekvilibro de la tutmondiĝo en tiu ĉi dimensio ĝis nun ne estas sufiĉe rimarkita. La homoj atentas la tutmondiĝon de kapitalo, parolas pri ĝi, estas en ties fokuso, egale ĉu ili estas por aŭ kontraŭ ĝi. Nun ilia atento okazas ĉiam pli el la perspektivo de ĝia rilato al la respektiva loko aŭ naci-ŝtato. Koncerne la tutmondiĝon de laboro, la homoj malofte pensas, ke ekzistas io simila, kaj ŝajnas ke regas ne dirita regulo, ke laboro estu limigita ene de regiono aŭ nacio, kaj ke la tutmonda moviĝo de laboro estas escepta aŭ malkutima kazo strikte kontrolenda. Efektive, koncerne la tutmondiĝon, la laboro ne estas sammezura kun la kapitalo. La homoj flegas tiun ideon, ĉar la reganta teorio entenas la premison, kiu akceptas la kapitalisman ordon kaj la modelon de naci-ŝtato de la nuntempa mondo; aŭ, per aliaj vortoj, ĉar homoj grandparte perdis sian imagon pri la estonteco de la homaro, kaj nur malmultaj homoj volas koncepti kaj kredi, ke homaj estuloj povas havi estontecon trans la kapitalismo kaj trans la naci-ŝtato.

Kiel la aferoj statas, ni devas denove pensi pri Markso. Markso konsideris la mondon dominatan de la kapitalo kiel mondon materialigita, kaj kiel necesan fazon, kiu gvidas al vere homeca mondo. El marksa vidpunkto, la tutmondiĝo de kapitalo havas mondhistorian signifon nur tiom, kiom ĝi gvidas al la tutmondiĝo de laboro, kaj havas mondhistorian raciecon nur tiom, kiom ĝi estas transigota kaj superota de la tutmonda liberiĝo de la laboro. Hodiaŭ, tiu ĉi observo el marksisma perspektivo estas prenenda serioze.

Ĉinujo estas nacio, kiu sekvas la marksismon (almenaŭ laŭnome), sed ĉiam malpli da homoj analizas la tutmondiĝon serioze el marksisma perspektivo pri la mondhistorio, kaj tiel ne trovis la apartan valoron de marksisma perspektivo por analizi la tutmondiĝon, kaj speciale ne spertis la rilaton inter tiu perspektivo kaj la pozicio de Ĉinujo. Estante la evolulando kun la plej granda loĝantaro en la mondo, Ĉinujo dum tute longa periodo daŭre ludos la rolon de granda laborlando en la historia evoluo de sia partopreno en la tutmondiĝo. Laborlando bezonos grandan parton da investo por siaj laborfortoj, sed tio estas rilato unudirekta. Samtempe ĝi bezonas eksporti grandan parton da laboro por kombinado kun kapitalo por starigi dudirektan rilaton. Eĉ se Ĉinujo evoluas en grandan kapitallandon, ĝi daŭre ekzistos kiel granda laborlando, kaj tiel necese konservos sian specon de dudirekta rilato. Tiu ĉi dudirekta rilato estas la sola sana rilato, en kiu la tutmondiĝo de aĵoj kaj la tutmondiĝo de la homa estulo povas laŭgrade ekvilibriĝi; la partopreno de Ĉinujo en la vojo de tutmondiĝo fariĝos nova forto por antaŭenigi la mondhistorian procezon, kaj la epoko de universala homa libereco trans la epoko de materiigitaj tempoj, atenditaj de Markso, aperos en reala estonteco.

Tiu ĉi artikolo prove esploros la tutmondiĝon de laboro el speciala marksisma kaj ĉina perspektivo.

7.2 Fiksnivela punkto: la idealo de kosmopolita rajto kaj la realo de tutmondiĝo de kapitalo

En la komenco de la mondo ne ekzistis homaj estuloj. Ĉe la komenco de la homa historio ne ekzistis nacio. Origine ne ekzistis nocio aŭ sistemo koncerne naciojn kun egala suvereneco.[114] Eŭropo starigis la naci-ŝtaton kaj internaciajn rilatojn en la moderna kompreno nur ekde la 16-a jarcento. Ĉinujo akceptis tiun nocion de naci-ŝtato kaj internaciaj rilatoj nur antaŭ iomete pli ol jarcento. Kaj nur ekde la fino de la Dua Mondmilito formiĝis la sistemo de

114 Vidu pri tio Frederiko Engelso: La origino de la familio, de la privata proprieto kaj de la ŝtato (MAS-libro n-ro 26a). -vl

internaciaj rilatoj sub la kondiĉo de reciproka respekto de suvereneco. Nun ni jam alkutimiĝis al vivado en certa lando kaj identigi nin per nia civitaneco. Se ni iras en alian landon, ni devas havi pasporton eldonitan de nia hejmlando kaj havi vizon donitan de nia cellando. Se ni deziras ŝanĝi nian ŝtatanecon kaj fariĝi civitano de alia lando, ni devas plenumi pli da proceduroj, iri tra ĉiam pli striktaj ekzamenoj, kaj peti specialan permeson. Ĉio ĉi estis konsiderata kiel dia vero, kvazaŭ ĝi ekzistus ĉiam tia.

Komence de la mondo ne ekzistis kapitalismo. Kapitalismo komenciĝis en Eŭropo. Kapitalo notinde trarompis naciajn limojn kaj fariĝis mondhistoria potenco nur post la starigo de la moderna naci-ŝtato. La ĉinoj spertis tiun potencon nur antaŭ jarcento kaj duono, rifuzante tiun potencon per tradiciaj kaj poste socialismaj rimedoj, kaj, antaŭ proksimume tridek jaroj, ŝanĝis sian sintenon kaj akceptis tiun potencon. Ĝis nun, Ĉinlando fariĝis lando de granda ensorbado de internacia kapitalo per sia malmultekosta laborforto, kaj ĝiaj produktoj vendiĝas al la tuta mondo, kaj ĝi aliĝis al la MOK. Post kiam Ĉinujo aliĝis al la internacia ekonomia sistemo dominata de la kapitalo, ĝi fariĝis ĝia integra parto. Ĉiuj nacioj ritme dancas laŭ la kapitalo, faras monon el aliaj flankoj kaj konsumas sian propran, ĉu riĉaj aŭ malriĉaj laŭ sia sorto. Ĉio ĉi aperas kiel sekvante racian linion, kaj ŝajnas, ke la historio ne havas novan rakonton.

Kiel fakto, la ŝajne trankvile vivantaj homoj kutimas multegajn streĉitecojn. Tiuj streĉitecoj devenas el diversaj kontraŭdiroj, speciale el la granda kontrasto inter la idealo kaj la realo. Jen fiksnivela punkto: ĉe unu flanko estas la okcidenta klasika idealo de homrajtoj, kaj ĉe la alia flanko estas la nuntempa kapitalisma realo.

Antaŭ pli ol cent jaroj, Kantio verkis filozofian skizon pri eterna paco. Tie li montris la "kosmopolitan rajton" kiel la trian definitivan artikolon por eterna paco. Li diris:

> "Ĉiuj homoj rajtas prezenti sin en la socio de aliaj pro sia rajto je komuna posedo de la tersurfaco.[115] Ĉar la Tero estas globo, ili ne povas disponi pri senfina areo, sed necese devas toleri esti en akompano unu de la alia. Kaj origine neniu ajn havas ian pli grandan rajton ol ia ajn alia por okupi apartan porcion de la tero … Tiu ĉi natura rajto je gastemo, t.e. la rajto de fremduloj, ne etendiĝas trans tiuj kondiĉoj, kiuj ebligas por ili provi eniri en rilatojn kun la denaskaj loĝantoj. Tiel, kontinentoj malproksimaj unu de la alia, povas eniri reciproke pacajn rilatojn, kiuj eventuale povas esti reguligataj per publikaj leĝoj, kaj tiel pli proksimigi la homaron al kosmopolita konstitucio. (Kant 1970: 106)

Kiam Kantio pledis por tiu ĉi "kosmopolita rajto", la kapitalo ankoraŭ ne aperis en lia filozofia vidkampo. Tiel, pri kio Kantio parolis, estis la homrajto deduktita nur el la principoj de la pura racio, ne la rajto je io ĝenerale. Per tio, ke li konsideris tiun rajton kiel regulon, li kondamnis la eŭropajn komercajn landojn je tiutempa prirabado de aliaj landoj kaj regionoj kaj simpatie rimarkigis la ĉinan respondon al la fremduloj, t.e. Ĉinujo fermis al ili la

115 Tiurilate estas ankaŭ interesa tio, kion Markso esprimis pri tio:

> "El la starpunkto de pli alta ekonomia soci-formacio la privata proprieto de unuopaj individuoj je la terglobo aperos tute same absurda kiel la privata proprieto de homo je alia homo. Eĉ la tuta socio, nacio, eĉ ĉiuj samtempaj socioj kune, ne estas proprietuloj de la tero. Ili estas nur ĝiaj posedantoj, ĝiaj profitantoj, kaj, kiel bonaj familiaj patroj, devas al la sekvaj generacioj postlasi ĝin plibonigite." (Karl Marx: Das Kapital, Bd 3 – MEW Bd. 25 –, S. 782) [Karlo Markso: La kapitalo, vol. 3, p. 782.] -vl

pordon. Poste li skribis: “La ideo de kosmopolita rajto pro tio ne estas fantazia kaj trostreĉita; ĝi estas necesa kompletiĝo al la ne skribita kodo de politika kaj internacia juro, kiu transformas ĝin en universalan rajton de la homaro. Nur sub tiu ĉi kondiĉo ni povas flati nin ke ni konstante progresas al eterna paco” (Kant 1970: 108).

Ne gravas, kiom da kondiĉoj necesas por realigi la kosmopolitan rajton kaj eternan pacon de la homa raso, do ankaŭ ne gravas, ĉu iam ĉiuj ĉi kondiĉoj estas pretaj, se la homoj nur eniras [*impetrate*] eternan pacon, la kosmopolita rajto estas konsiderenda kiel necesa kondiĉo. Por Kantio, tio estas la vera esenco de la valido de tiu ĉi teorio kaj la vera signifo de tiu ĉi idealo.

Kantio tamen ne anticipis, ke ne homaj estuloj, sed la kapitalo, alprenis la gvidadon por atingi la kosmopolitan rajton.

Ducent jarojn post kiam Kantio pledis por tiu ĉi rajto, en publika kunveno, la prezidanto de la plej granda korporacio en Eŭropo pri tutmondiĝo esprimis la jenon: Lia korporacio tiel ĝuu absolutan liberecon por konstrui fabrikojn kie ĝi volas, resti tiom longe kiom al ĝi plaĉas, produkti kion ajn ĝi deziras, vendi aŭ aĉeti laŭplaĉe, dume pagi laŭ laborleĝoj truditaj de sociaj regulaĵoj kiom eble plej malmulte (vidu Chesnais 2001: 1-2).

Samtempe, S. Amin montras, ke la bazo por kapitalisma ekspansio venas el la kunigo de la varmerkato, kapitalo kaj teĥnika merkato kaj el la labormerkato en reguligita naci-ŝtato; ke en la movado de tutmondiĝo, la kapitalo rompas tiun ĉi kunigon, kaj klopodas por malebligi ĝian restrukturadon. La monda sistemo “komencas fariĝi kunigaĵo [becomes integration] ĉe la var-flanko; … ĝi verŝajne fariĝos ankaŭ kunigaĵo ĉe la flanko de scienco, teĥnologio kaj de nova financ-teĥniko … sed ĝi ankoraŭ ne fariĝis kunigaĵo flanke de la laboro” (Chesnais 2001: 20).

P. Hirst kaj G. Thompson rimarkigis, ke:

> "En multaj aspektoj la situacio inter 1815 kaj 1914 estis multe pli malfermita ol hodiaŭ. La supozata erao de 'tutmondiĝo'ne vidis la estiĝon de nova ne reguligata kaj internaciiĝinta merkato pri labor-migrado. Ĉiukaze, la neprivilegiitoj kaj malriĉuloj havas nuntempe malpli da eblecoj de intenca migrado ol en la pasinteco. Almenaŭ en la periodo de amasa migrado ekzistis la opcio elradikigi la tutan familion kaj formoviĝi serĉante pli bonajn kondiĉojn, ebleco kiu hodiaŭ ŝajnas rapide malgrandiĝi por ekvivalentaj sekcioj de la monda loĝantaro. Ili havas malmultan elekton alian ol resti en malriĉeco kaj elteni tion. La "malplenaj landoj" atingeblaj por eŭropanoj kaj aliaj koloniantoj en Usono kaj Kanado, Sudameriko, Sudafriko kaj Aŭstralio kaj Nov-Zelando hodiaŭ simple ne ekzistas, kun akompana perdo de 'libereco' por la malriĉuloj de la mondo." (Hirst and Thompson 2000: 30-31)

La fakto ke tutmondaj civitanoj ne estas homaj estuloj, sed pli ĝuste aĵoj, spegulas la kontraston inter la ideo de kosmopolitismo en la erao de tutmondiĝo kaj la realo de tiu ĉi rajto, kiun la kapitalo monopoligis. La ĉeftendenca kapitalisma ideologio emas ignori tiun kontraston, dum marksisma perspektivo kapablas ĝin malkaŝi.

7.3 La marksa teorio pri laboro kaj teorio de mondhistorio

Markso heredis la klerisman "ideon por universala historio kun kosmopolita propono", kiun reprezentis Kantio, nome la kompletan evoluon de ĉiuj naturaj kapabloj de homaj estuloj konforme kun ilia celo, per la antagonismo en la socio kaj celata kiel perfekta civila unuiĝo de la homaro (Kant 1970: 41-51). Sed Markso pensis, ke la tendenco al universala historio ne estas la realigo de kaŝita plano de la naturo por homaj estuloj, sed la rezulto de homa laboro. En la marksa kompreno, laboro kreas la homaron[116] kaj homan historion, instigas al disvolvado de materia produktadforto kaj al disvolvado de sociaj rilatoj tra ĝia fremdiĝo, metas la homan historion sur la vojon de la mondhistorio speciale per la antagonisma strukturo inter ĝi kaj la kapitalo, kaj preparas la kondiĉojn por eventuale "aboli" aŭ liberigi la laboron mem, ĉe tio realigante la liberan evoluon de la homa estulo. Kvankam Markso ne havas koncepton de tutmondiĝo, lia teorio de la mondhistorio fakte jam priskribas la tutmondiĝon de la kapitalo.

La marksa laborteorio resumeblas jene:

1. La homo estas animalo laboranta.

La homo distingeblas disde bestoj per konscio, per religio aŭ io alia laŭplaĉe. La homoj komencas distingi sin mem disde bestoj ekde kiam ili komencis produkti siajn vivrimedojn, paŝo kondiĉita de ilia korpa organiziteco. (Marx and Engels: 1970: 42)

2. Laboro kreas valoron.

La laboro aperas unue nur kiel kampkultura laboro; sed poste certigas sin kiel laboro ĝenerale. (Marx 1957: 104)

Unuflanke, ĉia laboro estas konsumado de laborforto, en la fiziologia senco, kaj en tiu ĉi kvalito – esti egala, aŭ abstrakta – homa laboro formas la valoron de varoj. Aliflanke, ĉia laboro estas

116 Vidu pri tio: Frederiko Engelso: Kontribuo de la laboro al la homiĝo de la simio. En: Karlo Markso kaj Frederiko Engelso: Tezoj pri Fojerbaĥo; Principoj de komunismo; kaj aliaj verketoj (MAS-libro n-ro 25), p. 20-34. -vl

konsumado de homa laborforto en aparta formo kaj kun difinita celo, kaj en tiu ĉi kvalito, – esti konkreta utila laboro – ĝi produktas uzvalorojn. (Marx 1976: 137)

3. Fremdigita laboro estas transformata en kapitalon. Laboro realigas sian abstaktan universalecon kiel valorkrea agado en la produktado de varoj. La produktado de varoj estas produktiva formo, en kiu kapitalo aplikas laboron por uzi la produktadrimedojn por produkti varojn. Kapitalo estas la antaŭe akumulita laboro. La laboro transformas la produktadrimedojn en varojn, kaj la valoro de varoj konsistas el la valoro transigita en varojn per produktado kaj la valoro solidiĝinta en varojn fare de laboro. La aldona aŭ plusa valoro aktualigita per la vendo de la varoj trans la kapitalo investita en la produktadon de la varoj estas nomata plusvaloro, kiu fakte estas kreita de la laboro, sed aktuale estas prenata de la kapitalisto kaj rigardata kiel profito de la kapitalo. Per tiu ĉi kombinado de laboro kaj kapitalo la laboro transformas konstante novan valoron en kapitalon kaj tiel igas la kapitalon multiĝi kaj plu ekspluati laboron.

4. La kresko de la produktivo de la laboro estigas liberigon de laboro. Tiu parto de la laboro, uzata por konservi kaj daŭrigi la laborforton, estas la necesa laboro, enkorpigita de salajro; tiu parto uzata por krei plusvaloron, estas pluslaboro, enkorpigata de profito. La manieroj por la kapitalo eltiri plusvaloron estas kreskigi la proporcion de pluslaboro [malfavore al la necesa laboro -vl]. La plej efika maniero por tion fari estas kreskigi la proporcion de la konstanta kapitalo uzata por aĉeti la produktadrimedojn relative al la proporcio de la varia kapitalo uzata por aĉeti laboron. Ĉe tio, la laboro kapablas produkti pli da valoro en tempa unuo, kio implicas relative mallongigi la necesan labor-tempon kaj relative longigi la pluslabor-tempon. Sed la vera ekspluatado, kiun la kapitalo konstante faras al la laboro, fariĝos historia kondiĉo por aboli la kapitalismajn produktad-rilatojn kaj por transformi la pluslabor-

tempon en tempon por la libera evoluo de la laboristo en la estonteco. La "historia destino [*Bestimmung*] estas plenumita ekde kiam" la supre menciita ŝanĝo okazos (Marx 1973: 325).[117]

En tiu ĉi teorio, Markso malkovras la meĥanismon kaj skizas la vojon per kiu la laboro kreas homan historion kaj eventuale liberigas la homajn estulojn.

Ni krome rigardu la marksan teorion de mondhistorio.

La kapitalo konstante kreskas per mobilizado kaj elsuĉado de la laborforto ĝis ĝia plej plena mezuro, kaj estigas la grandegan kreskon kaj altan disvolvadon de la produktadfortoj, kaj procedas por formi universalan interrilaton inter individuoj. Markso kaj Engelso diris:

> La bezono de ĉiam pli etendita vendo de siaj produktoj pelas la burĝaron ĉirkaŭ la tutan terglobon. Ĉie ĝi devas ennestiĝi, ĉie alkonstrui, ĉie starigi interrilatojn. La burĝaro per sia ekspluatado de la mondmerkato formis la produktadon kaj konsumadon de ĉiuj landoj kosmopolite. (Marx and Engels 1059: 10-11)[118]
>
> Same kiel ĝi dependigis la kamparon de la urboj, tiel ĝi dependigis la barbarajn kaj duonbarbarajn landojn de la civilizitaj, naciojn de kampuloj de nacioj de burĝoj, la

---

117 Vidu pri tiuj temoj ankaŭ:

Karlo Markso: La leĝo de la tendenca falo de la profitkvoto (MAS-libro n-ro 241) kaj

Karlo Markso: La tiel nomata fragmento pri maŝinoj (MAS-libro n-ro 256). -vl

118 Karlo Markso kaj Frederiko Engelso: Manifesto de la Komunista Partio (MAS-libro n-ro 100), p. 66.

> Orienton de la Okcidento. (Marx and Engels 1959: 11-12)[119]

Tie ĉi klare aperas la ideo de tutmondiĝo.

Ĝi rezultas en "la aktuala empiria ekzistado de la homoj en ilia mondhistorio, anstataŭ loka estado" (Marx and Engels 1970: 56) [*La germana ideologio*]. Markso kaj Engelso diris:

> "La liberiĝo de ĉiu individuo plenumiĝos tiom, kiom la historio transformiĝos en mondhistorion. ... Nur tiam la disaj individuoj liberiĝos el la diversaj naciaj kaj lokaj baroj, metiĝos en praktikajn rilatojn kun la materia kaj intelekta produktado de la tuta mondo kaj metiĝos en pozicion por akiri la kapablon ĝui tiun ĉi ĉiuflankan produktadon de la tuta tero (la kreaĵoj de la homo). Ĉiuflanka dependeco, tiu ĉi natura formo de la mondhistoria kunlaborado de individuoj, transformiĝos per tiu ĉi komunisma revolucio en la kontrolon kaj konscian mastradon de la potencoj, kiuj, naskitaj el la agado de homoj unu al la alia, ĝis nun imponegis kaj regis la homojn kiel potencoj al ili komplete fremdaj." (Marx and Engels 1970: 55)

En tiu ĉi tekstero la ideo de tutmondiĝo estas uzata eĉ pli frue.

Laŭ la supraj citaĵoj kaj aliaj tiurilataj klarigoj, Markso, kune kun Engelso, dividas la procezon de la tiel nomata mondhistorio en du fazojn: la unua estigas la ĉiuflankan dependecon inter homoj per la mondmerkato, kaj la dua igas ĉiujn individuojn kompetente kontroli kaj mastri siajn produktadfortojn en reciprokaj rilatoj per la komunisma revolucio. La pelforto en la unua fazo estas la kapitalo konstante akumulata per fremdigita laboro, kaj la pelforto en la dua estas la tutmonda krizo, kiu rezultas el la konflikto inter kapitalo kaj

119 Saml., p. 67

laboro, kaj tiam la lasta revolucio, per kiu la proletaro senproprietigas la burĝaron.

Jen tekstero el *La kapitalo*, kiu kunmetas la supre menciitajn du teoriojn de Markso:

> "La kapitalisma alproprigmaniero, kiu estiĝas el la kapitalisma produktadmaniero, pro tio la kapitalisma privata proprieto, estas la unua negacio de la individua privata proprieto bazita sur propra laboro. Sed la kapitalisma produktado kreas necese kiel naturprocezo sian propran negacion. Tiu estas la negacio de la negacio. Tiu ne restarigas la jam detruitan privatan proprieton, sed ja individuan proprieton surbaze de la atingoj de la kapitalisma erao: individuan proprieton bazitan sur la kunlaborado kaj komuna posedo de la tero kaj de la produktadrimedoj produktitaj per la laboro mem."[120]

Malmultajn jarojn poste, Markso skribis: "Kontraste al la malnova socio, kun ĝiaj ekonomiaj mizeroj kaj ĝiaj politikaj deliroj, nova socio elkreskas, kies internacia regado estos Paco, ĉar ĝia nacia reganto estos ĉie la sama – Laboro!" (Marx 1986: 7)[First Address on the Franco-Prussian War][121]

Tiel videblas, ke la marksa teorio pri laboro kaj lia teorio pri mondhistorio evidente entenas pensojn kiuj koncernas la tutmondiĝon de la kapitalo kaj ĝian revolucian transformadon. Pri la tutmondiĝo de la laboro Markso ne eldiras ion specialan, sed ni povas atingi marksan komprenon, ke la tutmondiĝo de la laboro okazas akompane kun la tutmondiĝo de la kapitalo, komenca formo

120 Karlo Markso: La kapitalo. Vol. 1 (= MAS-libro n-ro 166), p. 375.

121 Karlo Markso: La interna milito de Francujo (MAS-libro n-ro 112), p. 29.

de transformado de lokaj individuoj en mondhistoriajn individuojn, kaj necesa kondiĉo por la transformado de kapitalisma privata proprieto en socian proprieton, nome, individuan proprieton (vidu Marx 1976: 929-30)[Kap.1][122] Estas senchave pensi, ke Markso ne pritraktis la tutmondiĝon de la laboro, ĉar ĝi, kiel unu el diversaj fazoj tra kiuj la mondhistorio fariĝas vera homa historio, ne estas la lasta celo de Markso. Malgraŭ ĉio, la lasta celo de Markso estas "aboli la laboron" (Marx and Engels 1970: 85) aŭ komplete liberigi la laboristojn, sed ne tutmondigi la laboron.

7.4 La tutmondiĝo de la laboro: la fino de la kapitalisma logiko

Tiu ĉi temo, nome ĉu la tutmondiĝo de la laboro estas objektiva tendenco, poste povas esti ekzamenata de la pozitivaj sciencoj. Sed sendepende de ĉu tio estas aŭ ne estas tia, la marksismo almenaŭ donas al ni spacon kaj direkton por vidi la estontecon de la homaj estuloj trans la kapitalisma ĝisnuna stato, per kio, eĉ se ni ne partoprenas en postkapitalisma socio, kiel rekte troviĝantaj en la evoluo de la kapitalismo, ni povas tamen atingi multajn kromajn antaŭvidajn perspektivojn kaj opiniojn.

Se estas klare, ke nur tra la kapitalismo la homa socio povas atingi pli altan formacion[123] – per aliaj vortoj, se la kapitalisma socio ne estas la plej bona socio, kiun homaj estuloj povas atingi – estas

122 Karlo Markso: La kapitalo. Vol. 1 (MAS-libro n-ro 166), p. ? Mi ne trovas tekston en tiu libro, kiu iel kongruus kun tia resumo. -vl

123 Tamen vidu la respondojn de Markso al Vera I. Zasuliĉ pri la rolo de la rusa vilaĝa komunumo kaj la postparolon de Engelso pri tiu komunumo, en: Karlo Markso: Respondo al V. I. Zasuliĉ (MAS-libro n-ro 221), p. 31-77 kaj 78-94 respektive. -vl

necesa paŝo por la kapitalismo plenumi sian logikon kaj ĝisdatigi sian naturon, kaj tio havas pozitivan signifon.

La celo de la kapitalisma logiko, teorie, signifas la liberan moviĝon de kapitalo kaj laboro tra la tuta tersurfaco, kaj tiel estigi la liberan kombinadon de kapitalo kaj laboro tra la tuta planedo. La vigla meĥanismo de tio estas la eco de la kapitalo ĉasadi profiton, sed la pozitiva rezulto estas, ke la laboristoj fariĝas universalaj mondhistoriaj individuoj.

En la frua evoluo de la kapitalismo, la tutmondiĝo de la kapitalo kaj la tutmondiĝo de la laboro okazis proksimume samtempe. Tio pruviĝis per la konstanta kreskado de laborista migrado. Laŭtakse 15 milionoj da sklavoj estis transportitaj de Afriko al Ameriko antaŭ 1850. Kompreneble, tiu migrado estis devigata. En la jarcento post 1815, proksimume 60 milionoj da homoj forlasis Eŭropon kaj iris al Ameriko, Oceanio kaj al suda kaj orienta Afriko; proksimume 12 milionoj da ĉinoj estis rekrutitaj por dungo en la sudorienta Azio (vidu Hirst and Thompson 2000: 23; Weiner 1995: 22). Tiutempe pro manko de laborforto kaj la altaj salajroj, la kapitalistoj plendis, ke ili estas ekspluatataj de laboristoj (vidu Marx 1976: 936-7 [Kap.1]). Eĉ en la 1950-aj kaj 1960-aj jaroj okcidenteŭropaj landoj importis plurajn milionojn da migraj laboruloj el Turkujo, Nordafriko kaj Sudeŭropo por kontentigi la bezonojn je laboristoj de siaj rapide kreskantaj ekonomioj. Ankaŭ Usono kreskigis sian enmigradon, el Azio kaj Latinameriko. Aŭstralio ĉesigis sian politikon de "blanka Aŭstralio" kaj malfermis siajn landlimojn al migrantoj el Azio kaj el la Mezoriento. Meze de la 1970-aj jaroj la petrolproduktaj landoj de la Persa Golfo rekrutis migrajn laboristojn el aliaj arabaj landoj kaj el Azio – fakte tiom, ke en kelkaj landoj inter la laboristaro estis pli da eksterlandanoj ol da propraj civitanoj." (Weiner 1995: 4)

Komence de la 1970-aj jaroj la okcidenteŭropaj landoj jam ne bezonis plu importi laboron pro la mondvasta ekonomia recesio kaj la kreskantaj sociaj problemoj, kiuj rezultis el la restado de granda parto de eksterlandaj laboristoj (Weiner 1995: 5). Kiel Castles kaj Millter proponas:

> "La antaŭvidoj estas malgrandaj por signife kreskanta laŭleĝa enmigra fluo al okcidentaj demokratioj en mallonga kaj mezlonga perspektivo … Politikaj devigoj malebligos tion … Estas iom da spaco por alte kvalifikita laboro, familia reunuiĝo kaj por rifuĝantoj, sed ne por amasa rekrutado de eksterlandaj laboruloj por malaltnivelaj laboroj" (Castles and Miller 1993: 265-6); Hist and Thompson 2000: 30).

Pro la efiko de la enmigraj ondoj post la kolapso de la USSR kaj de orientaj komunismaj landoj[124] kaj pro la influo de la terorismo en la lastaj jaroj, la politiko de evoluintaj landoj pri eksterlandaj laboristoj tendencas ilin malmultigi; do ĝi skizis historian fonon, de kiu la tendenco de tutmondiĝo de la laboro dependas.

Aliflanke, la tutmondiĝo de la kapitalo neniam ĉesis progresi. Post kiam Ruslando kaj orienteŭropaj landoj [re]kapitalismiĝis kaj kune kun Ĉinlando iom post iom aliĝis al la internacia kapitalisma ekonomia sistemo, la tutmondiĝo de la kapitalo grandpaŝe avancis. Kiel rezulto, la malekvilibro inter la tutmondiĝo de la kapitalo kaj la tutmondiĝo de la laboro okazis, kaj ĝi nun ŝajnas fariĝi pli kaj pli grava. Evoluintaj kapitallandoj konstante kaj fidinde ĝuas la liberecon de sia kapitalo ene kaj ekstere de la varmerkato kaj la invest-merkato de evoluantaj labor-landoj kaj troviĝas en ĉiam pli

124 La aŭtoro celas landojn regatajn de komunistaj partioj (ĉar, interkonsente kun ĉiuj marksistoj, komunisma lando ankoraŭ neniam ekzistis post la prasocio). Tiun stilon la aŭtoro bedaŭrinde dividas kun la plej multaj akre kontraŭmarksistaj aŭtoroj. -vl

bona situacio, dum la evoluantaj labor-landoj ne povas libere sendi siajn laboristoj en kaj el la labormerkato de la evoluintaj kapital-landoj, kaj tiel perdas la eblecon akiri laŭleĝe enspezon laŭ egaleca konkuro, kaj speciale perdas grandan ŝancon plibonigi siajn kondiĉojn. Unu el la plej tipaj ekzemploj estas la rilato inter Usono kaj Meksiko: Usono, unuflanke, asertas ke ĝia varo estas libere eksportata al Meksiko laŭ interkonsento pri liberkomerco, sed aliflanke ĝi deziras starigi grandan muregon por malhelpi meksikajn laboristojn serĉi dungon en Usono.

Kapital-landoj starigis diskriminacian rilaton inter si kaj labor-landoj per la potenca rajto de la kapitalo, kvazaŭ por transformi la kontraŭecon inter burĝaro kaj proletaro tempe de Markso en kontraŭecon inter kapital-landoj kaj labor-landoj. Tiu rilato transformas ankaŭ la burĝan subpremadon kaj ekspluatadon de la proletaro en subpremadon kaj ekspluatadon fare de kapital-landoj al labor-landoj. En tiaj cirkonstancoj, en kapital-landoj la homoj povas vivi bone eĉ se ili apartenas al la laborista klaso, sed tio baziĝas sur la fakto, ke iliaj labormerkatoj estas ŝlositaj al labor-landoj. Per aliaj vortoj, ili profitas el la ekstera kaptado de kapitalo. Dum en labor-landoj, eĉ kvankam la kapitalista klaso devas elteni grandan premon, ĉar ilia komerca kaj kapitala merkatoj estas larĝe malfermitaj al la kapital-merkatoj, kontraste al la konkuranto, la hejma kapitalo estas klare en malfavora pozicio.

Tio montras, ke tiel, kiel la tutmondiĝo evoluis ĝis nun, la kapitalisma logiko estas ankoraŭ malproksima de sia plenumiĝo. La diferenco inter la laborproduktivo de angla ŝpinisto kaj tiu de ĉina ŝpinisto menciita de Markso en tiuj jaroj estis transformita en la grandegan diferencon inter la salajroj de laboristoj en kapital-landoj kaj tiu de laboristoj en labor-landoj, kaj tiu ĉi grandega diferenco fariĝis pli granda ol la grado de “nacia salajro-diferenco” uzata kiel pure ekonomia kategorio ĉe Markso (vidu Marx 1976: 754, 701).[125] Tio estas kaŭzita ne nur de la natura evoluo de ekonomioj, sed de la malraciaj internaciaj rilatoj difinitaj unuflanke kaj kun penado striktigataj de la kapital-landoj. Tiom longe, kiom samkvalita laboro havas malsamajn valorojn nur pro sia nacieco, la laboro devas esti plu universaligata kaj abstaktata, kaj la libereco de la laboristo, kiel kondiĉo de kapitalisma varproduktado, ankaŭ estas ofte restarigenda.

Universalaj homrajtoj estas la ideologia kialo, kiu pravigas la politikon de kapital-landoj je tutmondigo de kapitalo. Sed Markso dum sia tuta vivo kritikis la kapitalisman esencon de tiuj rajtoj. En la malekvilibro de la situacio inter la tutmondiĝo de la kapitalo kaj la tutmondiĝo de la laboro, tiuj rajtoj plu montras la limigitecon de klasaj kaj historiaj periodoj: ili estas, esence, la rajtoj de kapitalo, de kapitalistoj, kaj de civitanoj de kapital-landoj, sed ne tiuj de laboro, de laboristoj kaj civitanoj de labor-landoj. Pro tio tiuj rajtoj estas unuflankaj, malegalaj kaj memkontraŭdiraj.

Kompreneble, en la marksa kompreno, eĉ se universalaj rajtoj estas kompare universaligitaj por ĉiu individuo kaj kompletigas sin mem, la laboristoj daŭre havas nur la rajton labori por la kapitalo. La lastpaŝa idealo de Markso estas vera homa socio trans la regado de la laborvaloro kaj celas al la libera evoluo de ĉiu individuo, kio estas simila al la kantia kosmopolita konstitucio. Ke la fino de la malvarma milito signifas la finon de la historio, egale ĉu laŭ la perspektivo de burĝaj rajtoj aŭ laŭ la idealo de Markso, estas tro mallongvida rigardo al la situacio kaj konkludo klare tro haste farita.

---

125 La koncerna paragrafo troviĝas en Karlo Markso: La kapitalo. Vol. 1 (MAS-libro n-ro 166), p. 664. -vl

7.5 Propono: la tutmondiĝo de la laboro kiel postulo en internaciaj rilatoj

La tutmondiĝo estas multfaceta kaj komplika movado, kiu ne klarigeblas simple kaj komplete per ia ajn sola teorio aŭ fako. Tiusence, ĝuste por korekti misuzojn ni prezentas unue la fortajn flankojn de la marksa teorio kaj por memorigi la homojn pri la graveco de tiu valora heredaĵo, mi esploras la temon de tutmondiĝo el marksa perspektivo. Mi ne intencis aserti, ke la marksisma analizo de tutmondiĝo estas la sola respondeca.

Por ni ne malfacilas vidi, helpe de la marksismo, ke la historio ankoraŭ ne finiĝis, ĉar la tutmondiĝo de la laboro bezonos almenaŭ kromajn ducent jarojn, dum la mondo certe ne restos en sia nuna stato, dominata de ia superpotenco. Aliaj teorioj ne donas al ni tian perspektivon. Ĉar por la labor-landoj implikitaj en la impeto de la tutmondiĝo de la kapitalo, la tutmondiĝo de la laboro estas ne nur vojo por efektive interagi kun la tutmondiĝo de la kapitalo, sed ankaŭ uzeblas kiel postulo je la rajtoj de la laboro egali kun la rajto kaj povoj de la kapitalo en internaciaj rilatoj, t.e. la laboro rajtas havi la saman liberecon en la evoluo de tutmondiĝo. Konkrete, ĝis la sama grado, en kiu la merkato de labor-landoj estas malfermita al la kapitalo de kapital-landoj, la merkato de kapital-landoj estu malfermita al la laboro de labor-landoj; ĉar nun multaj baroj en la labor-landoj kontraŭ la eniro de la kapitalo de kapital-landoj estis forigitaj, tial baroj en kapital-landoj kontraŭ eniro de laboro el labor-landoj estu forigotaj; la sama civila traktado, kiun labor-landoj donas al la kapitalo de kapital-landoj estu donata de kapital-landoj al la laboro de labor-landoj; ĝuste kiom la kapitalo de kapital-landoj fariĝas kosmopolita, tiom la laboro de labor-landoj fariĝu kosmopolita.

Kelkaj kleruloj, unuflanke, pensas, ke Ĉinlando restas la plej granda fermita lando en la mondo kaj ke ĝiaj civitanoj ne havas la liberecon elmigri; aliflanke tiuj kleruloj timas, ke Ĉinlando fariĝos la plej granda produktanto de elmigruloj (vidu Weiner 1995: 35, 44). Fakte tiuj malakordaj sentoj parte estiĝas pro tio ke multaj okcidentuloj ne vere konas Ĉinujon. Ĉinoj ekde fruaj tempoj havis la ideon hejmiĝi ĉie ajn, kie ili estas, kaj tiel ili ne estas homoj fermitaj; samtempe ili observis la gravan tradicion konsideri sia devo okupiĝi pri la aferoj sub la suno, kaj neniam eviti siajn respondecojn kie ajn ili troviĝas. Ĉinujo falis malantaŭ la ceteran mondon kaj fariĝis periferia lando nur pro la sendisciplineco de siaj homoj en la moderna epoko. En la lastaj dudek jaroj, en la impeto de la tutmondiĝo, la ĉinoj malfermis sian landon, disponigis grandan spacon por la tutmondiĝo de kapitalo, kaj kontribuis al sia propra komenca disvolvado kaj al la plia prospero de kapital-landoj. Pro tio, konsidere siajn cirkonstancojn kaj interesojn, Ĉinujo neeviteble bezonas kompare larĝan spacon por la tutmondiĝo de la laboro por sia granda labor-loĝantaro. En sia klopodo por krei ekvilibran interagadon inter la du flankoj de la tutmondiĝo, Ĉinlando, kiel granda lando kun antikva humanisma tradicio kaj edifita de la marksaj humanismaj idealoj, certe povas kontribui al iom-post-ioma realigo de la stato, en kiu tutmondiĝinta laboro fariĝas celo, dum la tutmondiĝinta kapitalo fariĝas rimedo, kaj la tumondiĝinta homa estulo mastras la tutmondiĝintajn aferojn.

Resume, la tutmondiĝo de kapitalo ne ekvilibrigita per la tutmondiĝo de la laboro povas nur rezultigi novan homan malekvilibron, kaŭzi pli severan polusiĝon inter naciŝtatoj kaj eventuale konduki al katastrofoj kiel internaciaj konfliktoj, dum la tutmondiĝo de la laboro ekvilibrigita per la tutmondiĝo de la kapitalo fine estigos novan esperon al la homaj estuloj, speciale al la homoj de labor-landoj.

Referencoj

- Chesnais, Francois. 2001. La mondialisation du capital, trans. Qi Jianhua. Beijing: Central Compilation & Translation Press.
- Kant, Immanuel. 1970. Political Writings, ed. H. S. Reiss. Cambridge: Cambridge University Press.
- Marx, Karl, and Friedrich Engels. 1970. The German Ideology (part one), ed. C. J. Arthur. New York: International Publishers.
- Marx, Karl. 1957. Economic and Philosophic Manuscript of 1844. In Marx and Engels Collected Works [MECW], vol. 3. New York: International Publishers.
- Marx, Karl. 1973. Grundrisse. Harmondsworth: Penguin.
- Marx, Karl. 1976. Capital, vol. 1. Harmondsworth: Penguin.
- Marx, Karl, and Friedrich Engels. 1959. Manifesto to the Communist Party. In Basic Writings on Politics and Philosophy, ed. Lewis S. Feuer. New York, Doubleday and Company Inc.
- Marx, Karl. 1986. “First Address on the Franco-Prussian War.” In MECW, vol. 22. Moscow: Progress Publishers.

- Weiner, Myron. 1995. The Global Migration Crisis: Challenge to States and to Human Rights. New York: HarperCollins College Publishers.
- Hirst, Paul, and Grahame Thompson. 2000. Globalization in Question.
- Castles, Stephen, and M. J. Miller. 1993. The Age of Migration. Basingstoke, Hampshire: Macmillan.

La angla traduko de tiu ĉi artikolo estas kontrollegita de Andrew Chiang.

8 Ekologiaj streĉiĝoj: Inter minimumaj kaj maksimumaj ŝanĝoj

Tiu ĉi artikolo okupiĝas pri la kondiĉoj kaj la kvar eblaj specoj de la ekologia problemo: 1. La speco de absoluta malgrandigo de la ekologia problemo: plej malgranda loĝantaro plus plej malgranda malneta enlanda produkto (MEP) karakterizita per la kvanto de detruado malpli ol la kvanto da natura resaniĝo de ekologia sistemo. Tiu ĉi speco estas la plej malriĉa [*poorest*] speco kun plej malgranda ŝanĝo. 2. La speco de relativa malgrandigo de la ekologia problemo: plej malgranda loĝantaro plus malgrandiĝo de la MEP, karakterizita de la kvanto de detruo malpli ol la kvanto de natura resaniĝo kaj homa resaniĝo de ekologia sistemo. Tiu speco estas la plej bona kun plej malgranda ŝanĝo. 3. La speco de relativa multiĝo de la ekologia problemo: plejmultiĝo de la loĝantaro plus plej malalta MEP, karakterizita de la kvanto de detruado farita al la ekologia sistemo pli ol la kvanto de ties natura resaniĝo, kaj ne kompensata de la kvanto de homa resaniĝo. Ekzemplo de tiu ĉi speco estas subevoluinta distrikto kun granda loĝantaro kaj limigita kampultura grundo. 4. La speco de absoluta plimultiĝo de la ekologia problemo: plejgrandigo de la loĝantaro plus plejaltigo de la MEP, karakterizita de la senĉesa kreskado de la kvanto de detruado trans la kvanto de la natura kaj homa resaniĝo de la ekologia sistemo. Ĝia fina rezulto estas la kolapso de la ekologia sistemo kaj katastrofo por homaj estuloj.

8.1 Tri kondiĉoj por la okazo de ekologiaj problemoj

Ekologiaj problemo ne okazas en vakuo. Ne ekzistas ekologiaj problemoj en la mondo sen ekologia sfero (ekosfero). Ekzemple, sur la Luno ne okazas ekologiaj problemoj, ĉar sur la Luno ne ekzistas vivo. Kaj ekologiaj problemoj ankaŭ ne ekzistis sur la Tero antaŭ la ekzisto de vivo. Ne ekzistas ekologiaj problemoj en la mondo kun ekosfero sed sen homa aktiveco. Antaŭ la ekzisto de homaj estuloj ne ekzistis ekologiaj problemoj sur la Tero, eĉ kvankam aliaj kreaĵoj jam dum longa tempo abundis.

Sen homa konscio pri ekologio ja estas eblaj ekologiaj problemoj, sed ne aktualaj ekologiaj problemoj en la mondo. La antikva urbo Loulan (*loulan gucheng* 楼兰古城), en la provinco Xinjiang (新疆), iam floris, sed poste estis forlasita, pro la ekspluatado de la naturo. Estas vere, ke la urbo Loulan renkontis ekologiajn problemojn el nuntempa perspektivo. Tamen, ĉar la loĝantoj de la urbo Loulan ne havis ekologian konscion, ni prefere rigardu ilian situacion kiel de eblaj ekologiaj problemoj anstataŭ de aktualaj.

Ekzistis aktualaj ekologiaj aktivecoj nur en la mondo kun ekosfero, homaj aktivecoj kaj homa konscio. Ekologiaj problemoj estas problemoj propraj al la nuntempaj homaj estuloj.

8.2 La esenco de ekologiaj problemoj

La esenco de ekologiaj problemoj devenas el la fakto, ke la detruado de ekosistemoj kiel rezulto de homa aktiveco malutilas al homaj estuloj mem. Ekologiaj problemoj estas difinitaj jene: 1. Detruaj ŝanĝoj okazis ene de ekosistemo; 2. Tiaj ŝanĝoj havas malfavorajn efikojn al homaj estuloj; 3. Tiaj ŝanĝoj estas kaŭzitaj de la aktivecoj de homaj estuloj mem. La tipaj ekologiaj problemoj devenas el la industriaj aktivecoj de homaj estuloj en la moderna epoko.

Homaj estuloj ekzistas per tio ke ili ŝanĝas la mondon. Kontraste al tio, bestoj vivas en maniero, kiu kongruas kun la ordo de la naturo. En la herbejoj de Afriko, la dezertiĝo kaŭzata de herbovoraj bestoj, havas siavice negativan efikon por la vivtenado de tiuj animaloj. Tio ŝajnas esti ekologia problemo, sed ne aktuale, ĉar la ekologia detruo kaŭzita de bestoj estos korektata de naturaj kaŭzoj pli ol de la bestoj mem. Ĉu la procezo de dezertiĝo finiĝos en kompleta dezertiĝo aŭ en aŭtomatan resaniĝon sekve al malsat-mortado de kelkaj herbovoraj bestoj, apartenas al la leĝoj de la naturo.

La rimedoj, kiujn homaj estuloj uzas por ŝanĝi la mondon, havas kvar dimensiojn: 1. bezonojn kaj resursojn; 2. scion kaj faron, 3. enigon kaj eligon, kaj 4. enspezon kaj detruon (*income and destruction*). Tiuj kvar dimensioj montras la multspecajn duflankajn skemojn de homaj estuloj kiel parto de la naturo kaj samtempe agantoj kapablaj efiki sur ĝi.

Homaj estuloj estas nefiniaj, dum uzeblaj resursoj estas finiaj. Tia kontraŭdiro ne solveblas. Homaj estuloj povas nek fiksi siajn bezonojn unufoje por ĉiam je certa nivelo, nek trovi neelĉerpeblan resurson. Ili devas moviĝi inter tiuj du strategioj.

Homaj estuloj devas kompreni la rilaton inter bezonoj kaj resursoj per kono, kaj devas atingi la resursojn por kontentigi siajn bezonojn per ago. Ago implicas ŝanĝi la mondon. La kapablo scii kaj fari kapabligas homajn estulojn impliki ĝi en la kaŭzan rilaton inter bezonoj kaj resursoj, kaj atingi sian celon uzi la resursojn por kontentigi siajn bezonojn.

Homaj estuloj povas produkti pli da resursoj kiel eligon nur per resursoj en la mano kiel enigo. Resursaj enigoj estas la kostoj, kaj resursaj eligoj malpliigas la kostojn de enigo, dum la deficito estas negativa enigo. La kaŭzeco kaj interŝanĝo inter resursoj obeas al naturleĝoj, ekz-e la konservado de energio. Ĉar homaj estuloj estas ekonomiaj animaloj agantaj por plej malgrandigi kostojn kaj plejgrandigi enspezon, la resursoj estas akumule transigataj de la naturo al homaj estuloj.

Ĉu la enspezo estas pozitiva aŭ negativa, certa estas ke ĉia ŝanĝo kaŭzas respondan damaĝon aldone al la enigaj kostoj. La ekspluatado de naturresursoj fare de homaj estuloj havas du kostojn: la unua estas la ekonomia kosto; la dua estas la ekologia kosto, t.e. ekologia detruado. Dum la ekonomia kosto mezureblas per spezo-listo, la ekologia detruo iras trans la skemo de spezaj kalkuloj.

Kiam John Rawls parolas pri publikaj damaĝoj kiaj media poluado, li mencias ankaŭ similan diferencon: "Tiuj kostoj normale ne estas konsiderataj de la merkato, tiel ke la produktitaj varoj estas vendataj je multe pli malalta prezo ol iliaj marĝenaj sociaj kostoj. Ekzistas diverĝo inter privata kaj socia kalkulado, kiun la merkato ne sukcesas registri" (Rawls 1971: 268).

Enspezo akumuleblas, kaj damaĝo ankaŭ akumuleblas. La unua fareblas nur sub homa regado per sciado kaj farado, dum la dua ofte evitas homan regadon. Homoj intencas akumuli enspezon, kaj tio plenumiĝas per ekonomio aŭ per la tuta socia sistemo, dum la akumulado de detruo estas ne intenca kaj funkcias sponte ene de ekosistemo aŭ ene de la tuta natura sistemo.

Okazis per la tiel nomata moderniĝo, ke la homaro kreis ampleksan objektivan rilaton kun la naturo per scienca scio, teĥnologio kaj inĝenierado. La moderniĝo ebligas sisteman akumuladon de homa enspezo, sed samtempe akumulas detruadon en la ekologia sistemo. En la antaŭmoderna epoko la akumulado de enspezo fariĝis de individuoj, kaj la efiko de la akumulado de detruo estis komuna. Ambaŭ specoj de akumulado estis ne daŭrigeblaj. Sed en la moderna epoko la akumulado de enspezo fariĝas de donita socio, dum la akumulado de detruado fariĝas ĉie. Ambaŭ specoj estas daŭremaj. Hodiaŭ la akumulado de enspezo kaj detruado estas same tutmondaj kaj neinversigeblaj.

Ekosistemo estas sistemo kiu okazas sponte. La disvastiĝinta akumulado de damaĝo rezultis notindan detruon kaj rompon de ekologiaj sistemoj, kio negative intervenas en la ordinaran homan vivon kaj eĉ ekzistadon. Pri tiu ĉi problemo la plej multaj homoj konsciiĝis. La ekologia problemo estas tipa problemo rezultanta el la tutmondiĝo. Per aliaj vortoj, nur planedskale ĝi povas esti problemo tiom grava.

8.3 Du kontribuaj faktoroj al la ekologiaj problemoj: loĝantaro kaj MEP

La homa loĝantaro estas kvanto de inteligenta vivo, kiu apartenas al la ekologia sistemo. La malneta enlanda produkto (MEP) estas kvanto de naturresursoj eltiritaj de homaj estuloj. Tiu ĉi estas la plej granda faktoro produktita de homa agado kun signifa efiko al la ekologia sistemo.

La MEP estas la moderna simbolo de enpezo, kiu ankaŭ implicas neeviteblan kvanton da detruo. La MEP signifas enspezon de la ekonomio kun malpliigo de kostoj. Konsumado de resursoj alprenas ne nur la formon de ekonomiaj kostoj, sed ankaŭ tiun de ekologia detruo per ellaso de rubaĵo en la ekologian sistemon.

Ĉar ekosistemo havas funkcion de natura resaniĝo, homaj estuloj povas dediĉi parton de la MEP por resanigi ekosistemon laŭ sia scio pri ekologiaj principoj. Tio estas la homa resanigo de ekosistemo. Ekosistemo resanigeblas surbaze de certaj kondiĉoj. Tiaj kondiĉoj povas esti naturaj aŭ kreitaj de homoj, sed ankaŭ homfaritaj kondiĉoj ĉiam konsistas el naturaj elementoj.

La severo de ekologiaj problemoj estas en rekta proporcio al la MEP kaj malproporciaj al tiu proporcio de la MEP dediĉata al la homa resanigo de ekosistemo. Se ekzemple la MEP kiu konservas bazan vivteniĝon de homa individuo, estas certa sumo, ju pli la loĝantaro kreskas, des pli da MEP necesas; sekve, ju pli da resursoj konsumiĝas, des pli da detruo de ekosistemo okazas. Simile, se la pokapa MEP transiras tiun sojlon, ju pli da resursoj konsumiĝas, des pli da detruo de ekosistemo okazas.

Parto de la MEP uzeblas por resanigi la ekologian sistemon. Ju pli la proporcio de la MEP estas uzata por resanigo, des pli la ekosistemo resaniĝas. Tamen tiu ĉi proporcio ne altigeblas senfine, alie ĝi kolizios kun la origina celo de la MEP.

La severo de ekologiaj problemoj videblas per multobligo de la loĝantaro per la kvanto de detruo de la MEP, kaj tiam subtraho de la kvanto de natura resaniĝo kaj la kvanto de homa resanigo de la ekosistemo. Tio estas baza formulo por taksi ekologiajn problemojn. Kaj la ŝlosilo por alfronti ekologiajn problemojn estas konservi la ekvilibron inter la kvanto de detruo kaj la kvanto de resanigo. Tio estas la baza principo por pritrakti ekologiajn problemojn.

8.4 Kvar specoj de ekologiaj problemoj

Per kombinado kaj kvantigado de la du signife influaj faktoroj, diskutitaj en la parto 3, ni havas kvar specojn de ekologiaj problemoj.

La unua speco estas tiu de la absoluta malgrandigo de la ekologia problemo: plej malgranda loĝantaro plus plej malalta MEP. Tiu speco karakteriziĝas per tio, ke la kvanto de detruo estas malpli granda ol la kvanto de natura resaniĝo de la ekosistemo. Ekzemplo estas la praloĝanta maniero de homa vivo. Tiu speco nomeblas la plej malriĉa speco kun plej malgranda ŝanĝo. Ĝi estas la plej bona speco por ekologia sistemo, sed la plej malbona por homaj estuloj. Tamen ĝi havas grandegajn ekologiajn plusojn.

La dua speco estas tiu de relativa malgrandigo de la ekologia problemo: plej malgranda loĝantaro plus plejgrandigo de la MEP. Tiu speco karakteriziĝas per tio, ke la kvanto de detruo estas la plej malgranda speco kun plej malgranda ŝanĝo, malpli granda ol la kvanto de natura kaj homa resanigo de ekosistemo. Ni trovas tion en malmulte loĝataj evoluintaj landoj. Tiu speco nomeblas la plej bona speco kun plej malmulta ŝanĝo. Ĝi estas la plej bona speco por ekosistemoj kaj por homaj estuloj. Ĝi reprezentas la unuecon de homaj estuloj kaj ekosistemoj. Tamen, en la moderna mondo, tiu ĉi unueco venas nur el la privilegio de certaj nacioj kaj ne koncernas ĉiujn homajn estulojn. Krome, ĝi antaŭkondiĉas, ke tiuj nacioj uzas la ekologiajn profitojn antaŭ aliaj kaj ĝis certa grado transigas ekologiajn problemojn al aliaj nacioj.

La tria speco estas tiu de relativa plejmultigo de la ekologia problemo: plejmultiĝo de la loĝantaro plus malaltiĝo de la MEP. Tiu speco karakteriziĝas per tio, ke la kvanto de detruo estas pli granda ol la kvanto de natura resaniĝo de ekosistemo, kaj ke samtempe la detruo ne estas kompensata per la kvanto de homa resanigo, ekzemple en subevoluintaj distriktoj kun granda loĝantaro kaj limigita grundo por terkulturo. Antaŭ ilia ekonomia supreniro, Ĉinujo kaj Barato estis konsiderataj kiel tipaj ekzemploj de tio. La plej granda parto de la loĝantaro en tiuj landoj vivis en ekstrema malriĉeco kaj iliaj ekologiaj sistemoj estis substance detruataj.

La kvara speco estas tiu de absoluta plejgrandiĝo de la ekologia problemo: plejgrandiĝo de la loĝantaro plus pleja malaltiĝo de la MEP. Tiu ĉi speco karakteriziĝas per la konstanta kreskado de la kvanto de detruo trans la kvanto de natura resaniĝo kaj homa resanigo de la ekosistemo. Ĝia fina rezulto estas la kolapso de la ekosistemo kaj homa katastrofo.

Ĉinlando kaj Hindujo hodiaŭ ambaŭ tendencas al tiu ĉi stato de la aferoj. [... Tio] fariĝis tro peza ŝarĝo por la ekologia sistemo en tiuj landoj por konservi la bazan vivtenadon de iliaj tiom grandaj loĝantaroj. Ilia situacio fariĝos pli malbona, se tiuj du landoj daŭre insistos pri ĉiam kreskanta MEP kaj daŭre revos pri postatingo kaj eĉ preterpaso de la evoluintaj landoj en la alto de la pokapa MEP. Sed la problemo restas: se la MEP ĉesas kreski, kiel la ĉina kaj la hindia popoloj povos liberiĝi el malriĉeco kaj vivi same bone kiel la homoj en evoluintaj landoj?

Krome, tiu ĉi speco estas ankaŭ tiu, al kiu ĉiuj homaj estuloj survojas. Fakte, en mondo, kie la loĝantaro kreskis al pli ol sep miliardoj, la mezuma alto de la pokapa MEP de proksimume 40.000 usonaj dolaroj en evoluintaj landoj fariĝis la celo ĉie en la cetera mondo. Ĉar la monda loĝantaro kaj la pokapa MEP en evoluintaj landoj daŭre kreskas, la homaj estuloj povas antaŭvidi la ekologian estontecon taksante la multobligan efikon de tiuj du indicoj.[126]

Apud tiuj ĉi kvar specoj ekzistas ankaŭ netipa speco, konsiderata kiel artefarita por ekologia sistemo. Tiu ĉi speco karakteriziĝas per konstruado de regiona ekosistemo per intensa investado. Ekz-o estas Dubajo. La artefarita speco de ĝia ekosistemo estas ege rompiĝema.

126 La fiksa interrilato de MEP kaj ekologia detruo ŝajnas al mi tre dubinda, ĉar ĝi ne konsideras la teĥnikajn kaj leĝajn eblecojn influi tiun rilaton. -vl

La MEP uzata por krei kaj konservi tiun ĉi artefaritan sistemon estas je la kostpago de ekologia detruo en aliaj regionoj.

Resume, ĉiuj kazoj de ekologiaj problemoj iom kvalifikite priskribeblas per iu el tiuj specoj. La ĉefa punkto de tiu ĉi analiza kadro estas montri la plej objektivajn aspektojn de la ekologiaj problemoj.

8.5 La transigeblo de ekologiaj problemoj laŭ egoismaj principoj

La ekologia sistemo ne estas homogena kaj la distribuo de ekologiaj problemoj ne estas ekvilibra. La homa naturo estas memisma, egoisma. Ekologiaj problemoj estas transigataj de potencaj individuoj al malfortaj individuoj. Ekzemple la interdependeco de riĉuloj kaj malriĉuloj efikas al la MEP kaj al la ekologiaj problemoj en donita regiono, sed la riĉuloj povas loĝi en riĉulaj distriktoj por ĝui la profitojn de la plejmultigo de la MEP, dum la malriĉuloj devas loĝi en kvartalaĉoj kaj elteni sole la efikojn de ekologiaj problemoj. En Ĉinlando ekzistas forta kontrasto inter altrangaj loĝĝardenaj kvartaloj kun alta grado de verdaĵo, kaj domaĉaj kvartaloj kun urbaj strioj kaj “kanceraj kvartaloj” en la periferio de urboj.

Kaj la problemo de mikrokosmaj ekosistemoj transigeblas inter regionoj. Ekologiaj problemoj estas transigataj de potencaj regio-noj al malfortaj regionoj, kiel por plejaltigi la MEP kaj pleje malmultigi la ekologian detruon en potencaj regionoj. Ekzemple en Ĉinujo la marbordaj evoluintaj regionoj transigas siajn peze poluajn industriojn en la mezajn kaj okcidentajn regionojn. Ekzemple la entreprenoj en la Perl-Rivera Delto de la Guangdong-provinco, kiuj konsumas multegan energion kaj peze poluas, iom post iom moviĝas en la internan regionon de tiu provinco aŭ en aliajn, internajn, provincojn de Ĉinujo.

Krome, mezrangaj ekologiaj problemoj transigeblas internacie. Ekologiaj problemoj estas transigataj de potencaj landoj al malfortaj landoj, ekzemple por plejaltigi la MEP kaj plej malgrandigi la detruadon de la ekosistemoj en potencoj landoj. Ekzemple evoluintaj landoj transigis siajn poluajn industriojn en evolulandojn. Ekzemple, dum Ĉinujo altiris la plej grandan kvanton da eksterlandaj investoj en la mondo, ĝi ankaŭ suferis la plej grandan kvanton da internacie transigita poluo en la mondo. La distingaj trajtoj de la speco de la ĉina disvolvado estas uzi eksterlandan investon, importi resursojn, eksporti produktojn, enspezi mallarĝan marĝenon de la profito kaj polui sian propran medion.

La transigo tamen havas sian lastan limon en tio, ke grandskalaj ekologiaj problemoj ne transigeblas, kaj tiel ili estas alfrontigendaj de ĉiuj homaj estuloj.

Ekde kiam jam ne estas loko por movi tiujn ĉi entreprenojn kun alta energi-konsumo kaj peza poluado, la ekologiaj problemoj atingos sian satiĝan punkton planedskale. En tiu momento, la maniero trakti ekologiajn problemojn laŭ egoismaj principoj ĉesos.

8.6 La vojo de ekologiaj problemoj en Ĉinlando: la pleja malmultigo de ŝanĝo

Ĉinlando havas la plej grandan loĝantaron kaj la due plej altan MEP en la mondo. La situacio de la ekologia problemo en Ĉinujo antaŭ la politiko de reformo kaj malfermiĝo estis proksima al la speco de relativa plejmultigo. Antaŭ 1978 la pokapa MEP de Ĉinujo estis tre malalta. Plej multaj homoj baraktis por teni sin vivaj. La loĝantaro estis la baza influa faktoro en ekologiaj problemoj.

La multiĝo de la loĝantaro estis la plej grava faktoro de la ekologiaj problemoj en Ĉinujo. La ĉina loĝantaro estis proksimume 150 milionoj en la malfrua deksepa jarcento kaj atingis 430 milionojn en la meza deknaŭa jarcento (vidu Fairbank 1978: 108-9). Nun la loĝantaro de Ĉinlando atingis preskaŭ 1,4 miliardojn. Ĉia ajn kompreno de ĉinaj ekologiaj problemoj devas konsideri tion.

La ideo batali kontraŭ la naturo, kiun ĉinaj marksistoj defendis,[127] okazigis multajn ekologiajn katastrofojn. De 1949 ĝis 1978, plej multaj ĉinoj kredis je marksismo. Ili alprenis radikalan ateisman sintenon al la naturo, rifuzis tradician ekologian konscion kiel en adoro de ĉielo kaj tero, batalis kontraŭ la naturo kaj ekspluatis naturresursojn en kruda maniero. Kompreneble ili ne nur larĝskale detruis la ekosistemon, sed ankaŭ perdis la enspezon, kiun ili devintus atingi, nome la meritintan potencan altiĝon de la MEP.

Ekde la politiko de reformo kaj malfermiĝo, la situacio de la ekologia problemo en Ĉinlando grave malboniĝis. Ekde 1978, la ĉinoj trovis vojon por konsekvence altigi la MEP per enkonduko de la merkatekonomio kaj aliĝo al la granda tutmonda merkatsistemo gvidata de okcidentaj landoj. Tiel la MEP fariĝis la dua plej granda faktoro kiu tuŝas la ĉinan ekologian sistemon. La politiko de

---

127 Ke ĉinoj, kiuj deklaris sin marksistoj, iam defendis tiun absurdaĵon, montras nur, ke ili ne legis la sufiĉe multajn kaj tre klarajn eldirojn de Markso pri la naturo. Necesas ankaŭ konsideri, ke la ĉinoj heredis la stalinismon, kiu diversmaniere rompis la marksismon. Vidu pri tio:

- Alfredo Kozingo: Supreniro kaj pereo de la reala socialismo. Okaze de la 100-jariĝo de la Oktobra Revolucio (= MAS-libro n-ro -216), kaj
- Alfredo Kozingo: “Stalinismo”. Esploro pri origino, esenco kaj efikoj.(= MAS-libro n-ro 185). -vl

familiplanado ŝanĝis la efikon de la loĝantaro al la ekosistemo en konstantan kvanton, dum la efiko de la MEP fariĝis la plej granda varia kvanto.

La multiĝo de la loĝantaro igas celi multigon de la MEP, dum la lando devas porti la koston de ekologiaj problemoj transigitaj el la evoluintaj landoj. En la lastaj 30 jaroj la MEP de Ĉinujo kreskis tiom rapide, ke en ĉiuj dek jaroj ĝi duobligis sian kvanton. Tiel, tio estis la unua fojo, ke tiu ĉi malnova civilizacio povis esperi, ke ĝi rompos sian historian cikle revenantan ĥaoson de disvastiĝinta malriĉeco al revolucio, sed la kosto estos la ĉiuflanka detruado de la ekologia sistemo.

La estonteco de la ekologiaj problemoj en Ĉinlando estas tre zorgiga. Tiuj problemoj influos la grandskalan ekosistemon de la tuta terglobo. Ĉar la evoluintaj landoj daŭre provas altigi sian MEP, Ĉinlando, por disvolvi la MEP, ne malrapidigos sian paŝon. Tamen, la giganta kvanto de la ĉina MEP kaj ĝia kreskokvoto neeviteble negative efikos al la ekosistemo de Ĉinlando, de la orienta regiono de Azio kaj eĉ de la tuta mondo.

Al la ekosistemo en Ĉinujo okazis historia ŝanĝo de plej malgranda al plej granda ŝanĝo. Dum la plej multaj el la 5.000-jara historio de ĝia civilizacio, la ekologia ŝanĝiĝo de Ĉinujo estis plej malgranda, sed en malpli ol du jarcentoj sub la efiko de la Okcidento, la ekologia ŝanĝo de Ĉinujo iom post iom grandiĝis.

Kiel ekzemplo de plej malgranda ŝanĝo estas la sistemo de akvumado Dujiangyan (都江堰), kiu funkciis dum 22 jarcentoj. La Dujiangyan-sistemo de akvumado tre malmulte efikas al la Min-Rivero (minjiang 岷江). Kun granda profito kaj malgranda detruo, ĝi konsidereblas kiel majstraĵo de homfarita konstruado, kiu atingis harmonion inter homaj estuloj kaj la naturo. Tamen tio ne estas reproduktebla, ĉar ĝi dependas de la unikaj naturaj kondiĉoj.

Kiel ekzemplo de multigo de ŝanĝo estas la Zipingpu-projekto de akvo-konservado (zipingpu shuiku 紫坪铺水库), pri kiu oni suspektas, ke ĝi estigis en la jaro 2008 la tertremon de Wenchuan (汶川). Tiu Zipingpu-projekto de akvokonservado, situanta kelkajn kilometrojn de la akvuma sistemo de Dujiangyan, estas granda konstruprojekto starigita en la dudekunua jarcento kun karakteriza grandega digo kaj rezervujo. Ĉar la fino de la rezervujo troviĝas en la centro de la tertremo de Wenchuan, la tertremo verŝajne estiĝis per la premo de la rezervejo.

8.7 Praktika saĝo: ekvilibro en streĉiteco

Ne ekzistas ebleco por zorgeme solvi la ekologiajn problemojn de Ĉinujo; ili nur mildigeblas. Ĉia ajn radikala metodo, kiu ĉiam sonas teorie racia, ne akcepteblas aŭ eĉ ne eblas por trakti ekologiajn problemojn en la praktiko. Ekosistemo en sia natura stato estas bonvena por ĉiuj, sed neniu povas elteni komplete naturan vivon. La kerno de la afero estas konservi ekvilibron inter ekosistemo kaj homa vivo. Por atingi ekvilibron ni bezonas tre atenti tri faktorojn: la loĝantaron, la MEP kaj la kapitalisman sistemon.

La regado pri la absoluta kvanto de la loĝantaro estas la plej grava dispozicio por solvi la ekologiajn problemojn. Por regi la nombron de la loĝantaro la landoj kun alta kreskokvoto de sia loĝantaro devas redukti tiun, dum tiuj kun malalta kreskokvoto ne bezonas kreskigi ĝin. Pri la demando, ĉu redukti aŭ kreskigi ĝin, la politikoj devus esti: konsiliĝemaj kaj moderaj. Tiusence aliaj landoj lernu el la instruo de la ĉina ekstrema politiko, nome, aŭ kontraŭ ĉian naskokontrolon ĝis la 1960-aj jaroj aŭ trudi unu-infanan politikon per ŝtata famili-planado.

La tutmondiĝo de regado de la loĝantara kvanto estas la sola vojo por solvi tiujn ĉi ekologiajn problemojn. Por eviti la detruon de la lokaj kaj tutmondaj ekosistemoj kaŭzatan de la grandiĝo de la loĝantaro en apartaj regionoj, necesas ebligi la liberan fluon de loĝantaroj kaj atingi ekvilibron inter la denso de loĝantaro kaj la tutmonda ekosistemo. Tiel, koncerne la distribuon de la loĝantaro, nacia konscio estu malfortigota, dum kosmopolita konscio estu fortigota.

Por mildigi la ekologian problemon, la solvo estas kiom eble plej malgrandigi la detruadon, kiu rezultas el la MEP. Ene de la sfero de homa kapablo necesas kiom eble plej kreskigi la kvoton de uzado de naturaj resursoj[128] kaj kiom eble plej malgrandigi la kvanton de detruo. La granda kvanto de la monda MEP ne povas kreski senfine. La limigo kun konsidero de la kreskokvoto kaj la kvanto de la MEP estas regenda por mondvaste protekti la ekologiajn sistemojn.

Ni devas klarigi la ekologian limon de la kapitalismo. La kapitalismo verŝajne estas la plej taŭga meĥanismo por kreskigi la MEP, sed ĝi estas tutcerte ne la plej bona meĥanismo por protekti la ekologion.[129]

La kapitalismo estas aktuale la baza metodo por produkti MEP por homaj estuloj, kaj ĝi estas ankaŭ la ĉefa maniero de detruado de

128 La aŭtoro evidente celas tiujn naturresursojn, kies uzado ne poluas la medion, kaj ne tiujn, kiel ekz-e karbo, kies uzado kontribuas al la klimata varmigo. -vl

129 Pri tio vidu Naomi Klein: La decido: kapitalismo aŭ klimato. Vol. 1 (MAS-libro n-ro 165). -vl

la ekosistemo. La MEP-kresko estas valora, ĉar ĝi eliminas malriĉecon kaj plibonigas la vivkvaliton de la homoj. La kapitalisma vojo por elradikigi malriĉecon montris, ke por kreskigi la enspezon de la homoj, oni devas multigi la enspezon de la riĉuloj. Tiel la kvanto de kreskinta MEP ĉiam superos tiun bezonatan por elradikigi la malriĉecon. La marĝena efiko de kreskanta enspezo pli kaj pli malgrandiĝas por la plibonigo de riĉulaj vivoj, sed pli kaj pli kreskas kun la ekologiaj problemoj. La intensiĝo de ekologiaj problemoj fine malaltigos la vivkvaliton de ĉiaj homaj estuloj.

Tiusence la principo de Rawls, kiu eksplicite prenas la avantaĝon de la plej malfavorataj homoj kiel antaŭkondiĉon de malegala distribuado (vidu Rawls 1971: 302), sed, male, implicite prenas la multoblan avantaĝon de la plej favoratoj kiel antaŭkondiĉon de la baza avantaĝo de la plej malfavorataj homoj, povas esti socie justa, sed ekologie maljusta.

Estas klare, ke la komuna ekologia sekureco de la homaro estas pli grava ol la institucia valoro de kapitalismo. Ekologia sekureco estas la limo metita por ĉiuj homaj estuloj. Tia limigo ne transpaseblas por kreskigo de la MEP.

Resume, la historio ne finiĝos en la kapitalismo. Male, la ekologia Datong estas pli dezirinda. Datong (大同, la Granda Unueco) estas tradicia ĉina nocio kiu celas utopian vidon al la mondo, en kiu ĉiu kaj ĉio paciĝas (vidu Kang 2007: 184-8). La ekologia Datong signifas tutmondiĝintan homan socion kun ekologie daŭrema disvolvado. Certe, la ekologia Datong ne estas solvo por ekologiaj problemoj, sed ja estas reguliga ideo en la kantia senco de solvo (vidu Kant 1933: 450).

Referencoj

- Fairbank, John K. 1978. The Cambridge History of China, vol. 10, Late Ch'ing, 1800−1911, part I. Cambridge: Cambridge University Press.
- Kang Youwei. 2007. Datong (The Great Unity). In Complete Works of Kang Youwei, vol. 2, ed. Jiang Yihua and Zhang Ronghua. Beijing: China Renmin University Press.
- Kant, Immanuel. 1933. Critique of Pure Reason, trans. Norman Kemp Smith. London: The Macmillan Press.
- Rawls, John. 1971. A Theory of Justice. Cambridge: The Belknap Press of Harvard University Press.

La angla versio de tiu ĉi artikolo estas tradukita de la aŭtoro kaj Lin Xuchuan, kaj kontrollegita de Andrew Chiang.

Alfabeta indekso

130 La mallongigoj post paĝnumeroj signifas: s = sekva; sj = sekvaj. -vl

Vikipedio: KANG Youwei

Kāng Yǒuwéi[131] (ĉine 康有為 / 康有为); * 19-an de Marto 1858 proksime de Guangdong [Kantono], provinco Guangdong [Kantono]; † 31-an de Marto 1927 in Qingdao) estis gvida ĉina reformisto, pedagogo kaj filozofo.

Biografio

Pro sia deveno el familio de altaj ŝtatoficistoj Kang Youwei dekomence ricevis klasikan instruadon, sed li devis antaŭtempe ĉesigi sian studadon sekve al krizo en la aĝo de 20 jaroj. Post fazo de repensado en monaĥejo – kiu kaŭzis profundan ŝanĝon de lia mondpercepto – li profundigis siajn studojn kun la fokuso al geografio, historio kaj budhismo. Vojaĝoj al Hongkongo en 1879 kaj al Ŝanghajo[132] en 1882 kondukis lin en la ĉinajn teritoriojn sub eksterlanda administrado.

Kiam li komencis skribe fiksi sian kritikon al la ekzistanta administra sistemo kaj al la el tiu rezultanta malforteco de Ĉinujo rilate al la eksterlandaj regnoj, li adresis skribon al la ŝtataj regantoj, kiu estis kaptita de ŝtatoficistoj, kiuj sentis sin favoraj al li. En publikigaĵo en la jaro 1891 li esprimis kritikon pri la aŭtenteco de la konfuceaj skribaĵoj, kiu estis rifuzita, sed ja kondukis al tio, ke ilia enhavo estis pridemandata. En la luktado pri reformoj en la lando li estis baldaŭ subtenata de sia filino Kang-Tung-Pih.

Kvar jarojn poste, kadre de klasika elektado, li ricevis titolon de klerulo kaj uzis tiun avancon por redakti duan memorandon, kiun li prezentis al la ceteraj partoprenantoj en la ekzameno por subskribi.

---

131 Kāng Yǒuwéi (1858-1927), konfucea intelektulo, edukisto kaj estunta reformisto, ĉefa gvidulo de la fiaskinta reform-movado de 1898. (El Pleco elangligis -vl). -vl

132 Kvankam en la Plena Ilustrita Vortaro (PIV) kaj aliaj la nomo de tiu urbego aperas kiel Ŝanhajo, sen ajna oficialeco, ĉio pledas por transpreni la oficialan pinjin-formon *Shanghai*, en Esperanto do: Ŝanghajo. -vl

Li ne nur atakis la ĉinan eksteran politikon, sed krome postulis alistrukturadon de la ŝtataj gvidado kaj administrado. Ankaŭ tiu ĉi skribaĵo ne estis liverita al sia adresato, sed kondukis al tio, ke Kang ricevis postenon en la ministrejo pri publika servo.

Per fondo de societo kaj de revuo li unue klopodis por propagandi siajn ideojn kaj trovis adeptojn el la rondo de junaj intelektuloj. Tamen ĉe la ŝtata gvidantaro ili trafis sur negativan reagon kaj sekvigis malpermeson de tia formo de agado. Pro kreskanta premo de eksterlandaj registaroj al Ĉinujo Kang Youwei decidis fari trian skribaĵon al la imperiestro, kun reformproponoj por preskaŭ ĉiuj vivo-sferoj, post kio en la jaro 1898 li ricevis serion da aŭdiencoj, kiuj kondukis al tio, ke ekde la 11-a de Junio 1898 la imperiestro faris serion da dekretoj, kiuj celis reformojn en la eduksistemo, en la ekonomio kaj en la administrado kaj kiuj poste estis nomataj la *Centtaga reformo*. Kiel tiu ĉi nomo esprimas, tiu ĉi reformo ne estis daŭrema. La imperiestra vidvino Cixi[133], subtenata de la armea ĉefo Yuan Shikai[134], alprenis la potencon, malfaris la reformojn kaj ekzekutigis serion da reform-gvidantoj, inter ili la fraton de Kang kaj la reform-politikiston Tan Sitong. Kang Youwei, lia filino kaj lia kunbatalanto Liang Qichao[135] kun granda peno sukcesis fuĝi al Japanujo.

De tie li plu vojaĝis al Britujo kaj Kanado. Per la Baohunghui – societo por protekti la imperiestron – li klopodis por akiri subtenon en la vicoj de la eksterlandaj ĉinoj. En Hongkongo li organizis

133 Cí Xĭ Imperiestra vidvino Cixi aŭ Ts'u Hsi (regis 1861-1908). (El Pleco elangligis -vl). -vl

134 Yuán Shìkăi (1859-1916), generalo de la malfrua Qing-dinastio, sinsekve militestro kaj memproklamita imperiestro de Ĉinujo. (El Pleco elangligita -vl). -vl

135 Liáng Qĭchao (1873-1929), influa ĵurnalisto kaj gvidanto de la fiaskinta reform-movado de 1898. (El Pleco elangligis -vl). -vl

atencon al Cixi, kiu fiaskis. Ree li iris eksterlanden, ĉi-foje al Indonezio kaj Barato. En diversaj skribaĵoj li prezentis la eblecon nove strukturi la ŝtatan gvidadon. Kontraste al Sun Yat-sen, li vidis la estontecon de Ĉinlando ne en forigo de la monarĥio favore al respubliko – pro mankantaj preteco kaj eblecoj de la imperiestra registaro respondi en taŭga maniero al la bezonoj de la loĝantaro, la ideoj de Sun Yat-sen tamen estis pli larĝe akceptataj. Kang Youwei, kiam en la jaro 1911 okazis la revolucio, insistis pri daŭrigo de la monarĥia ŝtatformo.

Nur en la jaro 1913 Kang Youwei revenis al Ĉinlando. Kiam la nova registaro estis ree elmetita al atakoj kaj Yuan Shikaj reage strebis transpreni la pozicion de la imperiestro, Kang Youwei rifuzis tion. Anstataŭ tio, la surtronigo de Puyi[136] kiel imperiestro, post la morto de Yuan Shikai, estis rezulto de la klopodoj de Kang Youwei. Jam post dek tri tagoj la nova imperiestro estis detronigita, ankoraŭ ĝustatempe Kang Youwei trovis rifuĝon en la ambasadejo de Usono.

Daŭre Kang Youwei varbadis por sia formo de novorganizado de la ŝtato. Fine li ekloĝis en Ŝanghajo. Ĝis lia morto la propagandado de liaj instruoj kaj verkoj estis limigita al eta rondo de adeptoj.

Kelkaj el liaj verkoj

- Studoj pri falsado de la klasikuloj fare de la kleruloj de la Wang-Mang-periodo, 1891;
- Studoj pri Konfuceo kiel reformisto, 1897;
- Vojaĝaj notoj el dek unu eŭropaj landoj, 1904;

136 Pŭyí, persona nomo de la lasta Qing-imperiestro (regis kiel infano 1909-1911), la temo de "La lasta imperiestro" de Bertolucci. (El Pleco elangligis -vl) -vl.

- Nacia savo per ekonomia konstruado, 1905;
- Libro pri la granda komunumo, 1902 (verkita en 1902, 1913 kaj 1929 en partoj, en 1935 komplete publikigita).

Germana eldono

- K'ang Yu-wei: *Ta T'ung Shu. Das Buch von der Großen Gemeinschaft.* [Hrsg. d. engl. Ausg.: Laurence G. Thompson. Aus d. Engl. übers. von Horst Kube. Hrsg. d. dt. Ausg.: Wolfgang Bauer]. M. e. Vorwort v. Wolfgang Bauer. Düsseldorf, Köln: Diederichs, 1974 (= Diederichs Gelbe Reihe, Bd. 3 China). ISBN 3-424-00503-7.

Literaturo

- Richard C. Howard: *K'ang Yu-wei (1858-1927): His Intellectual Background and Early Thought*, en: A.F. Wright und Denis Twitchett (Hrsg.): *Confucian Personalities*. Stanford: Stanford University Press, 1962, p.. 294–316 kaj 382–386 (notoj).
- Richard C. Howard: *The early life and thought of K'ang Yu-wei, 1858-1927* (1972). Ph.D. Columbia University.
- Rebecca Karl kaj Peter Zarrow (eld.): *Rethinking the 1898 Reform Period – Political and Cultural Change in Late Qing China* (2002). Cambridge/Mass.: Harvard University Press, spec. p. 24–33.
- Laurence G. Thompson: *Ta t´ung shu: the one-world philosophy of K`ang Yu-wei (1958*). London: George Allen and Unwin, spec. p. 37–57.

- Peter Zarrow: *“The rise of Confucian radicalism”*, en: Zarrow, Peter: China in war and revolution, 1895–1949 (New York: Routledge), 2005, p. 12–29.
- W. Franke: *Die staatspolitischen Reformversuche K'ang Yu-weis und seiner Schule. Ein Beitrag zur geistigen Auseinandersetzung Chinas mit dem Abendlande* (en: Mitt. des Seminars für Orientalische Sprachen, Berlino 38, 1935, n-ro. 1, p. 1–83).
- K'ang Yu-wei: *A Biography and a Symposium*, Hg. Lo Jung-pang, Tucson 1967 (The Association for Asian Studies: Monographs and Papers, vol. 23).
- G. Sattler-v. Sivers: *Die Reformbewegung von 1898* (in Chinas große Wandlung. Revolutionäre Bewegungen im 19. u. 20. Jh., eld. P. J. Opitz, Munĥeno 1972, p. 55–81).
- Chi Wen-shun: *K'ang Yu-wei (1858–1927)* (en: Die Söhne des Drachen. Chinas Weg vom Konfuzianismus zum Kommunismus, eld. P. J. Opitz, Munĥeno 1974, p. 83–109).
- Hsiao Kung-chuan: *A Modern China and a New World: K'ang Yu-wei, Reformer and Utopian, 1858–1927*, Seattle 1975.
- Kuang Bailin: *Kang Youwei di zhexue sixiang*, Pekino 1980.
- Wuxu weixin yundong shi lunji, eld. Hu Shengwu, Changsha 1983.
- Tang Zhijun: *Kang Youwei yu wuxu bianfa*, Pekino 1984. – La sama, Wuxu bianfa shi, Pekino 1984.
- Chang Hao: *Chinese Intellectuals in Crisis. Search for Order and Meaning (1890–1911)*, Berkeley 1987.

Retaj ligiloj

- **Commons: Kang Youwei** – Kolektaĵo de bildoj, filmetoj kaj aŭdaj datumoj.

- Der Traum vom Weltfrieden - Der chinesische Utopist Kang Youwei [La revo pri monda paco – La ĉina utopiisto Kang Youwei] Aŭdprogramo de Thomas Grasberger de BR 2 Radiowissen.

Notoj

1. *Eine chinesische Reformerin,* in: *Der Welt-Spiegel,* illustrierte Halbwochenchronik vom *Berliner Tageblatt,* 23. September 1905.

WANG Míng

Pleco: WANG Ming

“WANG Míng (1904-1974), ĉina komunisto, en la USSR trejnita sovetia pajlohomo, en la Kominterno en la 1930-aj jaroj kaj mal-dekstra aventuristo, malkonsentis kun Mao kaj en 1956 foriris en Sovetion.” (Pleco, 2022)

Vikipedio: WANG Míng:

WANG Míng (ĉine: 王明; Pinyin: Wáng Míng; * 23-an de Majo 1904 en Jinzhai, Anhui; † 27an de Marto 1974 en Moskvo) estis gvidanto de la Komunista Partio de Ĉinujo (KPĈ) kaj la kapo de la Grupo de la 28 bolŝevistoj. Lia naskiĝ-nomo estis Chen Shaoyu (陳紹禹). Wang Ming estis lia pseŭdonomo, sub kiu li fariĝis konata.

Biografio

Wang en la 1930-aj jaroj estis unu el la plej gravaj kontraŭantoj al Mao Zedong kaj al ties linio devianta de la direktivoj de la Kominterno kaj de la ortodoksa marksisma-leninisma linio. La konkuro inter Wang kaj Mao spegulas la potencbatalon inter la Sovetunio kaj la Kominterno unuflanke kaj la KPĈ aliflanke pri la direkto kaj la estonteco de la ĉina revolucio.

Wang studis ĉe la Sun-Yat-sen-univeristato en Moskvo kaj ekde 1931 estis gvidanto de la KPĈ-delegitaro ĉe la Kominterno, kie li elektiĝis kiel Plenum-komisaro, membro de la prezidio kaj vicdirektoro de la Kominterno. En la jaro 1937, kontraŭ la volo de Mao, kiu vidis en Jiang Jièshí (en la Okcidento konata kiel *Ĉiang-Kaj-shek*)[137] la ĉefan malamikon de la komunistoj, Wang trudis la unuecfronton kun la Guomintango kontraŭ la japana okupado de Manĉurujo. En la jaro 1941 li rifuzis la memkritikon kaj lojalec-deklaron postulitajn de Mao. Anstataŭe li daŭre kritikis la politikon de Mao kontraŭ *Ĉiang-Kaj-Ŝek* kaj Japanujo. Baldaŭ poste li tre malsaniĝis. En sia poste aperinta libro "50 jaroj da KP de Ĉinujo kaj la perfido de Mao Zedong" Wang asertas, ke Mao provis lin venenigi. Tiu versio estas apogata de Jung Chang[1][138]. En 1956 Wang iris por kuraciĝo en la USSR kaj ĝis sia morto ne plu revenis al Ĉinujo.

(Tradukita de Vilhelmo Lutermano la 2022-10-27 el la germanlingva Vikipedio)

137 Jiăng Jièshí: Chiang Kaj shek (1887-1975), armea gvidanto, ĉefo de la naciista registaro en Ĉinujo de 1928 ĝis1949 kaj de la ekzila registaro en Tajvano de 1950 ĝis 1975. (El *Pleco* elangligis -vl). -vl

138 JUNG Chang (Zhāng Róng) (1952-), brita-ĉina verkisto, kies origina nomo estas Zhāng Èrhóng, aŭtoro de *Wild Swans* [Sovaĝaj cignoj] Yě Tiān'é kaj Mao: *The Unknown Story* [Mao: La nekonata historio]. (El Pleco elangligis -vl), .vk

Bibliografio de menciitaj libroj eldonitaj de la Monda Asembleo Socia (MAS)

Vicigitaj laŭ la MAS-libraj numeroj

- MAS-12: **Karlo Markso: Pri liberkomerco.** Kun antaŭparolo de Frederiko Engelso. Elgermanigita de Vilhelmo Lutermano. [Embres-et-Castelmaure], Monda Asembleo Socia (MAS), 2009, 52 paĝoj, ISBN 978-2-918300-02-1.
- MAS-13a: **Karlo Markso: Kritiko de la Gotaa Programo.** Elgermanigita de Vilhelmo Lutermano. 3-a eld. Embres-et-Castelmaure, Monda Asembleo Socia (MAS), 2016, 68 paĝoj, ISBN 978-2-36960-072-5.
- MAS-16,1: **Div.: Kien Ĉinio? Dek du analizoj el diversaj landoj kaj vidpunktoj.** Tradukitaj el la franca kaj germana de Vilhelmo Lutermano. Embres-et-Castelmaure, Monda Asembleo Socia (MAS), 2020, 146 paĝoj, ISBN 978-2-36960-257-6.
- MAS-25: **Frederiko Engelso: Principoj de komunismo.** En: Karlo Markso kaj Frederiko Engelso: Tezoj pri Fojerbaĥo, Principoj de komunismo kaj aliuaj verketoj. Elgermanigitaj de Vilhelmo Lutermano. [Embres-et-Castelmaure], 2010, 62 paĝoj, ISBN 978-2-918300-17-5, paĝoj 35 – 58, la koncerna 22-a demando sur p. 55.
- MAS-25: **Frederiko Engelso: Kontribuaĵo de la laboro al la homiĝo de la simio.** En: Karlo Markso kaj Frederiko Engelso: Tezoj pri Fojerbaĥo, Principoj de komunismo kaj aliuaj verketoj. Elgermanigitaj de Vilhelmo Lutermano. [Embres-et-Castelmaure], 2010, 62 paĝoj, ISBN 978-2-918300-17-5, p. 20-34.
- MAS-26a: **Frederiko Engelso: La origino de la familio, de la privata proprieto kaj de la ŝtato.** Elgermanigita de

Vilhelmo Lutermano. Embres-et-Castelmaure, Monda Asembleo Socia (MAS), 2-a eld., 2020, 204 paĝoj, ISBN 978-2-918300-16-8.

- MAS-44: **Karlo Markso: Kontribuaĵo al la kritiko de la hegela jurfilozofio. Enkonduko.** En: Karlo Markso: Kontribuaĵo al la kritiko de la hegela jurfilozofio. Enkonduko; Kontribuaĵo al la kritiko de la politika ekonomio. Antaŭparolo. Kun teksto de Jozefo Ŝlejfŝtejno. Elgermanigitaj de Vilhelmo Lutermano. Embres-et-Castelmaure, Monda Asembleo Socia (MAS), 2010, ISBN 978-2-918300-38-0.

- MAS-100: **Karlo Markso kaj Frederiko Engelso: Manifesto de la Komunista Partio. Kun enkonduko de Eric Hobsbawm.** Elgermanigita de Vilhelmo Lutermano. Embres-et-Castelmaure, Monda Asembleo Socia (MAS). 2015, 114 (126) paĝoj, ISBN 978-2-36960-015-2. Dua, korektita eldono aperos fine de 2022 sub la ISBN 978-2-36960-(la paĝindikoj en la supraj tekstoj estas laŭ tiu ĉi 2-a eldono).

- MAS-112: **Karlo Markso: La interna milito en Francujo. (1871, La Pariza Komunumo)** kun enkonduko de Frederiko Engelso. Elgermanigita de Vilhelmo Lutermano. 2-a, reviziita eldono, [Embres-et-Castelmaure], Monda Asembleo Socia (MAS). 2015, 126 paĝoj, ISBN 978-2-36960-017-6.

- MAS-114: **Paul Cockshott kaj Allin Cottrell: Socialismo fareblas. Alternativoj el la komputilo por socialisma planado kaj rekta demokratio.** Elgermanigita de Vilhelmo Lutermano. [Embres-et-Castelmaure], Monda Asembleo

Socia (MAS), 2015, formato A5, 348 paĝoj, ISBN 978-2-36960-009-1.

- MAS-124: **Renato Corsetti (sub la dir. de): Faciliga vortaro por Fundamenta Esperanto.** Ellaborita de la grupo La Bona Lingvo, sub la respondeco de Renato Corsetti. [Embres-et-Castelmaure], Monda Asembleo Socia (MAS), 2015, 113 (126) paĝoj, ISBN 978-2-36960-025-1.

- MAS-165: **Naomi Klein: La decido. Kapitalismo aŭ klimato.** Vol. 1. Elgermanigita de Vilhelmo Lutermano. Embres-et-Castelmaure, Monda Asembleo Socia (MAS), 2016, 246 paĝoj, ISBN 978-2-36960-069-5.

- MAS-166: **Karlo Markso: La kapitalo. Kritiko de la politika ekonomio. Libro I: La produktadprocezo de la kapitalo.** Elgermanigita de Vilhelmo Lutermano. 3-a, reviziita eldono. [Embres-et-Castelmaure], Monda Asembleo Socia (MAS), 2016, 924 paĝoj, ISBN 978-2-36960-078-1.

- MAS-207: **Rozo Luksemburgo: La krizo de la socialdemokrataro (Junius-broŝuro).** Kun Lenino: Pri la Junius-broŝuro. [Tradukitaj de Vilhelmo Lutermano]. Embres-et-Castelmaure, Monda Asembleo Socia (MAS), 2018, 226 paĝoj, ISBN 978-2-36960-149-4.

- MAS-218: **Leo Trocko: La milito kaj la Internacio (1914).** Tradukita de Vilhelmo Lutermano. Embres-et-Castelmaure, Monda Asembleo Socia (MAS), 2019, 136 paĝoj, ISBN 978-2-36960-171-5-

- MAS-221: **Karlo Markso: Respondo al V. I. Zasuliĉ.** Kun Klaus Gietinger: La miskompreno kaj Frederiko Engelso:

Postparolo (1894) [al "Io socia el Ruslando"]. Elgermanigitaj de Vilhelmo Lutermano. Embres-et-Castelmaure, Monda Asembleo Socia (MAS), 2019, bindita, 116 paĝoj, ISBN 978-2-36960-182-1.

- MAS-241: **Karlo Markso: Leĝo de la tendenca falo de la profitkvoto.** Elgermanigita de Vilhelmo Lutermano. Embres-et-Castelmaure, Monda Asembleo Socia (MAS), 118 paĝoj, ISBN 978-2-36960-217-0.
- MAS-256: **Karlo Markso: La tiel nomata fragmento pri maŝinoj.** Elgermanigita de Vilhelmo Lutermano. Kun antaŭparolo de Ralph Dumain. Embres-et-Castelmaure, Monda Asembleo Socia (MAS), 2020, 100 paĝoj, ISBN 978-2-36960-248-4.
- MAS-274: **(Konfuceo): Eldiroj de Konfuceo.** Elĉinigis WANG Chongfang. Embres-et-Castelmaure, Monda Asembleo Socia (MAS), 2022, ISBN 978-2-36960-296-5 (epub 978-2-36960-297-2) – aperonta fine de 2022.
- MAS-271: **CHENG Enfu kaj LU Baolin: Kvincent jaroj da socialismo el ĉina vidpunkto (intervjuo).** Tradukitaj el franca resp. germana traduko de Vilhelmo Lutermano. Embres-et-Castelmaure, Monda Asembleo Socia (MAS), 2021, ISBN 978-2-36960-300-9
- MAS-288: **Alfredo Kozingo k.a.: Marksisma vortaro de filozofio.** Elgermanigita de Vilhelmo Lutermano. Provizora eldono. Embres-et-Castelmaure, Monda Asembleo Socia (MAS), 2021, ISBN 978-2-36960-304-7.

Vilhelmo Lutermano: Pri tiu ĉi libro

La celo eldoni tiun ĉi verkon de XU Changfu estas servi al la dialogo de ĉinaj kaj alilandaj marksistoj, principe pri ĉio kio koncernas marksismon, sed kompreneble ankaŭ – kaj eble ĉefe – pri la eksterordinara agado de la ĉinaj marksistoj, en Ĉinujo mem kaj eksterlande.

Elstaraj marksistoj en la ĉina socio aperas internacie kaj iliaj eldiroj kaj verkoj aperas en pluraj lingvoj. MAS klopodas por disvastigi ilin en Esperanto; ni eldonis ekzemple plurajn paroladojn de la prezidanto de la Komunista Partio de Ĉinujo, XI Jinping, intervjuon kun CHENG Enfu[139], diversajn artikolojn de ĉinaj marksistoj, sed ankaŭ verkojn de eŭropaj marksistoj pri la ĉina evoluo, ekz-e de Bergmann kaj Fellner.[140]

En tiu ĉi libro de XU Changfu temas pri verko, kiu en Ĉinujo ne aperas, verŝajne pro pluraj kialoj kaj eble ankaŭ pro lia polemika kritiko de la regpretendo de la komunista partio, kiu por regi ne

139 XI Jinping: Parolado okaze de la centjariĝo de la Ĉina Komunista Partio;

CHENG Enfu: Kvincent jaroj da socialismo el ĉina vidpunkto (intervjuo) Tradukitaj el franca resp. germana traduko de Vilhelmo Lutermano. Embres-et-Castelmaure, Monda Asembleo Socia (MAS), 2021, ISBN 978-2-36960-300-9 (= MAS-libro n-ro 278).

CHENG Enfu: “Fundamentaj trajtoj de la socialisma merkat-ekonomio”, en nia kolektaĵo *Kien Ĉinio?* (MAS-libro n-ro 16), kune kun eseoj de XINHUA Jian kaj BINGYAN Li, kaj diversaj eŭropaj kaj usonaj marksistoj.

140 Theodor Bergmann: Strukturproblemoj de la komunista movado. Erarvojoj, kritiko, novigo. (= MAS-libro 186), kaj tie speciale la ĉapitroj 9: La turbulenta gvidŝanĝo de Mao Zedong al Deng Xiaopeng kaj la krizo de 1989, kaj la ĉapitro 10: ekakurso: La “Nova Ekonomia Politiko” de Ĉinujo – unua provo de klarigo

Hannes A. Fellner: Cent jaroj – cent skoloj. Kontribuaĵo al la klasika ĉina filozofio. Elgermanigita de Vilhelmo Lutermano. Cent jaroj – cent skoloj. Pri la klasika ĉina filozofio. En: MAS-271, p. 22-43.

Hannes A. Fellner: Zhongguó de dào – La vojo de Ĉinujo. En: MAS-267, p. 65-79 estas per universala voĉdonado, en konkurenco kun aliaj partioj, aprobita de la popolo. Tiu ĉi kritiko alprenas konsiderindan parton de la libro, kun argumentado inter rusaj kaj germanaj marksistoj (precipe Karlo Markso, Rozo Luksemburgo kaj Karlo Kaŭcko kontraŭ Lenino), kun abundaj citaĵoj de Markso. La aŭtoro ĉe tio rekomendas kiel modelon la staton de demokratio en la skandinavaj landoj, precipe de Danlando, Norvegujo kaj Svedujo, sen tamen indiki, kial li ne same rekomendas la samajn aŭ similajn sistemojn en Okcident-Eŭropo aŭ en Usono.[141] Li ankaŭ ne okupiĝas pri la kaŭzoj de decidoj kaj faroj de certaj okcidentaj parlamentaj sistemoj rekte kontraŭaj al la deziroj de la koncernaj loĝantaroj en pluraj tiaj demokratioj. Li apogas sin nur al la formala flanko de demokratio – tio, kion la NATO-landoj elvokas kiel sian "valor-komunumon", ĉe kio ilia "valoro" estas ĝuste tiu formala demokratio kun ekskludo de la enhavo, kio pravigas ekz-e mensogajn agres-militojn kiel kontraŭ Irako …

Aktuale postuli ĝeneralan liberaligon kaj demokration, kiel alternativon al la reĝimo de la PR Ĉinujo, supozigas konceptojn, kiuj prezentas alternativojn al la parlamentaj reĝimoj, per kiuj en la Okcidento la plej grandaj kaj agresemaj konzernoj ĝis nun sukcesas trudi siajn interesojn – tiujn de plej eta malplimulto – al tutaj popoloj. Sed tre bedaŭrinde la aŭtoro tiajn alternativojn ne montras. Anstataŭ tio, li foliumas en la historio de la ĉina filozofio[142] por trovi "argumentojn" kontraŭ revolucio ĝenerale. La tuta teksto legeblas kiel pledo por estigi politikon kaj ekonomion similajn al tiuj de la

141 Li favoras la skandinavajn sistemojn lej verŝajne, ĉar tie regas, laŭ li, marksistaj partioj (kvankam la socialdemokratoj tie kaj aliloke jam delonge neas esti marksistaj).

142 XU Changfu citas Kang, kiu siavice celas la harmonian socion sen revolucio, sed per saĝo; tamen tio restas abstrakta, li ne indikas vojojn el la konkreta situacio por tiu celo.

skandinavaj landoj – sen okupiĝi pri la granda diverseco de la kondiĉoj tie kaj en lia propra lando.

Krom tiun kritikon al la politiko de la ĉina registaro kaj de la ĉeftendenca marksismo en Ĉinujo la verko tre interese prezentas la gravecon de la decido sub DENG Xiaoping ĉesigi la dumvivan servodaŭron de funkciuloj, enskribitan en la konstitucio (kio enhavas ankaŭ ne eldiritan, tamen sufiĉe klaran kritikon kontraŭ la aktuala servodaŭro de la nuna prezidanto).

Grava parto de la verko temas pri parto de la historia filozofio de Ĉinujo kun la ideoj pri kiel kaj per kiaj etapoj atingi la celatan harmonian socion. Tiu pensado en etapa evoluo en la ĉina pensado – tre interesa – kondukas la aŭtoron al ekzalto de la verkoj de Kang kaj de ties etapo-sistemo, kiun li prezentas kvazaŭ paralelon al Markso kaj al la marksismo. Ĉe tiu komparo surprizas, ke ĉe Kang – almenaŭ en lia prezentado fare de la aŭtoro – ne aperas la – certe decidaj – ekonomiaj bazoj, laŭ kiuj la diversaj etapoj entute povas estiĝi. Konsideri la etapojn de Kang similaj al la analizoj kaj konkludoj de Markso, vekas fortajn dubojn pri la pretendita marksismo de la aŭtoro.

La lasta ĉapitro, pri la libereco de homoj loĝi kaj labori kie ajn en la mondo, estas certe aparta interesa temo, kiu en la marksisma diskuto ludas rolon ĉefe en la analizado de la kaŭzoj de migrado en la aktuala mondo. La kontrasto inter la grandega moviĝa libereco de la kapitalo kaj de la tre limigita moviĝ-libereco de laboruloj estas ja abunde traktita en la marksismo, sed la nova impulso de XU estas lia emfazo pri la "tutmondiĝo de la laboro" kiel celo. Tiu emfazo surprizas, ĉar ja evidentas, ke la gravaj ekonomiaj problemoj de la mondo troviĝas precipe en la fakto, ke la kapitalo – en la formo de produktadrimedoj – tute ne estas tutmondigita, ĉar en la plej multaj evolulandoj la produktadrimedoj simple mankegas, pro kio la homoj serĉas migri ne ien ajn, sed guste tien, kie tiuj rimedoj ja ekzistas, kvankam ili ege preferus, ke tiuj rimedoj troviĝu en ilia hejmlando. Ĝuste en tiu punkto la ĉina politiko ludas ege pozitivan rolon: unue per tio, ke ĝi faras ĉion por estigi la produktadrimedojn en Ĉinujo mem – kaj per tio tiri gigantan parton de la loĝantaro el mizero kaj malsato –, kaj due per tio, ke ĝi starigas projektojn, ekz-e en Afriko, de reciproka utilo, ĉe kiuj ne, kiel en plej multaj okcidentaj projektoj, precipe jam riĉa tavolo profitas, sed ja la popolo de la koncerna lando mem. La solvo ne povas esti, ke la industrilandoj venigu la loĝantaron de la evolulandoj al si por labori, sed trovi eblecojn, per kiuj tiuj loĝantaroj povu efike labori en sia propra loko. Tiujn ĉi konsiderojn, kiuj estas ja la bazo de la migraj problemoj, oni serĉas vane ĉe la aŭtoro. Sen tuŝi la ekonomian bazon de la problemo, la argumentado facile falas en la kuntekston ne de marksismo, sed de novliberalismo.

En la ĉapitro pri la klimata problemo la aŭtoro kritikas la kreskadon de la MEP (malneta enlanda produkto) – kiun la aŭtoro proponas kiel mezurilon de media poluado –, sed ĉe tio li tute pretervidas, ke en la MEP eniras ĝuste ankaŭ la rimedoj por resanigi la klimaton.

La plej kritikaj punktoj, laŭ mi, estas la absoluta eklektikismo. La aŭtoro volas kunigi ĉiujn teoriojn kaj, laŭ la praktika saĝo, uzi laŭokaze tiun aŭ alian. Efektive, la politiko de la ĉina komunista partio ŝajnas ja uzi tian eklektikismon surbaze de praktika saĝo, se oni rigardas ĝin supraĵe. Kaj, dum oni konstatas, ke tiu politiko efektive kongruas kun la necesa disvolvado en la intereso ne nur de la ĉinoj, sed de la tuta mondo, tiam oni povas fajfi pri la demando, ĉu tio estas politiko bazita sur marksismo aŭ sur konfuceismo aŭ sur liberalismo aŭ sur ia ajn teorio, eklektikisme uzata per "praktika saĝo". Ĉar efektive, Konfuceo, Kang, Markso, Deng kaj Xu, ĉiuj celas la kiom eble plej bonan vivon de la plej multaj homoj, iel …

Sed, almenaŭ en socioj regataj de la kapitalo, montriĝas ke precize la kapitalaj interesoj de la plej influaj grupoj trudiĝas, en multaj decidaj punktoj kontraŭ la interesoj de la plej multaj homoj sur la terglobo, en Usono precize per sistemo de parlamenta demokratio. Kiel jam menciite, tie la aŭtoro devus montri alternativon (aŭ almenaŭ diskuti aŭ minimume mencii la problemon), alternativon kiu ne simple imitu tiun evitindaĵon.

Aliflanke, pri la socio, kiun tiu ĉi verko pritraktas, temas pri socio regata de komunista partio, kio kompreneble plene ŝanĝas la kondiĉojn. La aktuala fazo de la ĉina evoluo estas ne la ideala stato, sed la konstruado de la socialismo. Kaj tiu fazo ne estas konceptita (kaj daŭre konceptata) kiel stata, fina, sed ja kiel provizora, transira; ĝi estas daŭre tiu de transiro de kapitalismo al komunismo – tiel en Ĉinlando mem kiel ankaŭ en monda skalo. En tiu socio certe necesas atingi staton, en kiu ĉiu civitano decidu kune kun ĉiuj aliaj civitanoj pri ĉio, kio koncernas ĉiujn. Sed la demando estas, en kiu evoluŝtupo tio povas kaj devas okazi kaj en kiuj laŭgradaj ŝtupoj, konsidere ke tiu socio devenas el situacio de malriĉa evolulando kun la stalinismo kiel gvida teorio sur la vojo de konstruado de socialismo. Sur tiu vojo, per la fino de la 13-a kvinjarplano kaj la komenco de la 14-a, ĝi plenumis la staton de forigo de la ekstrema malriĉeco kaj atingis la "modestan bonstaton", laŭ la analizo de la KPĈ.

Kaj ne estas hazardo, ke la afiŝitaj projektoj – la 14-a kvinjarplano – kaj la ĝisnunaj atingoj, ankaŭ kun siaj rilatoj kun la ceteraj landoj de la mondo, montras,

- ke la ĉina loĝantaro en sia granda plimulto montras sin kontenta pri la KPĈ-politiko (laŭ enketoj ankaŭ de eksterlandaj institucioj, vidu ĉi tie p. 257.)

- kaj ke ĝiaj atingoj en la lando mem same kiel en la cetera mondo kongruas kun la objektivaj bezonoj kaj necesoj de la mondo, kiuj montriĝas ankaŭ en la planoj de la Unuiĝinta Naciaro (UN) pri la monda disvolvado.

Tiuj atingoj kaj projektoj estas diskutitaj, deciditaj kaj plenumitaj respektive plenumataj tamen sen formo de okcidenta parlamentismo.

Xu skribas:

- *"La plej valora enhavo de la marksismo estas ĝia ideo pri liberaligo. La ideo plene enkorpiĝas en fama propono en la Manifesto de la Komunista Partio: «la libera evoluo de ĉiu estas la kondiĉo por la libera evoluo de ĉiuj.»*[143] *Por Karlo Markso, la tuta homa historio nature tendencas al fina celo, tio estas la libereco de ĉiuj homoj senescepte; ĝi estas tiu speco de libereco, kiun ĉiu povas akiri nur fariĝante plena personeco. La proletaraj revolucio kaj diktatoreco estas la necesa aliro por emancipi ĉiujn homajn estulojn kaj atingi universalan liberecon."*[144] -xu

---

143 Karlo Markso kaj Frederiko Engelso: Manifesto de la Komunista Partio. Kun enkonduko de Eric Hobsbawm. Tradukitaj de Vilhelmo Lutermano. Embres-et-Castelmaure, Monda Asembleo Socia (MAS), 2015, ISBN 978-2-36960-015-2 (= MAS-libro n-ro 100), p. 88. -vl

144 [6] La sekva citaĵo konsidereblas kiel pruvo de mia kompreno: "Tiu ĉi socialismo estas la *deklaro de la konstanteco de la revolucio, la klasa diktatoreco* de la proletaro kiel la necesa transira punkto al la *forigo de klasaj diferencoj ĝenerale*, al la forigo de ĉiaj produktadrilatoj sur kiuj ili baziĝas, al la forigo de ĉiaj sociaj rilatoj kiuj rilatas kun tiuj produktadrilatoj, al la revoluciigo de ĉiuj ideoj, kiuj rezultas el tiuj sociaj rilatoj" (Marx 1959: 317; emfazoj en la originalo). Kontraste al Markso, rusigitaj kaj ĉinigitaj marksistoj konsideris la proletaran diktatorecon, unuflanke, kiel normalan kaj senfinan kondiĉon (anstataŭ malnormalan kaj portempan), kaj aliflanke kiel la diktatorecon de malplimulto, nome, de la Partio aŭ la reprezentanto de la proletaro, anstataŭ kiel diktatorecon de la plimulto (nome, la laboruloj mem), kiel por konservi

Markso favoras tian universalan liberecon, kiu ebligas al ĉiuj fari tion, kion ili volas fari; kaj la antaŭkondiĉo por ĉi tiu libereco estas forigi materialajn mankojn kaj malegalajn proprieton kaj distribuadon." -xu

- *"Fakte, la marksismo konsideras liberecon kiel la plej altan valoron, dum la ĉinigita marksismo ne nur ne interesiĝas pri libereco, sed ligas "liberaligon" kun "la burĝoj" tiel, ke homoj tremas kiam "libereco" estas menciita. Mi nomas ĉi tiun situacion la mal-liberaligo de marksismo en Ĉinujo."* -xu

– La libereco de esplorado kaj diskutado, kiun la aŭtoro postulas por teoriuloj ĝenerale kaj do nepre ankaŭ por marksistoj, kompreneble estas grava punkto, en kiu la aŭtoro pravas. Kaj oni povas kompreni, ke li postulas tiun liberecon des pli vigle, ĉar li estas mem en sia esplor- kaj diskut-libereco malhelpata. Ni konstatas kun la aŭtoro, ke en Ĉinlando la situacio ankoraŭ ne estas veninta, en kiu ĉiu ajn povas esprimi ĉion ajn ĉie. Sed deklari liberecon *la plej alta valoro de la marksismo,* sen konsideri a) la rilaton de la libereco de la koncerna individuo kun la cetera mondo kaj b) la respektivajn fazojn, estas iom arbitra rangigo de marksismaj kategorioj. Markso emfazas "la *duoble liberan* salajrulon", kiu en la kapitalismo estas *libera* je sia antaŭa feŭda servuteco kaj samtempe *libera* je siaj produktadrimedoj. Tiu kvalifiko, nur ŝajne cinika, estas konsiderata grava paŝo antaŭen en la komplika evoluo el feŭda servuteco al komunismo. Plena libereco de la individuo estas la alta celo atingata en evoluinta komunismo, por kiu antaŭaj fazoj de socia evoluo devas krei la kondiĉojn. Ni

la regadon de la Partio. -xu

troviĝas en la mondo en tre diversaj fazoj por krei tiajn antaŭkondiĉojn, kvankam ni, ekde la apero de la *Komunista Manifesto*, troviĝas mondvaste daŭre en la fazo de transiro de la kapitalismo al socialismo (ankoraŭ ne al komunismo). Ĉinujo kun sia komunista partio ludas en la – mondvasta – evoluo de tiuj fazoj gravegan rolon, kun defioj, kiuj estas precipe ekonomiaj.

- *"Unue, ke la registaro komplete kontrolas la publikan industrion, estas simple kontraŭmarksisma."* -xu

  – De kie la aŭtoro prenas tiun aserton? Ke la popolo, rekte aŭ pere de siaj instancoj, komplete kontrolas la publikan industrion, tute ne estas kontraŭ-marksisma, sed ja kontraŭa al la novliberalismo.

- *"Unuvorte, tiom, kiom libereco aŭ liberigo estas la spirito de marksismo, ĝia mal-liberaligo esence frakasas la spiriton de marksismo. Ĉi tio, laŭ mi, estas la plej granda eraro de la ĉinigo de la marksismo."*

  – Ĉi tie ĝenas la miksado de la terminoj *libera* kaj *liberala*. Liberaligon de la ekonomio ni havas sufiĉe perfekte en Usono, sed ĉu la aŭtoro volas tion?

- *"li* [Markso, -vl] *malofte skribas pri tio, kiel Ĉinujo realigos sian komunisman revon. Hodiaŭ, se li scius, ke lia flago estis formetita post flirti dum pli ol sep jardekoj super la vasta teritorio de Ruslando, dum la granda loĝantaro de Ĉinujo estas daŭre regata de lia teorio, aŭ se li fine estus malkovrinta tian rilaton por Ĉinujo, li bedaŭrus sian blindecon, same kiel ni pensas, ke estas bedaŭrinde ke tia antaŭdiro ne estas indikita en liaj verkoj."*

- *Kang: "Pro tio la plej bona vojo por savi la landon, aŭ la vera amo por ĝia popolo, signifas postuli civilajn rajtojn anstataŭ revolucion. La evolua pledo por civila …"*

  – Nu jes, Kang ja ĉiam pledis por konservi la regadon de la imperiestro, li estis ankaŭ kontraŭ paca revolucio. Vidu Vikipedion pri tio (ĉi tie, p. 232).

  Cetere, la francoj – burĝoj – fine de la 18-a jarcento ja postulis civilajn rajtojn, sed fine ili atingis ilin nur per – *perforta* – revolucio.

- *"Tiel, servi la popolon kun la popola konsento kiel bazo povas esti klare pli profitiga por la popolo ol la kontraŭa vidpunkto de marksista regado."*

  – La aŭtoro, per sia vortumado ("vidpunkto de marksista regado"), pretervidas, ke ankaŭ kiel rezulto de parlamentaj elektoj la marksistoj en certaj landoj kaj okazoj povas regi kaj regas … Kaj li krome pretervidas, ke enketoj, ankaŭ faritaj de eksterlandaj institucioj, montras grandegan konsenton de la ĉina loĝantaro al la "marksista regado":

  "En *China.Table* la aŭtoro Stefan Baron antaŭ kelkaj tagoj surbaze de nombroj de la *Edelmann Trust*-barometro de 2020 same kiel de la rezultoj de longtempa studaĵo de la *Ash Center* ĉe la *Kennedy School de la universitato Harvard* argumentis, ke la Komunista Partio de Ĉinujo kiel sole kaj aŭtoritate reganta organizaĵo estis ellaborinta al si altan gradon de legitimeco en la loĝantaro de la lando." (Marcel Gzanna, kiu tamen kritikas la fidindecon de okcidentaj enketoj en Ĉinujo, en https://table.media/chi na/ analyse/china-wahrheiten-politische-umfragen/).

Kaj laŭ ĉinaj informoj: "Rekorda alteco: 91 elcentoj de ĉiuj ĉinoj fidas la registaron" [...] 2022-01-25 (German.peop le.cn) La konsento, enketita de la "mondvaste gvida konsult-entrepreno Edelman (*Edelman-Trust-barometer*), okazas ĉefe pro la decidoj de la registaro kontraŭ la Kovid-pandemio, pri certigo de la ekonomia kresko, batalo kontraŭ korupto kaj kontraŭ medi-poluado, plibonigo de la administraj kapacitoj kaj pli rapida reago al publikaj bezonoj. En Usono, laŭ la sama Edelman-Trust-barometro 2022, proksimume 39 elcentoj de la civitanoj konsentas al la usona registaro.

Kvankam ankaŭ tiuj datumoj ne konsiderindas kiel absoluta vero de popola konsento, ili ĉe iom objektiva analizo de la situacio de "popola konsento" estus almenaŭ menciindaj.

- *"Krome, tiuj marksistaj partioj fendiĝis kaj fariĝis eĉ malamikaj pro siaj malkonsentoj."* (p. 100)

  – La aŭtoro uzas la terminon "marksistaj partioj" iel historie, inkludante ankaŭ la nuntempajn socialdemokratajn partiojn. Tiu procedo estas tamen dubinda, almenaŭ pri tiuj partioj, kiel la germana socialdemokrata partio SPD, kiu ekde sia *Godesberga Programo* – kaj poste eĉ pli – rifuzas la epiteton *marksista*. La unua profunda kaj decida forturniĝo de la socialdemokrataj partioj disde la marksismo montriĝis per sia subteno al la unua mondmilito, pri kio Rozo Luksemburgo, sed ankaŭ Leo Trocko, tre detale esprimis sin.[145]

---

145 Vidu pri tio Rozo Luksemburgo: La krizo de la socialdemokrataro (Junius-broŝuro), MAS-libro n-ro 207.

kaj Leo Trocko: La milito kaj la Internacio (1914), MAS-libro n-ro 218).

Alia afero estas la demando, kiom nuntempe en "maldekstraj" partioj troviĝas komunaj elementoj de eblaj celoj, kiuj pli aŭ malpli kongruas kun la celoj de socialisma evoluo al komunisma socio. Tiuj perspektivoj estiĝis precipe pro du relative novaj elementoj sur la monda scenejo: la tutmonda klimata krizo, kiu minacas la tutan homaron kaj kiu solveblas nur kun komunaj fortostreĉoj de la tuta homaro[146], kaj la nuna grado atingita de la ekonomia kaj financa tutmondiĝo, kiu same postulas tutmondan mastrumadon. En ambaŭ punktoj la gvidaj kapitalismaj potencoj nur parte kaptas tiun defion kaj parte restas en sia tradicia politiko celanta daŭrigon de la imperiisma dominado de la mondo, dum aliflanke la ekonomie kreskinta kaj daŭre kreskanta Ĉinujo decide defendas la celon konstrui mondan socion de kundividata estonteco. Ĝi mem vidas sin sur la marksisma vojo al tiu celo kaj faras gravajn fortostreĉojn por konvinki la ceteran mondon kuniĝi en tiu projekto, sub la tegmento de la Unuiĝinta Naciaro.

Tiu celo estas ja tute kongrua kun la marksisma teorio.

- *"Ni ĉinoj specife bezonas praktikan saĝon, ĉar ni faris la eraron dum longa tempo fetiĉigi teorian saĝon. Ni iam rigardis la marksismon kiel la solan veron kaj esperis krei paradizon pere de ĝi, sed ne atendis, ke ĝi forlogos la nacion. La insisto pri praktika saĝo estas por atingi la mondecon de praktiko. Ĉiu persono devus aŭtonome praktiki laŭ siaj propraj bezonoj kaj egalece komuniki kaj kunece agi kun aliaj. Praktiko devus ricevi gvidantecon el la komuna spirito, dum ĉia teorio estu konsiderata kiel nura*

146 Vidu pri tio Naomi Klein: La decido: kapitalismo aŭ klimato. Vol. 1 (MAS-libro n-ro 165). -vl

rimedo por praktiko kaj ne kiel preteksto por sklavigi homojn." (p. 174)

– La politiko de Deng Xiaoping ja interpreteblus kiel aplikado de "praktika saĝo" – sed per la marksisma teorio kaj ene de ties konkludoj. La lasta frazo estas provoko legebla tiel ke en Ĉinujo oni uzas la marksismon kiel pretekston por sklavigi homojn. Por malfermi vojojn de diskutado kun ĉinaj marksistoj mi imagus stilon iom alian …

- La aŭtoro faras dubindajn kategoriajn deklarojn, science ne akcepteblajn, kiajn: "La homa naturo estas memisma, egoisma." (p. 214) Jen "egoismo" de marksisma vortaro de filozofio:

  "**egoismo**: morala vivprincipo kaj, laŭ ĝi, praktika konduto de la homo. La egoismo, unuflanke, en la socioj bazitaj sur privata proprieto je produktadrimedoj, en certaj limoj estas neevitebla formo de trudiĝo de la individuo, aliflanke ankaŭ etika teorio por pravigi tiun principon. La nomo egoismo estas derivita de la latina *ego* = mi. La enhavo de egoismo konsistas en tio, fari ekskluzive la proprajn individuajn interesojn bazo kaj motivo de la konduto rilate al aliaj homoj kaj al la socio kaj mezurilo de taksado. La egoismo kiel morala vivprincipo kaj praktika konduto estas dense ligita kun la → *individuismo*. Ĝi deiras de la izolita individuo kaj ignoras la socian naturon de la homo same kiel la fakton, ke li ĉiam estas membro de socia komunumo, de certa socio, kaj sen tiu ne povus ekzisti. La egoismo alprenas aparte akrajn formojn en la nuntempa kapitalisma socio inter multnombraj membroj de la riĉaj kaj regantaj klasoj.

La etika teorio de egoismo en siaj unuaj komencoj estis disvolvita jam en la antikva greka filozofio, sed ĝi plene ekfloris nur en la epoko de la eŭropa renesanco kaj en la → klerismo. Dum Hobbes reprezentis la principon de egoismo en unuflankeca formo, ĝi estis en modera formo fondita kiel "racie komprenata" egoismo de la anglaj moralfilozofo Shaftesbury, sed ankaŭ de Spinozo kaj de la francaj materiistoj Holbach kaj Helvétius. Per tio, ke la homoj deiras de siaj propraj interesoj kaj sekvas ilin – tiel ili pensis – ili samtempe servas la bonstaton de la kunhomoj kaj de la socio. Tiu alstrebita harmonio inter individuo kaj socio en la pli matura evoluo de la kapitalisma socio kaj kun ĝia akriĝo de la kontraŭecoj de malriĉeco kaj riĉeco en la akra realeco montriĝis pli kaj pli kiel iluzio. Sed malgraŭ tio tiu ĉi teorio de modera egoismo ludis pozitivan rolon en la batalo kontraŭ la subigo de la personeco sub la ligilojn kaj barojn de la feŭda ordo kaj de la religia ideologio. Ĉiaj raciaj vidpunktoj estis ankaŭ gravaj por la plua disvolvado de la → *etiko*, kaj ili eniris ankaŭ en la teorion de la marksisma etiko."

Alfredo Kozingo k.a.: Marksisma vortaro de filozofio. 1-a, provizora kaj parta eldono. Tradukita de Vilhelmo Lutermano. Artilolo ***egoismo***.[147]

Mi citis kelkajn teksterojn, kiuj instigis al reago. Sed aparte de tiuj teksteroj tiu ĉi verko de s-ro XU provas argumenti per marksaj citaĵoj kontraŭ la marksismo aktuale praktikata en Ĉinujo. En tio la ĉefa elemento estas la postulo de individua libereco kaj ĝenerala liberaligo, sed ambaŭ bedaŭrinde senigita je la evoluo de la socia kunteksto ĉe la postulo de individua libereco kaj sen konsidero de la materia evoluo ĉe la postulo de ĝenerala liberaligo.

147 Alfredo Kozingo k.a.: Marksisma vortaro de filozofio. Provizora eldono 2022 (MAS-libro n-ro 288). -vl

Lia argumentado tamen eble povas atingi personojn, kiuj troviĝas malproksime de konoj de marksismaj teorio kaj praktiko; sed per tio estas dubinde ĉu tio utilas por estigi la kondiĉojn por krei socion, “en kiu la libera evoluo de ĉiu estas la kondiĉo por la libera evoluo de ĉiuj”[148] …

Havano, en Oktobro de 2022
Vilhelmo Lutermano

---

148 Fina frazo de la *Komunista Manifesto*, abunde citita de Xu Changfu, nome en la paĝoj 21, 26, 27, 54, 183 kaj 201: Karlo Markso kaj Frederiko Engelso: Manifesto de la Komunista Partio. Kun antaŭparolo de Eric Hobsbawm. En: MAS-libro n-ro 100, p. 88.

Enpaĝigita de MAS sur paperformato de 15,20 · 22,90 cm kun marĝenoj spegulaj de interne 3,00, ekstere 1,50 supre 1,50 kaj malsupre 3,00 cm per litertiparo Liberation Serif 11 punktaj (teksto) kaj 10 punktoj (piednotoj) per LibreOffice 6.0.7.3 sub Linukso Ubuntu.

Presita en la Eŭropa Unio en la jaro 2022

www.ingramcontent.com/pod-product-compliance
Ingram Content Group UK Ltd.
Pitfield, Milton Keynes, MK11 3LW, UK
UKHW022013260726
13994UKWH00006B/2443

9 782369 602941